# Dinner in Rome

EN MIDDAG I ROMA
(DINNER IN ROME)

ⓒ Andreas Viestad
First published by Kagge Forlag AS, 2020
Published in agreement with Oslo Literary Agency
All rights reserved.

Korean Translation Copyright ⓒ 2024 by pan.n.pen
Korean edition is published by arrangement with Oslo Literary Agency
through Imprima Korea Agency

이 책의 한국어판 저작권은 Imprima Korea Agency를 통해
Oslo Literary Agency 와의 독점 계약으로 팬앤펜에 있습니다.
저작권법에 의해 한국 내에서 보호를 받는 저작물이므로
무단전재와 무단복제를 금합니다.

# Dinner in Rome
# 디너 인 로마

로마에서의 한 끼,
그 속에 담긴 음식고고학

안드레아스 비에스타드 지음
*Andreas Viestad*
김승범 옮김

pan'n'pen

# 우주의 중심
## The Centre of the Universe

라 카르보나라*La Carbonara*가 로마 최고의 레스토랑이라 말할 수는 없다. 넘쳐나는 손님들과 정신없이 바쁘게 돌아가는 테이블 회전율 그리고 찾기 쉽고 너무 눈에 띌 수밖에 없는 레스토랑의 위치. 긴 하루 동안 이 영원한 도시의 유적과 궁전, 박물관에 깔린 자갈길을 걸은 나의 마지막 발걸음의 끝은 늘 *라 카르보나라*이다. 이 레스토랑은 로마의 역사적 중심지 한가운데, 늘 사람들로 붐비는 광장인 캄포 데 피오리*Campo de'Fiori* 북쪽 편에 자리를 잡고 있다.

아침이 밝으면 채소를 파는 상인들은 작은 트럭이나 짐을 실은 삼륜 스쿠터를 타고 광장에 도착한다. 뒤를 이어 꽃집주인들과 염장한 고기, 트러플 오일 그리고 알파벳 모양의 파스타를 파는 관광 가판대를 관리하는 사람들이 광장을 채운다. 광장은 늘 로마 주민들과 관광객들이 이리저리 뒤섞인 부산한 하루를 보낸다. 지금 내가 서 있는 저녁 시간이면 광장의 사방을 따라 가득 늘어선 바들을 볼 수 있다. 이 시간이 되면 광장 바닥에는 바스러진 카네이션 조각들과 누군가에게 밟힌 콜리플라워가 흩어져 있다. 그 위의 노점상들은 광장을 떠나기 위해 짐을 꾸리기 시작한다. 보통의 빗자루보다는 조금 더 효과적으로 보이는 작은 기계식 청소기를 운전하는 환경미화원이 가판대 사이를 풍경과 어울리지 않는 모습으로 지나다닌다.

제임스 조이스(James Joyce)는 "내게 로마는 할머니의 시체를 여행객들에게 전시하며 사는 사람을 떠올리게 만든다."라고 로마를 업신여기는 투의 글을 쓴 적이 있다. 그렇다. 역사는 로마 어디에나 있다. 당신은 황제들이 앉았던 그 대리석 계단에 앉고, 한때 성인들과 검투사들의 피로 물들었던 그 자갈길 위를 걷고, 인류의 광기와 창조성에 관한 기념물들을 방문하고, 서양 문명의 발전에 결정적이었던 장소들을 만날 수 있다.

나의 로마 첫 방문은 그야말로 눈에 불을 붙인 채 돌아다녔던 기억이다. 당시 도시 어느 한 곳의 유적에서 다른 유적을 경험하기 위해 걷는 내내 예외 없이 또 다른 역사적인 기념물들을 발견하곤 했다. 그것은 흥미로웠지만 피곤하기도 한 행보였다.

그리고 고고학자와 결혼을 하자 이 상황은 별로 나아질 기미를 보이지 않았다. 사람들의 할머니들이 아니라 그들의 할머니의, 할머니의, 할머니의, 할머니의, 할머니의 시신이나 유골들을 연구하며 살아가는 직업을 위한 곳이 있다면 로마가 바로 그곳이다. 아내의 눈으로 로마를 경험하면서 이 도시의 건물과 유적들이 말해주는 로마의 역사를 듣는 법을 배웠다. 아내가 나를 안내해줄 때면 우리는 자갈길이나 고르지 않은 바닥 또는 훨씬 더 새로운 건물 어딘가에 서 있었던 고대 기둥의 파편 앞에 멈추곤 했었다. 그녀는 이 도시의 오래전 삶에서 가져온 많은 자료를 토대로 고대의 기초 위에 로마가 어떻게 세워졌는지 알려주었다. 그리고 심지어 황폐해진 건물과 유적들조차도 그들만의 위엄이 있다는 것 또한 내게 보여주었다.

내가 함께 다니는 고고학자들 사이에서 현장 조사는 계속 반복되는 주제이다. 발굴과 출토, 분석을 위해 작업하는 그 몇 달 혹은 몇 년은, 대부분의 사람에게 그러하듯, 사무실의 책상 뒤에 앉게 된 그들에게 통찰력과 동기를 계속해서 제공해준다. 현장 조사가 고고학자들에게 특별한 느낌을 지속적으로 안겨줄 수밖에 없는 이유는 역사에 가까이 다가갈 수 있었던 기쁨에 찬 승리라는 경험을 안겨주었기 때문이다. 아내는 "여러분은 오래전 여기 살았던 사람들이 서 있던 그 자리에 서 있고 손에는 정확히 같은 물건을 들고 있습니다."라고 학생들에게 말하면서 그들을 감염시키려고 노력하는 것과 똑같은 열정을 발산한다.

역사는 예술을 통해서 그리고 건물들, 묘비들, 유적들을 통해 또한 과거에 대한 많은 부분을 품고 있는 도시 안에 존재함으로써 우리에게 이야기 할 수 있다. 그러나 당신이 역사에 대해 이미 터질듯한 포화상태라고 느낀다면 다행히 당신은 로마의 좋은 음식과 마실 것으로 어떤 걱정도 생각도 저버린 채 그저 긴 저녁을 즐기면서 역사 수업에서 벗어날 수 있다. 마침내 자유다! 과거라는 굴레에서 끝나지 않는 역사 수업으로부터! 식사 테이블에서의 잠깐 동안은 심지어 제임스 조이스조차도 파스타 한 접시와 와인 한 잔을 즐기며 받아들이지 않을까. 로마가 이 순간만큼은 정말 멋진 곳이라는 사실을.

하지만 그렇다고 해서 '음식'이 지금 이 순간만을 지나가는 어떤 일시적 존재라고 말하는 것은 옳지 않다고 본다. 비록 대리석과 자갈이 과거에 관하여 이야기 할 수 있는 유일한 능력을 영구적으로 가지고 있다 해도 말이다. 나는 우리가 먹는 음식에도 어쩌면 역사가 훨씬 더 거대한 모습으로 존재한다고 확신한다. 나의 현장 조사는 늘 진행 중이었다. 5만 번이 넘는 식사로 나는 나의 내면과 외면을 만들어 왔다. 음식을 먹고, 음식에 대해 읽고, 음식에 대해 더 알아보기 위해 여행을 했고, 요리도 했다. 나는 운이 좋았으며 어쩌면 영리하기도 했고 나름의 면밀함으로 모든 음식 소비에 대한 나의 관심을 직업으로 바꿀 수 있었다.

고고학자들이 연구하는 유물들은 돌과 뼈, 무기, 보석, 금속 그리고 돈과 같이 대체로 단단한 물건인 경우가 많다. 대부분의 역사적 자료들은 금, 장군, 승리 그리고 정복 등과 같이 기록할 가치가 있을 만큼 중요하다고 여겨졌던 문제들에 관한 것이다. 그리고 나에게는 음식이 우리가 어디에서 왔고 어떻게 살아왔으며 어떤 것들이 우리에게 동기와 영감을 주었는지에 대한 또 다른 이야기를 해줄 수 있는 잠재력을 가지고 있다는 확신이 있다. 고고학자가 과거를 밝히기 위해 땅에 구멍을 파거나 재단의 잔해를 사용할 곳에서 나는 소금 알갱이들과 파스타 한 접시 그리고 와인 한 잔을 사용할 것이다. 비록 아내의 눈살을 찌푸리게 할지는 몰라도 나는 이 분야를 '음식 고고학(culinary archeology)'이라고 부르려 한다.

캄포 데 피오리 광장 한가운데 서 있는 조형물은 조르다노 브루노*Giordano Bruno*의 동상이다. 여행 가이드들은 보통 브루노의 동상에 대해 설명할 때 코페르니쿠스 혁명(Copernican Revolution)*의 연장선상에 있던 도미니크 수도사, 수학자, 점성술사로 그를 이야기하기 위해 이곳에 멈춰 선다. 코페르니쿠스와 마찬가지로 브루노는 별들이 우리에게 무언가를 보여주기 위해 하늘에 그려진 것이 아니라고 주장했었다. 그 별들은 우리의 태양과 같은 아주 먼 곳에 있는 태양이라고 말했다. 그는 또한 우주에는 중심이 없고 세상은 자연의 힘에 의해 지배된다고 주장했다. 이 대담한 이론이 확대 해석되면서 하나님이 모든 힘을 가지고 있는 것은 아니며 교황 아래 교회의 말에 오류가 없지는 않다 라는 뜻으로 받아들여졌다. 그후 당신이 예상했던 대로의 사건이 벌어졌다: 브루노는 체포되었고 유죄 판결을 받았으며 결국 1600년 2월 17일 캄포 데 피오리에서 화형에 처해졌다. 그가 처형에 참석한 사람들을 위험한 의견으로 오염시키는 것을 막기 위해 처형 장소로 인도되기 전에 혀에 금속판을 댄 채 이동했었다.

월트 휘트먼(Walt Whitman), 빅토르 위고(Victor Hugo), 헨릭 입센(Henrik Ibsen)이 이끄는 지식인 집단이 1889년 캄포 데 피오리에 조르다노 브루노의 동상을 세웠을 때 교회로부터 격렬한 반대가 있었다. 심지어 이단적인 수도사의 동상이 이 도시를 수

---

* 코페르니쿠스를 필두로 한 프톨레마이오스의 지구가 우주의 중심이라는 천동설에서 태양을 중심으로 지구가 움직인다는 지동설 이론을 시작한 천문학 분야의 과학혁명을 일컫는 말.

치스럽게 만든다면 교황이 로마를 떠날 것이라는 위협이 소문으로 돌기까지 했다. 그 이후 캄포 데 피오리는 반-교회 시위자들이 모이는 장소의 역할을 해왔다. 당신이 잘 살펴본다면 때때로 부근의 벽 어딘가에서 당국과 교황청이 지운 "*basso il Papa!*: 교황은 하야하라!"라는 낙서의 흔적을 발견 할 수 있다.

내가 역사를 공부할 때 가끔 접했던 구식의 과거 이야기는 −그리고 여전히 고전 역사에 관한 많은 작품과 안내서에 널리 퍼져 있는− 위대한 사람들의 행동과 결정을 모아놓거나 장군들과 황제들에 대한 기다란 목록을 보여준다. 이 보다 조금은 진보적인 역사에 대한 이해는 역사적 자료의 상태, 권력 구조의 깊이, 사상, 이념과 그 소유물에 중점을 둔다. 이렇다보니 역사적으로 대기근이나 위기를 초래한 사건들 또는 새로운 자원의 발견과 관련된 것이 아니라면 역사에서 거의 언급되지 않는 것이 바로 음식이다.

하지만 음식이 단지 역사의 결과라고만 말하기에는 부족한 면이 있다. 나는 이렇게 말하고 싶다. 우리가 어딘가에 정착할 수 있게 해주었고 우리가 우리를 어떻게 구성하고 조직하게 되었는지에 대한 원동력으로 작용했으며 오늘날의 우리가 존재하도록 만들어 준 힘이 때로는 음식이었다고. 그러나 조르다노 브루노가 이곳 캄포 데 피오리에서 우리에게 그렇게 촉구했듯 우리가 음식의 이러한 측면을 보기 위해서는 관점을 바꿔야 할 필요가 있다.

이 책은 내가 2018년 6월 로마의 어느 식당에서 한 저녁 식사가 그 중심을 관통한다. 이 한 끼의 식사가 − 그리고 또한 다른 모든 식사가 - 우리의 과거에 대해 말해줄 수 있을 것이다. 이 책은 우리를 변화시켜 온 맛과 우리를 길들인 재료, 제국을 먹여 살렸던 음식, 그리고 세상에서 가장 위대한 음식의 기원을 찾는 것에 관한 이야기다. 굳이 그 요점을 자세히 보여주지 않더라도 나는 감히 말할 수 있다. 모든 양갈비나 파스타 한 접시에 콜로세움을 포함한 다른 어떤 유적이나 역사적인 기념물보다 더 많은 역사가 담겨 있다고. 그리고 건축물이나 돌들과 달리 우리가 먹는 음식은 아무리 오랜 역사를 가지고 있어도 매번 그만큼 장엄하고 새롭다는 것을.

한 버스커가 캄포 데 피오리 남쪽 편에 서서 가까운 술집에서 흘러나오는 음악과 경쟁하며 노래를 부른다. 오늘의 마지막 햇살이 광장을 가로지르며 깜박거린다. 튀김, 에스프레소의 냄새가 담배 연기와 섞이는 동안에. 잠시 동안이지만 조르다노 브루노의 동상에 내려앉은 햇빛과 새똥이 그가 빛나는 후광을 지니고 있는 것으로 보이게 만든다.

이렇게 아이러니할 수가! 브루노는 그의 과학적 연구의 결과로 교황에 의해 파문되었고 심지어 독일 개신교에 의해서도 이단 취급을 받았다. 그의 책들은 가톨릭교회의 금지 도서 목록인 *Index Librorum Prohibitorum*에 1966년까지 등재되어 있었다. 브루노의 머리를 숙이고 다리를 올리게 한 채 말뚝에 묶어 그를 불태운 사형 집행인들뿐 아니라 브루노를 심판했던 판사들에게도 역사가 가혹했던 것에 대한 구실은 있었으리라.

오늘날, 브루노의 주장 대부분은 우리 모두에게 널리 받아들여지고 있다. 그렇다. 그의 이야기는 이제 우리가 가진 집단 세계관의 일부가 되었다. 하지만 그는 한 가지에 대해서는 틀렸다: 이 온화한 6월의 저녁, 우주에 중심이 있다는 것은 꽤 분명하다. 여기 로마의 캄포 데 피오리에.

**차례**

빵 ··· 15

애피타이저 ··· 53

오일 ··· 73

소금 ··· 95

파스타 ··· 131

후추 ··· 175

와인 ··· 221

고기 ··· 241

불 ··· 277

레몬 ··· 297

---

참고 자료의 출처와 그 뒷이야기 ··· 327
이 책에 나온 로마의 식당들 ··· 358

**일러두기**

- 현재 사용되고 있는 이탈리아어는 한글 독음 옆에 이탈리아어 원문을 이탤릭체로 표기하였습니다. 예를 들면, 코르네토*cornetto* 형태입니다. 이후 같은 내용이 나올 때는 한글을 이탤릭체로 *코르네토* 형태로 표기하였습니다.
- 이탈리아어를 제외한 외국어는 한국어 옆 괄호 안에 원문을 그대로 옮겨 적었습니다.
- 『책 제목』「시 제목」〈신문·기사·잡지 제목〉〈연극·공연의 제목〉으로 표기해 두었습니다. 한국어로 제목을 번역하였고, 원서 제목은 괄호 안에 넣었습니다.
- 문서 인용이나 대화는 "큰따옴표" 안에, 강조, 생각, 전달하는 말은 '작은따옴표' 안에 넣었습니다.
- 한국어 번역본의 주석은 문맥을 읽는 중에 즉시 설명이 필요하다고 생각되는 용어에 한하여 덧붙였습니다. 이 외에 설명이 필요할 수 있는 용어 대부분은 다양한 경로의 웹 서핑으로 그에 관한 의미를 쉽게 발견하실 수 있습니다.

# Pane

빵

# Bread

Dinner
in
Rome

내가 자리에 앉자마자 순식간에 내 테이블에 빵이 놓였다. 웨이터인 안젤로는 식사 중인 손님들 사이를 재빠르게 지나다니며 노련한 손놀림으로 빵이 담긴 바구니를 미처 알아채지도 못할 정도로 자연스럽게 테이블 한가운데에 두고 갔다.

이탈리아에 있는 대부분의 레스토랑에 가면 당신은 'cover charge', 즉 '코페르토*coperto*'라 불리는 2유로 정도의 테이블 이용료를 지불해야 한다. 레스토랑을 방문하는 손님들 입장에서 보면 이 금액이 왠지 "지금 이 식당이 당신에게 사기 치는 중이에요"라는 느낌이 들 수 있어 눈살을 찌푸리게 만드는 관행으로 여겨지곤 했다. 결국 로마에서는 코페르토를 손님에게 요구하는 것이 금지되었다. 하지만 당신이 테이블 이용료를 지불하든 그렇지 않든 당신에게 주어지는 빵 자체는 어차피 달라질 게 없다. 때로는 랩에 둘둘 말린 채로 테이블에 던져지는 바람에 이게 과연 '빵'이 맞나 싶기까지 하다.

한편, 별도의 테이블 이용료를 받고 있지 않음에도 무료로 빵을 제공하는 식당인 '라 카르보나라*La Carbonara*'에선 이 같은 일이 절대로 벌어지지 않는다. *라 카르보나라*의 빵은 겉이 파사삭한 크러스트로 가뿐하면서도 속은 보드라우며 도우 반죽처럼 조금 찰진 느낌이 있다. 한입 베어 물 때 그야말로 '딱 기분 좋은 정도의 쫄깃함'을 선사한다. 이 빵은 *라 카르보나라* 옆 건물에 있는 빵집 '포르노 캄포 데 피오리*Forno Campo de' Fiori*'에서 만든 것이다.

포르노 캄포 데 피오리는 현재 이탈리아를 지배하는 거대한 규모의 산업형 빵집들의 침범 속에서도 살아남은 장인정신을 가진 몇 안 되는 빵집 중 하나이다. 지금 내가 머무르고 있는 아파트는 이 빵집 바로 옆 블록에 있으며, 테라스에 나가 서면 빵집이 자리한 광장을 내려다볼 수 있다. 나는 아침마다 테라스에 나가 지나가는 사람들을 가만히 바라본다. 만약 당신이 오전 7시 30분, 그러니까 빵집이 문을 여는 시간에 내 테라스에 서 있다면 골목을 지나는 인파의 흐름이 갑작스럽게 변하는 것을 바로 알 수 있다. 그건 흡사 여러 지류가 하나의 연못이나 호수로 모여드는 모습과 같다.

포르노 캄포 데 피오리는 언제나 사람들로 북적인다. 빵을 사러 온 사람들의 주문 내역은 하루 동안에도 여러 차례 달라진다. 아침나절엔 코르네티*cornetti*\*와 쿠키 종류, 그리고 피자 알라 로마나*pizza alla Romana*\*\*를 주문한다. 잠깐 문을 닫았다가 오후에 다시

---

\*　　프랑스의 크루아상과 비슷한 형태의 이탈리아 빵인데 제빵법이 달라 질감과 풍미는 프랑스의 것과 조금 다르다. 크루아상이 바삭하다면 코르네티는 쫄깃한 편이다.

\*\*　　얇은 피자 반죽에 모르타델라(Mortadella) 햄 등을 올린 것. 모르타델라는 이탈리아 볼로냐가 원산으로 염지한 돼지고기를 갈아 돼지기름, 향신

문을 열면 1미터짜리 피자인 피자 알 탈리오*pizza al taglio*\*나 좀 더 공들인 모양의 달콤한 페이스트리 종류, 그 외 몇 가지 다른 빵을 주문한다.

    이곳에 주로 오는 손님들은 구시가지*centro storico*에 살고 있는 로마 사람들과 여행객이다. 하지만 제아무리 사려 깊고 훌륭한 여행객일지라도, 심지어 이 빵집의 단골이라고 해도 손님들은 마치 빵집 안에 존재하지 않는 것 같은 취급을 당한다. 왜냐하면 이곳에서는 모든 것이 '이탈리아식'으로 이루어지기 때문이다.

    실제로 이탈리아의 빵집에 처음 가보는 모든 여행객은 너무나 복잡한 주문과 지불 시스템 덕에 고초를 겪게 된다. 그렇지만 그 누구도 이 과정을 단순하게 바꾸거나 설명해주지 않는다. 결국 태어나서 처음 겪는 고난 한가운데에서 버둥대는 모든 새내기 손님은 강렬한 조바심에 사로잡히고 만다. 주문은 저곳, 지불은 이곳, 빵을 받는 곳은 또 다르다. 문제는 여행객을 제외하면 모든 손님이 이 구조를 알고 있다는 것이다. 당연히 어떠한 설명도 표시판도 필요 없다. 바*bar*\*\*에 가면 에스프레소는 지불이 먼저 커피는 나중에, 빵집에 와서는 주문이 먼저, 그리고 지불한 다음, 영수증을 보여주며 주문한 빵을 받는다. 이걸 늘 잊어버리는

        료, 피스타치오 등을 넣어 풍미와 식감을 더한 아주 부드러운 질감의 햄이다.
\*    긴 직사각 형태로 구워 조각으로 잘라서 판매하는 피자를 말한다.
\*\*   이탈리아에서 바(bar)는 보통 에스프레소 같은 커피와 음료 위주의 마실 것과 소소한 먹을거리를 파는 곳을 일컫는다.

Pane

나는 줄에 선 채 얼마나 자주 바보가 되었는지 셀 수조차 없다.

쇼핑하는 방법이 복잡하지 않은 곳, 오후에도 우유 섞은 커피를 마실 수 있는 곳\*, 한낮에 갑자기 몇 시간씩 문 닫는 일이 없는 곳, 영어로 의사소통이 가능한 곳 같은 글로벌 공동체로써의 역할을 꺼리는 이탈리아만의 독특한 저항감이 있다. 이는 로마에 정착한 외국인이든, 꽤 많은 이탈리아인이든 간에 언제든 크게 낙심할 일을 만들곤 한다. 그러나 동시에 이러한 점이 로마만의 독특한 모습을 로마에게 선사한다.

이 자신감 넘치는 저항에는 매력적인 어떤 것이 분명 있으며 당신이 이 저항에 매일매일 굳이 맞설 마음이 없다면 그 매력은 점점 크게 다가올 것이다. 로마 빵집의 에티켓을 모른다는 이유로 긴 줄의 맨 앞에 선 채 우물쭈물 하다가 '저리 비켜'라는 말을 듣고 있는 당신은 얼굴이 벌겋게 달아오르고 너무도 망신스러울 것이다. 하지만 일단 한번 이 복잡한 시스템을 체득하고 나면 당신은 마치 자신이 '마스터'가 된 느낌을 받을 게 확실하다.

자! 이제, '마스터'인 내가 나의 '코르네토'를 사는 중이라 치자. 나는 아마도 모든 과정에서 잘못을 저지르고 있는 어리숙한 초보 여행객에게 멸시의 눈초리를 보낼 수 있으리라! 그러나 어리숙한 여행객이 꽤 상냥해 보인다면 나는 기꺼이 그를 도와주리라. 허나 거들먹거리고 고압적인 여행자라면 나는 줄에 서 있

---

\* 우유에 커피를 섞어 만드는 카푸치노는 주로 아침식사 메뉴로 오후에는 이 메뉴를 찾는 이탈리아인이 거의 없다.

는 다른 '입회자'들처럼 조용히 서 있기만 할 것이다. 마치 로마인들 사이에 서 있는 한 나도 로마인인 듯 말이다.

빵은 여느 다른 지역에서와 마찬가지로 로마에서도 역시 식사의 필수적인 요소로써, 보편적인 식문화의 일부로 여겨진다. 내가 몇 년 전 짐바브웨에서 일하던 중의 이야기이다. 짐바브웨인들의 주식 중 하나인 'sadza'라는 진득한 옥수수죽이 있다. 그들은 이를 영양공급의 원천으로 생각하고 매일, 때론 하루에도 몇 번씩 먹는다. 나 또한 sadza를 매일같이 쉼 없이 먹다가 이 음식에 지치는 바람에 점심 도시락을 따로 싸 간 적이 있다. 그때 내 동류 중 하나가 "당신 나라에선 주식이 뭐죠?"라고 물었다. 이 질문을 받자 흥미와 동시에 약간의 두려움이 몰려왔다. 왜냐하면 이 질문은 sadza 먹기를 즐기지 않는 사람들이 살고 있는 세상의 다른 편에 관해 궁금해 하는 포괄적 질문이라 생각했기 때문이다.

대구, 연어, 양고기, 양배추, 돼지고기, 그리고 엘크(elk)나 순록처럼 사냥한 고기를 포함해 내 고향인 노르웨이로 돌아가면 먹게 될 모든 것을 대답으로 내놓기 전에 나는 먼저 이렇게 말했다. "내 고향엔 당신들처럼 '주식'이라 할만한 게 없네요." 사실 여러 재료가 계절에 따라 혹은 먹는 사람의 식성과 기호에 따라 달라지기 때문이다. 그때 다른 동료 하나가 갑자기 큰 웃음을 터뜨렸다. "농담도 잘 하시네요! 당신들은 아침, 점심으로, 때론 간식으로, 또한 저녁식사나 정찬의 곁들임으로 '빵'을 먹지 않습니까? 제가 보기엔 거의 중독인데요! 보세요. 지금도 당신 앞에 뭐가 놓여있는지." 나는 그 순간 나의 샌드위치를 내려다보며 깨달았다. 그가 옳다는 것을.

내가 평생 빵을 먹으며 살아왔구나. 별다른 일이 없으면 앞으로도, 하루에도 몇 번씩 아침과 점심, 저녁 때로는 간식으로 빵을 먹겠구나. 종종 이렇게 빵을 먹는 일은 나를 지루하게 만들고 무언가 더 새로운 걸 먹어야만 한다고 끊임없이 생각하게 만들겠지만 나를 앞으로 계속 나아가게 만드는 것 역시 '빵'이다. 여러 세대에 걸쳐 그러했으리라. 그리고 여기 로마도 2,000년이 넘는 세월 동안 마찬가지였으리라.

레스토랑에서의 빵은 음식과 의무적인 동반자이다. 빵은 최악의 배고픔을 덜어줄 수 있으며 접시에 남은 파스타 소스나 육즙을 해치우기에도 그저 그만이다. 내가 앉은 테이블 가까이에서 식사 중인 젊은이들 중 하나가 이 레스토랑에서 가장 비싼 메뉴인 구운 농어를 주문했다. 다른 한 명은 심플한 파스타를 골랐다. 로마에서의 외식은 로마식 '더치페이'인 '파가레 알라 로마나' *Pagara alla romana* 의 규칙을 따른다. 누가 어떤 메뉴를 얼마나 먹었느냐에 관계없이 모두가 전체를 똑같이 나누어 계산하는 방식이다. 짐작컨대 이 젊은이들은 분명 한 친구가 선택한 '비싼' 입맛의 대가를 본인들이 일부 지불해야 한다는 걸 모두 알고 있을 것이다. 한 사람, 한 사람씩 육수와 오일과 레몬즙이 섞인 구운 농어 접시에 각자의 빵을 찍어 먹는다. 지불에는 '맛보기'가 따르는 법이니까.

빵과 곡물은 로마의 역사에서 핵심적 역할을 해왔다. 곡물은 식량으로 존재해왔지만 또한 도시 성장의 필수요소였고, 로마제국의 실질적이고 전체적인 성장에도 기여했다. 전설에 따르면 로마의 역사는 오늘날 이탈리(Italy)라 부르는 서부해안으로부터 온 작은 집단의 사람들로부터 시작되었다고 한다.

로마제국의 국민 시 「아이네이아스Aeneas」의 시작 부분에서 시인 베르질리우스Vergilius는 "나는 무기를 노래한다. 운명으로부터 추방당해 이탈리(Italy)의 트로이(Troy) 해안에서 라비니언(Lavinian) 해안으로 온 한 남자의, 땅과 바다에게서 신들의 의지로 인해 그리고 잔인한 주노(Juno)여신의 가차 없는 분노에 의해 영원히 내던져진 그리고 오랜 전쟁으로 고통받아온 이 남자는 한 도시에 다다라 그의 신들을 라티움(Latium)의 성전에 가지고 오노라: 라틴족이 온 곳, 신성한 로마의 벽, 알바롱가(Alba Longa)로부터."

이 이야기는 왕의 아들인 아이네이아스(Aeneas)가 자신의 수행원들을 이끌고 당시까지 정복되지 않고 문명화되지 않은 그 지역에 정착하면서 시작된다. 숲으로 뒤덮인 이 땅에는 농경과 목축을 전혀 모르던 사람들이 살고 있었다. 베르질리우스에 따르면 이들은 참나무에서 유래한 사람들이었다.

실제 도시가 설립된 것은 몇 세대가 지나서인 레무스(Remus)와 로물루스(Romulus) 쌍둥이에 의해서였다. 이 쌍둥이는 전쟁의 신인 마르스(Mars)가 레아(Rhea)를 강간하여 태어난 아이들로 복잡한 가족 역사를 가지고 있다. 두 아이는 삼촌의 시기를 받아 살해 당할 위기에 처해졌으나 암컷늑대와 딱따구리에 덕에 죽음을 모면한다. 암컷늑대는 쌍둥이 소년들에게 젖을 먹여 키웠다. 딱따구리가 아이들을 구하는 데에 정확히 어떤 도움을 주었는지는 명백하지 않기 때문에 딱따구리에 관한 부분은 전해지는 이야기에서 종종 삭제되기도 한다.

두 형제는 자라나서 도시를 세우고자 마음먹고 그 위치를 정하기 위한 논쟁을 벌인다. 로물루스는 팔라티노 언덕*Colle Palatino*을 주장했고 레무스는 아벤티노 구릉*Colle Aventino*을 더 선호했다. 이 논쟁은 로물루스가 레무스를 죽임으로써 끝을 맺었고 로물루스는 스스로에 대한 존경의 의미를 담아 자신의 이름을 따서 도시의 이름을 지었다.

로물루스가 실제로 도시를 세운 날은 기원전 753년 4월 21일, 목동들의 신인 판(Pan)를 기리는 축제날이었다. 사람들이 이 신화를 마음에 두지 않은 지는 오래됐지만 여전히 이 날짜를 도시의 나이를 계산하는 기준으로 사용하고 있다. 레무스와 로물루스가 암컷늑대의 젖을 먹는 모습은 아직까지 로마의 상징처럼 여겨지며, 로마 곳곳에서 이를 형상화한 조형물이나 그림들을 만날 수 있다. *라 카르보나라*의 한쪽 벽면에도 축구클럽인 에이에스로마*AS Roma*의 로고인 늑대어미와 두 아이를 그린 포스터의 일부가 걸려있다.

그러니 현대 로마인들은 주변 지역에 살고 있는 주민 대부분과 마찬가지로 애초 로마지역의 토착민인 참나무인들의 자손은 아닌 것이다. 오히려 트로이의 아이네이아스(Aeneas)의 자손들인 셈이다. 로마인들의 핏줄엔 왕가의 신성한 피가 흐르며, 로마라는 도시는 형제 살해에 의해 세워졌다.

로마의 초기 역사는 여러 신화를 토대로 설명되고 전해지므로 대부분은 사실이 아닐 가능성이 짙다. 하지만 다른 유래를 전혀 찾아볼 수 없다보니 이 동화 같은 이야기 속에 더 깊은, 숨겨진 진실이 있으리라 기대하며 여전히 기댈 수밖에 없다. 만일 실제 역사에서 지금의 유래와 같은 일이 벌어지지 않았고 등장인물들도 모두 허구라 할지라도 분명 비슷한 일들이 일어났을 법도 하며, 진짜 일어났을지도 모른다.

서양력의 시작에 우호적 태도를 취하는 로마역사학자인 티투스 리비우스Titus Livius는 도시의 공식적 역사 중 일부는 진실이겠지만 그보다는 좀 더 세련되고 시적인 모습이었을 것이라 여긴다. 그럼에도 불구하고 이 이야기가 그대로 전해지고, 사용되는 이유에 대해 "신에 의한 신성한 것과 인간적인 것을 섞는 일은 어쩌면 고대인들의 특권이지 싶습니다. 어떤 국가든지 설립 역사에는 존엄성(신성함)을 더해야만 그 국가가 신으로부터 유래했다는 자격을 부여받으며 우리 로마의 역사도 마찬가지인 것이지요"라고 말한다.

이 땅으로 이주해온 당시의 이주민들은 처음에는 다소 보잘것없는 전사 집단이었음에 틀림없다. 그러나 순진하고 가난한 이 지역의 목동들을 팔라티노 언덕 부근의 작은 영역 안에 두고 지배했으며 점차 자라나 도시로써의 면모를 갖추자 지역의 맹주로 발돋움했을 것이다. 로마는 잔혹한 군사적 면모를 가지고 있었으며 그 공격성의 결과는 대성공이었다.

기원전 300~200년 사이에 로마는 현재 이탈리아반도 전체를 손아귀에 넣고 지배하게 되었다. 뒤따르는 한 세기 동안에 이러한 확장은 더욱 속도가 붙어 수많은 연방을 지니게 되었으며 코르시카Corsica, 사르데냐Sardegna, 시칠리아Sicilia 섬들과 발레아레스 제도(Balearic Islands), 이베리아반도(Iberian Peninsula), 지금의 프랑스와 벨기에 지역, 영국 본섬의 남부지역, 그리스를 포함한 발칸반도(Balkans), 그리고 소아시아(극서 아시아)와 아프리카 북부의 지중해 연안까지 세력을 확장했다.

'로마는 하루아침에 만들어지지 않았다'라는 말은 신화로부터 시작되었고, 최근까지 발견된 사실들을 기반으로 만들어진 역사가 증명해준다. 두 형제가 하나가 되고 그 결과 탐욕의 제국이 자라났다. 집에서 집으로 사람에서 사람으로 마을에서 마을로 연방에서 다른 연방으로 국가에서 또 다른 국가로. 로마제국의 인구는 5천만 명에 육박했으며 기원전 100년경 수도인 로마에는 이미 1백만 명의 주민이 거주하고 있었다.

베르질리우스는 로마의 군대와 한 위대한 사람에 대해 그리고 로마제국의 역사가 어떻게 흘러왔는가에 대하여 노래한다. 그는 장군들, 정치인들, 광기의 황제들, 창녀들 그리고 특히 유명했던 철학자들과 배신자들에 대해 노래한다. 음모, 침략, 전투 그리고 너무나 거대하여 우리가 알고 있는 거의 모든 세계를 통치했던 제국에 대한 이야기를 노래한다.

그렇다면 로마제국의 사람들은 무엇으로 생계를 유지했을까? 그들이 먹었던 것은 무엇이었을까? 이러한 물음에 대한 답은 로마의 이야기에서 찾아볼 수 없으며 여행가이드들의 이야기에서도 배제된다.

로마제국의 괄목할만한 확장의 선행 조건에는 많은 역사학자가 입을 모아 말하는 한 가지가 있다: 그것은 바로 로마만의 '식량 생산과 공급 체계'였다. 로마는 왕과 상원의원들, 영사(consuls)와 장군들이 만든 것이 아니었다. 에반 프레이저(Evan Fraser)와 앤드류 리마스(Andrew Rimas)가 쓴 『식량의 제국(Empires of Food)』에서 말하듯, 로마를 만든 것은 '밀(wheat)'이었다. 그렇다고 모든 일들이 반드시 밀과 관련되었다는 것은 아니다. 하지만 로마의 '사회 시스템'에 불을 당기고, 그 모든 일들을 가능하게 했던 가장 중요한 요소 중 하나에는 적어도 '밀'이 있었다. 20세기에 '석유'가 그러했던 것처럼.

시작부터 로마의 위치는 특이했다. 도대체 왜 풍요롭지도 않고 생산적이지도 않은데다가 바다로부터도 30킬로미터나 떨어진 바로 이곳에 자리를 잡았을까? 당시의 로마는 적당히 성공한 도시 중 하나이긴 했고, 그 자리를 고수했다. 로마인들의 가계도에 트로이의 왕과 신들이 있었기에 아마도 다른 이웃 도시들보다 우월하다고 생각할 수도 있었겠지만 '천연자원'의 측면에서는 비교적 빈곤했던 것이 사실이다.

이탈리아를 여행하는 사람이라면 누구든 이 나라의 다른 지역이 얼마나 풍요로운지 금세 알아차릴 수 있다. 토스카나*Toscana*와 포 계곡*Valle Po*의 무성함, 늘 푸르른 움브리아*Umbria*, 남부와 시칠리아*Sicilia*의 광활하게 펼쳐진 밭이 그렇다. 이 지역들은 많은 인구를 먹여 살리고 있다. 그런데 로마를 보자. 빠르고 지속적으로 늘어나는 인구에 비해 제한적인 농경지를 가지고 있었다. 늘어나는 주민들을 먹여 살리기 위해 로마는 곡물 수입이 시급했다. 그 결과 매우 선진적인 교역 시스템을 만들어내게 된다.

정치인이자 철학자였던 '키케로(Marcus Tullius Cicero)'는 로마가 성공할 수 있었던 토대가 바로 그 특이한 '위치'에 있다고 보았다. 외부와의 교역이 필수일 수밖에 없었던 로마의 상황이 결국 성공을 안겨주었다는 것이다.

"도시에 흐르는 강은 바다로 가는 길목이 되어 부족한 것을 들여오고 생산한 것을 수출하기 쉽게 만든다. 또한, 강을 통해 바다로 들고나기도 수월하며 우리의 생존과 문명에 필요한 것이면 무엇이든 내륙으로부터 가져오기도 어렵지 않다. 그러니 애초에 로물루스(Romulus)가 이곳이 강대한 제국의 심장이 되리라는 신탁을 받은 것임에 틀림없다."

로마는 늘 이웃과의 이런저런 전쟁에 연루되어 있었다. 당시에는 전쟁과 충돌이 흔했으며 승리자는 원하는 게 무엇이든 약탈할 수 있는 권리를 누렸다. 이전에는 전투가 끝나면 패배자에게 충분한 굴욕감을 안겨준 다음 적당한 배당금을 받아 전장을 떠나는 것이 일반적인 규칙이었다. 다만 독특한 사례 중 하나가 있는데 로마가 그들의 숙적이었던 카르타고(Ancent Carthage)와

벌인 100년이 넘는 전쟁에서 승리했을 때이다. 로마는 그야말로 할 수 있는 한 모든 것을 파괴했다. 도시의 모든 건물을 철저히 없애고 땅에 소금을 뿌리기까지 했다. 말 그대로 국가 전체를 '절멸'시켰다. 하지만 이것은 매우 이례적인 일로 남았다.

대개는 적이 패배하고 약해지는 것으로 충분했으며, 승자는 고향으로 돌아가 더 풍족하고 건강하게 살았다. 하지만 로마는 다른 열강들과 달랐다. 전리품을 챙겨 집으로 돌아갔던 일반적 경우와는 달리 로마인들은 정복한 땅에 남았다. 로마에게 패배한 적들은 점점 늘어나는 로마 영토 안으로 귀속되고 적응했으며, 점차 토착민들만의 권리도 누리기 시작했다.

로마의 세력은 잔혹한 확장을 이어갔지만 로마 영역에 포함된 영토 내에서는 그로부터 얻는 이익이 있었다. 몬티 파이손(Monty Python)의 코믹극 〈Life of Brian(1979)〉의 극중 인물이며 분리주의자 지도자인 레그(Reg)는 극에서 수사적 질문을 던진다: "로마인들이 우리를 위해 해준 게 뭐지?" 그의 동맹인 한 인물이 이 질문을 말 그대로 받아들여 답한다. "관개시설과 더 나은 의료, 위생, 사법제도… 그리고 교육과 양질의 와인과 평화…"라고 나열한다.*

로마는 제국이 융성해짐에 따라 점점 커져가는 연방의 행정

---

\*   설의법이다. 질문의 의도는 로마인들이 한 '나쁜 짓'을 묻는 것이지만, 이 극이 코미디라는 점으로 보면 나열하는 내용은 '좋은 것'으로써 웃음을 유도한다.

이나 관리 지위를 더이상 한 개인이나 가족 또는 혈족에게 맡기지 않는 괄목할만한 관료 시스템을 만들어냈다. 모두가 대체 가능한 인원이었다. 이전의 단순한 동맹원칙에 의한 행정을 넘어서서 토착민들이 충성하겠다는 조건에 동의한다면 전쟁에서 패배한 이들일지라도 로마의 동맹이 될 수 있었다. 이렇게 로마인들이 원하는 방식이 널리 허용됨으로써 정복지는 새로운 로마 연방으로 동화되어 갔다. 정복한 지역의 엘리트들은 결국 라틴어로 읽고 쓰기 시작하였으며 로마의 가치를 포용하고 로마식 집에서 살고 로마식 목욕을 하고 로마의 관습을 받아들이며 시민적 자유를 얻어갔다.

로마인들은 지속적으로 늘어나는 제국의 영역을 다스릴 수 있게 되었다. 그들은 정복한 지역을 보존해야 할 이유가 있었다. 왜냐하면 로마제국은 곡물, 올리브 오일, 금속 그 외 정복지역이 제공할 수 있는 것이라면 그게 무엇이든 그 조공과 세금의 힘으로 로마만의 제국을 건설해 갔기 때문이다.

새로운 지역들 중 자연 조건이 허락하는 곳은 더 많은 세금 충당을 위한 경작지로 만들었다. 이것은 여러 방식으로 제국건설의 역동적 역할을 담당했다. 세금으로 걷은 곡물은 군대를 먹여 살리고 이 군대는 연방의 질서를 유지했으며 결국 새로운 지역을 예속시키는 역할을 했다. 또한 이러한 점이 끊임없는 영토 확장을 가능하게 하고 더 많은 곡물세금을 걷을 수 있는 지속적 효과를 낳게 하였다. 역사상 전무후무했던 가장 거대한 로마라는 제국은 마치 발효하는 반죽처럼 부피를 점점 확장하여 더욱 거

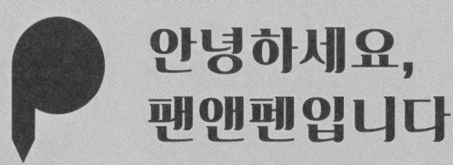

# 안녕하세요,
# 팬앤펜입니다

팬앤펜은 매일 조금씩, 더 즐거워지는 삶을 위한 콘텐츠를 다룹니다. 무언가를 상상하고, 고민하고, 그리고, 쓰고, 공부하는 이들의 기술과 지혜를 모아 책으로 엮어냅니다. 그 책을 만남으로써 또 다른 누군가의 일상과 삶에 새로운 기술과 지혜가 깃들기를 바랍니다.

두 손으로 완성하는 기쁨을 주는 '실용도서', 하루하루 쌓여가는 일상의 드라마와 삶의 지혜와 경험을 나누는 '에세이', 인생의 맛과 멋을 찾아가는 '여행 및 인문 도서' 그리고 삶의 결정적 순간에 뻘살기가 되어줄 '수험 및 학습' 도서 등을 펴내고 있습니다.

더불어, 개인과 브랜드, 기업의 이야기를 모아 온/오프라인 지면으로 함께 정리하고 펴내는 기획 출판 및 출판 대행을 하고 있습니다. 재능과 기록, 기억과 역사를 정리하여 사료화하고, 스스로를 알리는 일에 팬앤펜이 힘이 되어 드릴게요.

**고맙습니다. 반갑습니다.**

T. 031-939-0582 | F. 02-6442-2449 | M. panpenpub@gmail.com
W. blog.naver.com/pan-pen | SNS. @pan_n_pen

\*\* 출판 문의는 이메일로 기획안 및 원고 등을 함께 보내주시면 감사하겠습니다 \*\*

# 요리에 진심이라면 꼭 볼 책

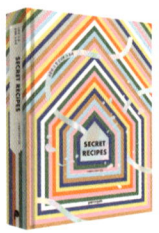

### 시크릿 레시피 SECRETS RECIPES
인스타그램 125만, 유튜브 71만 팔로워의 '마카롱여사'가 운영하는 네이버 요리카페(회원 15만여 명) '시크릿레시피2015' 회원들과 스웨덴 조리도구 브랜드 '스켑슐트'가 함께 만든 요리책. 생활 요리 고수들이 알려주는 알뜰하고 아주 쉬운 '남의집 손맛 비결'이 담겨 있어요.
| 시크릿레시피 회원 제공 | 스켑슐트 코리아 엮음
| 문인영(101recipe) 차림 | 김동하 사진

### 프랑스 요리, 프라이팬 하나로
'달랑 '프라이팬 하나'로 '누구나' 만들 수 있는 간단한 프랑스 가정식 레시피북. 현재 프랑스에 살면서 쉽고 감각적인 레시피로 230만 명 이상의 유튜브 팔로워를 이끄는 요리사가 정말 간단한 프렌치 쿠킹 노하우를 알려드립니다. 샐러드부터 고기요리까지 있으니 포근하고 맛있는 프랑스 가정식을 집에서 즐겨보세요. | 에모조와 지음 | 백현숙 옮김

### 식스 시즌 Six Seasons
제철 채소가 가진 맛을 오롯이 끌어내며 즐거운 요리 생활을 하게끔 해주는 명물 레시피북. 채소의 시간으로 나눈 일 년 여섯계절에 나오는 채소 정보와 눈이 즐거운 사진과 그림, 놀랍도록 깊은 맛을 내는 채소 조리법을 담았습니다. 채식이 어렵다면 제철 채소부터 시작해보면 어떨까요? | 조슈아 맥퍼든, 마사 홈버그 지음 | 김승범, 오승해 옮김

### 계절 과일 레시피 + 과일 플레이팅 부록 책
대한민국의 제철 과일 20여 가지로 만드는 280여 가지 요리법 수록. 과일 정보부터 샐러드, 샌드위치, 음료, 잼과 청, 절임 요리, 피자, 파스타, 국수, 고기와 해물 요리까지 있어요. 본책(504쪽) 구매 시 제철 과일을 예쁘게 깎아 차려내는 방법이 담긴 별책(84쪽)을 함께 드려요.
| 김윤정(그린테이블) 짓고 차림 | 박유빈(스튜디오뉴빈) 사진 | 박세연 그림

# 에세이 & 라이프스타일 레시피

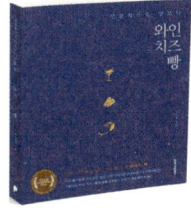

**에세이**

### 인문학으로 맛보다, 와인 치즈 빵
와인과 치즈가 즐비한 미식테이블에서 무슨 말을 꺼내야할지 어색한 여러분을 위한 책입니다. 와인, 치즈, 빵에 얽힌 사람과 역사 이야기를 읽다보면 어느새 테이블에서 나눌 이야깃거리가 여러분 안에 차오르게 될 거예요. | 이수정 지음

**에세이**

### 글 그림
지금 내 곁에 있는 소중한 사람에게 선물하고 싶은 책을 소개합니다. 그림책 작가이자 일러스트레이터인 이철민이 기록한 6년 간의 '오늘'을 책으로 엮었습니다. 재미난 그림과 절묘한 언어 유희가 한 장 한 장 펼쳐질 때마다 따뜻하면서도 유쾌한 상상력에 웃음이 절로 번질 거예요. | 이철민 쓰고 그림

**공예**

### 마크라메 북클래스
남다른 마크라메 디자인을 배워보고 싶다면 이 책을 펼쳐보세요. 그림과 사진을 보며 차근차근 따라하다 보면 어느새 나만의 디자인을 창작할 수 있는 실력과 감각을 키울 수 있습니다.
| 변지예(글레드뤼느) 지음 | 빅싱국 사진

**미용**

### 고르고 고른 천연 화장품 레시피
한국핸드메이드강사협회(www.khia.co.kr)를 운영 중인 저자들의 실용적 노하우를 집대성한 레시피 290가지 수록. 초보자를 위한 기초 파트부터 얼굴 피부 관리, 바디 용품, 아이, 남성, 사춘기자녀를 위한 레시피, 홈케어와 남은 재료를 활용한 초간단 레시피까지!
| 채병제, 채은숙 지음
| 김수경(스튜디오잇다) 세팅 | 기성률(키스튜디오) 사진

# 나의 지식과 기술 습득을 위한 책

영어공부

### 이단아 보카 : 그린 레벨 시즌
무료 동영상 강의를 보며 나만의 영단어 비법 공책 만들기!
시즌 1편은 접미사를 통해 명사, 동사, 형용사, 부사의 변화를 자연스럽게 익히며 단어를 확장할 수 있습니다. 시즌 2편은 접두사를 통해 다양한 품사와 어근을 익히며 단어를 확장해봅니다. 더이상 단어를 외우려고 들지 말고 머릿속에 저절러 떠오르게 해보세요.
무료 동영상 강의를 보시고자 한다면
오른쪽의 QR 코드로 바로 접속!

| 김승범, 심호승 지음

수험서

### 미트마스터로 가는 길 : 식육처리기능사 시험 대비서
고도의 기술과 지식을 요하는 식육처리기능사 자격증을 따기 위해 꼭 통과해야 하는 국가자격시험 실기 대비서. 실기 과목인 지육 발골 및 정형의 전체 과정별 상세 사진과 설명을 모두 수록! 부분육 감별 시험을 대비한 소와 돼지고기 부위별 사진까지 빠짐없이 볼 수 있습니다. 실기 시험 준비물과 실전 요령에 대한 저자의 꼼꼼한 조언도 담았습니다.
발골 정형 과정 동영상 강의는
오른쪽의 QR코드로 바로 접속!

| 임치호 지음 | 김천제 감수 | 박상국 사진

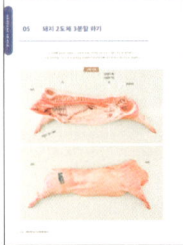
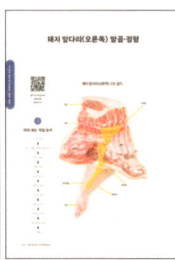
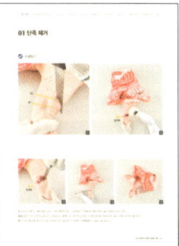
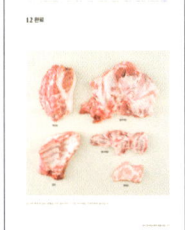

# 새로 펴낸 책 : 인사드려요!

### 혹독한 셀프 컨설팅 : 동네 빵집 우리도 열어 볼까?
나만의 가게를 열고자 하는 분들은 꼭 봐야 할 셀프 컨설팅 북! 자그마한 동네 빵집을 차리기 위해 알아야 할 예산 짜기, 부동산 파악하기, 인테리어 실패하지 않기, 기계장비와 소도구 구입하기, 메뉴 짜기, 영업하기까지의 모든 과정별 필수 지침을 하나하나 알려드립니다.
| 황석용(성수베이킹스튜디오) 지음 | 이채현 정리
| 박정규(이파리건축사사무소) 부분 감수

### 내몸이 가벼워진다 : 레몬과 식초로 맛을 낸 간단 건강 요리
매일 먹어도 부담없는 개운한 음식으로 몸을 가볍게 해봅시다! 새콤함과 산뜻함을 선사하는 레몬과 식초를 가지고 만드는 65가지 요리와 레몬·양파·생강 절임식초 만들기와 활용 요리 15가지가 수록되어 있습니다. 무침, 절임, 볶음, 조림, 튀김 등의 다채로운 조리법으로 채소, 해산물, 육류, 빵, 국수, 쌀 등을 맛깔스럽게 요리해 가볍게 즐겨보세요! | 후지이 메구미 지음 | 백현숙 옮김

### 어쩌면 한 번은 만나야 가족 이야기: 우리집에 치매가 찾아왔다
치매 전문 의사가 알려주는 잘 늙고 잘 간호하는 법.
치매를 어떻게 맞이하고 함께할 것인가에 대한 해답을 담은 책입니다. 치매 초기부터 말기까지의 행동과 변화를 파악하여 간병인이 현명하게 대응할 수 있게 도웁니다. 치매 간병부터 마지막 이별까지 환자와 보호자 모두를 보듬을 수 있는 실용적인 대처법으로 자신과 가족을 지켜나가기 바랍니다. | 하세가와 요시야 지음 | 이미라 옮김

### 로마의 한끼로 만나는 음식고고학 : 디너 인 로마 (Dinner in Rome)
잘 먹고, 먹는 이야기 좀 한다는 독자에게 강추하는 꿀잼 도서!
고대 도시 로마의 식당에서 디너 코스를 따라가며 펼쳐지는 흥미진진 '먹는 인류사'. 매일 먹는 것들이 식탁에 오르끼까지 거쳐온 방대한 역사와 그에 얽힌 인류와 자연의 이야기를 씨줄날줄로 엮어 '음식고고학'이라는 새로운 장르로 먹는 독자를 강렬히 매료시킵니다.
| 안드레아스 비에스타드 지음 | 김승범 옮김

# 독자들이 많이많이 찾아준 책

## 임성근의 한끗 다른 집밥
믿고 먹는 레시피로 유명한 일명 '임짱'님 요리책입니다. 자주 먹는 국물요리, 든든한 밑반찬, 푸짐한 한 그릇 요리법에 임성근 조리장의 30년 한식 노하우를 모두 담아 알려드립니다. 늘 사용하는 재료와 평범한 양념만으로 한끗 더 맛있는 집밥을 누구나 차려낼 수 있습니다.
| 임성근 지음 | 김상영(noda+쿠킹스튜디오) 차림 | 박상국 사진

## 임성근의 한끗 쉬운 김치, 장아찌
김치 만들기에 어려움을 느끼는 모든 이들을 위한 초보 김치 책. 김장이 아니라도 언제든, 조금씩 담가 먹을 수 있는 다양한 김치 레시피를 알려드려요. 무와 배추 외에 계절 채소로 만드는 김치. 저장 장아찌까지 한 권에 담았어요. 식당 사장님을 위한 대량 김치 레시피와 활용 요리까지 몽땅 공개합니다. | 임성근 지음 | 김상영(noda+쿠킹스튜디오) 차림 | 박상국 사진

## 생쌀로 굽는 빵
시판 쌀가루나 밀가루가 아닌 매일 우리집에서 밥을 지어 먹는 그 쌀로 다양한 빵, 피자, 케이크, 쿠키, 찐빵을 만드는 레시피북입니다. 여러 가지 쌀빵, 쌀 디저트와 어울리는 크림, 소스, 수프, 샐러드 등도 수록. 밀가루와 동물성 지방은 전혀 사용하지 않는 레시피이므로 알레르기 걱정도 ZERO! | 리토 시오리 지음 | 백현숙 옮김

## 설탕 없는 과자 굽기
건강식품 브랜드 '설탕없는 과자공장'을 운영하고 있는 오세정 대표가 알려주는 손쉬운 무설탕 과자 만들기! 마들렌, 브라우니, 비스코티, 머핀, 파운드케이크, 스콘, 쿠키, 그리고 비건 잼 레시피가 수록되어 있어요. 몸에 좋은 먹거리 선물을 위한 귀여운 포장법도 알려드려요.
| 오세정 지음 | 김가영(101recipe) 차림 | 박상국 사진

# 미식 프로들이 좋아해준 책

### 차tea로 만드는 카페 음료
카페에 특별한 메뉴가 필요하다면 지금 이 책을 펼쳐보세요. 차의 종류, 맛있게 우려내는 법, 다른 재료와 조합하는 법, 차와 어울리는 부재료와 시럽 만드는 법까지 수록되어 있습니다. 카페, 식당, 바bar 등에서 바로 판매 가능한 개성 넘치는 차음료 만드는 법을 담은 책입니다. | 향음가 지음 | 백현숙 옮김

### 빵에 관한 위대한 책
프랑스 정통 천연 발효빵부터 세계의 이름난 지역의 빵까지 지금껏 한국에서는 찾아볼 수 없었던 빵과 단과자 레시피, 그에 얽힌 흥미진진한 이야기가 수록되어 있습니다. 이 책의 저자인 장마리 라노 셰프는 현재 한국에서 활동 중입니다.
| 장마리 라노 외 2인 지음 | 양수민, 이소희 옮김 | 황석용 감수

### 알랭 뒤카스의 선택, 그린 다이닝
세계적인 요리사 알랭 뒤카스가 선택한 채소 식탁은 육류나 생선 없이 채소, 곡물, 콩, 견과류, 과일이 주인공! 제철 채소로 만드는 아름답고 정갈한 미식, 익숙한 재료를 새롭게 조리하여 깊은 맛을 내는 레시피가 있습니다. | 알랭 뒤카스, 로맹 메데 외 1인 지음 | 정혜승 옮김

**역사**

### 대한민국 돼지 이야기
우리의 술상과 밥상에 매일 오르는 돼지는 야생 동물에서 농경생활에 필요한 가축, 왕실과 민중의 삶에 꼭 필요한 음식 재료이며 신화와 전설의 주인공이기도 합니다. 돼지와 우리 한민족의 얽키고설킨 다채롭고 재미난 과거와 현재 그리고 미래의 이야기를 만나보세요.
| 최승철, 김태경 지음

# 건강한 라이프스타일 지킴이

**식습관을 바꾸면 치매와 멀어진다 : 치매 음식**
100세 시대에 우리 모두가 직면한 문제인 치매! 치매에 걸리고 싶지 않다면 지금 당장 식습관부터 바꿔보세요. 치매에 관한 정확한 정보, 치매를 예방하는 식사법 30가지, 치매를 밀어내는 식재료 35가지, 치매를 끌어당기는 식재료 20가지, 100세 건강에 필요한 생활 습관 15가지가 소개되어 있습니다.
| 시라사와 다쿠지 지음 | 백현숙 옮김 | 박세연 그림

**예쁘게 살빠지는 식재료 : DIET FOOD 61**
오로지 굶거나 음식을 가려먹는 다이어트는 이제 그만!!!
아름다움, 건강함, 활력을 잃지 않으며 체중조절을 원할 때 꼭 먹어야 할 영양소가 따로 있습니다. 감량을 돕는 영양소와 올바른 섭취법, 초간단 조리법까지 알려드립니다. 이 책은 지속가능한 다이어트에 꼭 필요한 친구입니다. | 기시무라 야스요 지음 | 백현숙 옮김

**건강한 디저트의 세계 : 마크로비오틱 스위츠**
no버터, no달걀, no백설탕, no동물성지방을 기준으로 만드는 달콤한 레시피를 다양하게 만날 수 있습니다. 마크로비오틱 레시피가 낯선 분들은 디저트부터 시작해보세요. 천연 재료에서 끌어낸 은은한 단맛이 몸은 건강하게 마음은 화사하게 가꾸어줍니다.
| 파트리시오 가르시아 지음 | 최우영 옮김
| 쿠시 마크로비오틱스쿨 코리아 만듦

**몸과 마음 치유를 이끈다 : 아로마테라피 마스터(개정증보판)**
아로마테라피를 공부하고, 더 효과적으로 활용하고 싶은 이들이 전문가로 가는 길에 선택하는 입문서입니다. 많이 사용하는 에센셜 오일 38가지를 중심으로 역사, 원료, 추출, 활용법, 효능과 효과를 다양한 연구결과와 여러 자료 토대로 일목요연하게 정리해두었다. | 채병제, 채은숙 (한국핸드메이드강사협회) 지음 | 최유리 정리

대해지고 탐욕스러워지면서 그만큼 더 많은 먹이가 필요하게 되었다.

로마제국은 점점 더 많은 곡물을 자신들의 시스템에 쏟아 붓는 데에 주력했다. 돈이 돈을 부르고, 한 영역의 성장이 또 다른 영역의 성장을 도우면서 새로운 영역의 성장을 낳는 '긍정적 피드백'을 축으로 삼아 유지되는 경제성장에 오늘날의 자본주의 성패가 달려있는 것과 마찬가지이다. 작가이자 저널리스트인 H.E. 제이콥(H.E. Jacobs)은 "밀(wheat)은 마치의 삶의 모르타르(mortar)와 같다. 그것은 국가를 하나로 통합하는 힘이다."라고 말한다. 로마의 시스템은 풍성한 전리품과 세금으로 거둬들인 넘치는 금과 은을 보유하고 있었으므로 부를 축적하는 방법에 대한 걱정은 없었다. 그러나 이렇게까지 성장을 가능케 한 첫 번째 요인이자 가장 중요한 공신은 바로 '곡물'이었다.

로마인들은 곡물 생산이 불가능한 지역에 다다르면 그 지역을 옥수수밭으로 바꾸는 대규모 개간 작업에 착수한다. 그들이 잉글랜드에 다다랐을 때 발견한 것은 숲과 작은 농장들 그리고 관목으로 이루어진 땅들이었지만 작업은 순식간에 이루어졌다. 그들은 늪지의 물을 빼내어 곡물 생산을 늘렸다. 이후 오랫동안 잉글랜드는 제국 북부의 가장 주요한 곡물 생산지로 자리매김했다. 영국땅에서 스코틀랜드만이 유일하게 정복되지 않은 채 남겨졌는데 그 이유는 스코틀랜드인의 생각처럼 로마가 자신들을 무서워 해서가 아니라 스코틀랜드의 땅이 곡물경작에 적절하지 않았기 때문일 가능성이 더 높다.

곡물이 거대한 바다를 건너는 데에는 엄청난 물류 시스템이 필요했다. 수천 척의 배들이 바다를 건너 끊임없이 남북으로 오갔다. 아주 힘든 일처럼 들리겠지만 배가 아닌 나머지 대안을 한번 생각해 보자. 배 한 척이 수십 또는 수백 톤의 곡물을 나를 수 있는 반면에 황소 한 마리는 거리에 상관없이 기껏해야 200kg이 최선일 것이다. 하물며 소가 20kg의 짐을 나른다면 그중 5kg은 소가 먹어치우는 사료일 것이다.

로마의 시스템은 거의 완벽에 가깝게 작동했다. 광범위하고 안전하며 안정적이었다. 잘 먹여 늘 배부른 군인들, 역시 잘 먹이기만 하면 묵묵히 일하는 빈곤한 노예들이 있었기에 가능했다. 하지만 항상 최고의 약점은 식량 '공급'에 있었다.

기원전 68년 해적들이 항구도시 오스티아(Ostia)를 약탈한 사건이 로마제국을 위기에 빠뜨렸다. 사실 로마의 정복과 약탈이 없었다면 해적이 되지도 않았을, 게다가 로마인들만큼 해적은 아니었던 이들이 로마함대의 대부분을 파괴했다. 오스티아 항구는 아수라장이 되었고 약탈하지 못한 물건들은 불태워졌으며 곡물도 마찬가지였다. 항구 인근 창고에 보관 중이던 로마인들의 어마어마한 양의 식량이 화염에 휩싸였다. 단 2~3일 만에 곡물 값이 치솟았다. 외부로부터의 곡물 공급도 끊겼고 로마의 함대는 깊은 바닥으로 가라앉았다. 강성하고 위대했던 로마는 순식간에 무력화되었다.

에반 프레이저와 앤드류 리마스는 "벽돌과 대리석에 둘러싸인 감옥 같은 도시 지역에서는 '이제부터 굶주리게 될 것이다'

라는 사실을 알아차린 사람들 사이에 걷잡을 수 없는 공황상태가 찾아왔다"라고 당시를 묘사했다. 영국의 작가이자 저널리스트인 로버트 해리스(Robert Harris)는 오스티아에 대한 해적공격을 2011년에 발생한 9.11.사태와 비교한다. "놀라울 따름인 침공의 주도자들은 어떤 외부의 사주도 받은 적이 없으며 당시 어떤 주변 국가도 로마를 그렇게 도발적으로 공격할 엄두를 낼 수 없었다." 오스티아를 공격한 해적들은 버림받은 자들이었고 자신들이 실제 가진 힘보다 훨씬 과장된 공포를 조장할 수 있었으나 실제로는 다소 느슨한 조직이었다.

그들이 정말 어떤 존재였는지는 아직까지 명백히 밝혀진 바가 없다. 혹자는 이 침탈이 그렇게 이례적이거나 드라마틱한 건 아니라고 주장하기도 한다. 단지 뒤따라올 로마의 조치를 살펴보기 위한 구실에 불과했다는 것이다. 사실 오스티아가 당한 공격은 로마 내부적으로 괄목할만한 결과를 낳았다. 9.11.사태 이후 미국 내의 경찰, 군대, 주 수사국의 권력범위가 더 확장 되었던 것처럼 이러한 권력범위는 현대의 입헌국가와 권력분배의 한계점을 테스트 할 만큼까지 뻗어 나갔다. 오스티아 공격은 로마공화국(Roman Republic)의 목표인 중앙집권체제의 확립은 물론 그에 이어지는 제국 몰락의 초석을 마련한 셈이었다.

오스티아 공격이 있기 전, 로마공화국은 영구적 독재의 발달과 군주제로의 회귀를 막기 위한 매우 복잡한 권력분배원리가 지배하고 있었다. 격분기 동안 실제로 '독재자-콘술(dictator)'이라 불리는 광범위한 권력을 지닌 일종의 리더를 임명하였지만 이들은 정해진 임기가 있고 맡은 분야에서만 권력을 행할 수 있는 시스템이었다. 야망에 가득 찬 정치인에게 가장 최악이었던 것은 왕이 되고자하면 그자체로 고소 대상이었다는 점이다.

이러한 권력분배의 원칙은 종종 어겨지기도 하고 선을 넘는 경우도 있었으나 단 한 사람이나 한 가족에게 권력이 집중되는 것을 막기에는 당시까지만 해도 충분한 힘을 발휘하고 있었다. 로마공화정의 집정관은 2명이 임명되며 때로는 견제를 위해 서로 라이벌인 파벌에서 각 1명씩을 선발하기도 했다. 군대를 움직일 수 있는 권력이 주어지긴 했으나 한정된 기간 동안이었고 명백하게 제한된 권력범주가 있었다. 몇몇 사건에서는 이 시스템이 제 기능을 발휘하지 못하고 붕괴 위기에 다다르기도 했다.

결국 오스티아 공격 사건 이후에는 이러한 권력분배 시스템이 영구히 멈추어 버렸다. 이후 사람들에게 인기를 끌던 장군인 폼페이우스(Gnaeus Pompeius Magnus)는 몇몇 허수아비 같은 정치인들의 도움을 받아 긴급법령을 통과시켰다. 'Lex Gabinia de piratis persequendis:일명 가비니우스법(Gabinius law)'으로 해적을 쫓거나 벌하는 것과 관련된 법령이었다. 이 법은 폼페이우스에게 제한 없는 권력을 안겨 주었으며 그에 걸맞는 국가예산까지 부여받게 하였다.

폼페이우스가 지중해의 동쪽 끝(현재의 터키)까지 해적들을 쫓아 포위 작전을 펼쳐 항복, 궤멸시키기까지는 그리 오랜 시간이 걸리지 않았다. 그는 귀환하자마자 제국의 모든 영광을 품에 안게 되었다. 질서는 다시 회복되었다. 적어도 그렇게 보이기는 했다. 하지만 이 질서는 오래가지 못했고 새로운 지배권이 형성되었다.

몇 년이 지나 폼페이우스는 자신의 조력자였던 두 명의 장군, 마르쿠스 크라수스(Marcus Licinius Crassus), 율리우스 카이사르(Gaius Julius Caesar)와 함께 최상위 권력의 자리에 앉았다. 이전에는 공권력과 최고 권력이 원로원에게 주어졌으나 이제 제국은 세 명의 장군이 지배하는 '삼두정치(triumvirate)' 시대를 맞게 되었다. 군대는 더이상 국가의 지배를 받지 않고 군대가 국가를 지배하는 형국이 되었다. 폼페이우스는 한때 세 장군 중 가장 큰 권력을 가지고 있었지만 셋 사이의 갈등은 공개적인 적대감으로 드러났고 폼페이우스는 이 과정에서 최고 권력의 자리에서 내려오게 되었다.

당신도 알듯이 역사는 생각처럼 흘러가지는 않는다. 크라수스는 파르티아(Parthia)를 제국의 새 예속국으로 만드는 전투에서 패배하여 전사한다. 결국 그의 잘린 머리는 파르티아 극장 공연에서 소품으로 사용되기까지 했다. 폼페이우스는 카이사르와의 권력 내전 후 이집트로 몸을 피해 있던 중 암살로 참수된다(프톨레마이오스 13세의 신하들에 의해). 결국 그의 머리를 차지하게 된 것은 카이사르였고 그는 느린 속도로 진행된 쿠데타의 열매를 거두어들이게 되었다. 이 사건 이후 로마는 끊임없는 폭정과 독재를 대변하는 이름인 바로 '황제'에 의해 지배받게 된다.

이후 황제에 의한 통치와 영구적인 폭정은 독재 그 자체였다. 당시 지배계급인 엘리트들은 식량 공급에 차질이 생기고, 가난한 대중이 반란을 일으키면 다시 어떤 일이 벌어질지 알고 있었다. 그리하여 미세한 조정을 통해 겨우 겨우 균형을 잡아가던 공화국의 시스템을 포기하고 독재 정권이 가진 안전성을 택할 수밖에 없었다. 이것은 일시적인 조치일뿐이라고 지배계급은 믿고 싶었지만 독재는 물론 황제였던 카이사르까지 결국 공화정의 골칫거리가 되고 말았다.

기원전 44년 카이사르는 집권한 지 채 5년을 채우지 못하고 살해된다. 카이사르는 폼페이우스 극장에서 열린 원로원 회의 도중에 그의 동료이자 라이벌이었던 폼페이우스의 동상 앞에서 칼에 찔려 사망한다. 캄포 데 피오리 근처에 있는 레스토랑 '다 판크란지오 *Da Pancranzio*'에는 다음과 같은 광고 문구가 붙어있다. '당신은 카이사르가 죽은 곳에서 식사할 수 있습니다.'

곡물은 절대적으로 필수적이다. 군대의 상품과 보급품이자 평화 유지에도 관여하기 때문이다. 도시 자체를 유지하기 위해서는 물론이고 도시 외곽에서도 마찬가지였다. 대다수가 가난하지만 빈부차이가 양극단으로 치우쳐 있는 사람 백만 명이 모여 사는 도시를 유지한다는 것은 화약고를 안고 사는 것과 마찬가지였다.

도시의 지배자들은 폭동의 위협과 민심의 불안을 늘 안고 살았지만 각 지배지역에서 들여오는 넉넉한 곡물은 민심을 회유할 좋은 구실을 보유하는 것과 같았다. 가난한 민중에게 곡물을 무상으로 주는 것 같은 정부의 지원 형태는 가장 좋은 회유책이었다. 이런 이유로 기원전 123년부터 제국의 몰락이 있을 때까지 모든 로마시민에게 곡물배급이 이루어졌다. '빵과 서커스'는 최하층민의 만족감에 가장 중요했고 이 중 '빵'은 더더욱 중요했다.

그럼에도 폭동의 공포는 멈춘 적이 없었다. 식량공급은 제국이 가진 가장 보드라운 뱃살과 같아 누군가 공격하기에 딱 좋은 아킬레스건이었다. 역사학자인 폴 에드캄프(Paul Erdkamp)의 〈굶주린 폭도들에게 존중이란 없다(A Starving Mobs Has No Respect)〉라는 기사는 로마 500년 역사 속의 식량폭동에 대해 다룬다.

티베리우스(Tiberius Julius Caesar Augustus)와 클라우디우스(Claudius Caesar Augustus Germanicus) 황제는 식량부족으로 인한 폭도들의 공격을 경험했다. 때로는 식량부족에 관하여 떠도는 소문만으로도 문제가 일어나곤 했다. 기원전 190년, 군의 지도자이자 코모두스(Lucius Aelius Aurelius Commodus) 황제의 부사령관이었던 클린더(Marcus Aurelius Cleander)는 곡물 가격을 올렸다. 그러자 비난의 물결과 함께 폭동이 일어났으며, 황제가 그를 참수해 목을 매달고 나서야 폭도들을 진정시킬 수 있을 정도였다.

로마는 안정적으로 식량을 공급하기 위해 오늘날의 농림수산식품부나 국토안전부와 같은 역할을 하는 강력한 국가기관인 'prefectus annonae(prefect of the provisions)'를 두어 이를 관장하게 하였다. 이 기관은 300개가 넘는 각기 다른 식량창고를 만들어 위기에 봉착하거나 오스티아가 저질렀던 것 같은 시설 공격에 대비하였다.

당시에는 빵집도 특별규제를 받았다. 식량난이 없을 때라 할지라도 빵값을 올린다거나 충분한 빵 공급을 못하는 일이 생기면 또 폭동이 일어날 수 있었기 때문이다. 'prefectus annonae'의 통제 하에 있는 대부분의 빵집은 정부 관료들의 소유였으며 큰 이윤을 얻지 못해 격분할 때도 있었겠지만 대체로 안정적인 수입을 가져다준 것이 사실이었다.

제이콥스(H.E. Jacobs)는 그의 저서 『빵의 6000년(The Six Thousand Years of Bread)』에서 이렇게 쓰고 있다. "알렉산더 대왕(Alexander the Great)은 그가 '태양의 아들'인 것을 선언하기 위해 이집트로 여행했다. 그러나 카이사르와 안토니우스(Marcus Antonius)는 나일강에 다다랐을 때 그런 류의 영광스러움이 선사할 짜릿함을 기대하진 않았다. 그들이 원한 건 오직 '곡물'이었다."

이집트는 로마제국의 가장 중요한 곡물 저장고였으며 제국의 안녕과 안정에 너무도 필수적이었기에 일반적인 식민지역으로 두지 않았다. 이집트는 황제의 직속 통제 하에 있었고 관행상 거의 그의 개인 소유지로 여겨졌다. 권력을 지닌 장군이나 정치인이 이집트의 곡물을 담보로 영향력을 행사하는 위험을 황제가 무릅쓸 수는 없었기 때문이었다.

대신 황제는 자신을 향한 대중들의 선심을 끌어내는 수단으로 곡물을 사용했다. 이에 대해 제이콥스는 "그리하여 억만장자인 황제, 위대한 땅주인들과 로마의 가난한 자들, 실업자들 사이에 매우 유용한 관계가 성립되었다."라고 기술한다. "이집트는 로마에게 마법지팡이였다. 카이사르를 민중에게, 민중을 카이사르에게 이어주는, 한 쪽은 빵을 다른 한 쪽은 주먹을 내준 것이다."

한 잔의 와인으로 안정을 찾고 주변에 있는 사람들을 둘러본다. 나는 레스토랑 평론을 시작한 이후로 지금까지 사람들이 식당에 몰리는 시간보다 몇 분이라도 일찍 도착하는 습관을 갖게 되었다. 만일 저녁 8시에 식사를 시작한다면 대략 5분 정도 일찍 도착한다. 식당 입구의 병목현상을 피하기 위함이기도 하며 구석이나 화장실 옆으로 자리를 안내받은 경우에 옮겨 달라고 읍소할 기회도 생긴다. 무엇보다 빵을 조금 곁들여 간단히 한 잔 즐기며 배고픔을 살짝 달랠 수 있는 여유를 얻기 때문이다.

내가 *라 카르보나라*에 도착했을 즈음에는 레스토랑에 손님이 채 반도 안 찼을 때였다. 곧 1층 좌석이 거의 들어찼다. 대부분의 좌석은 2층에 있으며 레스토랑 전체를 채우기엔 스무 명 정도의 손님으로 충분하지만 그보다 세 배, 네 배, 무려 다섯 배의 손님이 밀려들어오곤 한다. 끊임없는 행렬은 2층으로 이어진다. 예약 없이 온 손님들은 비어있는 몇몇 자리를 가리키며 좌석을 요구해보지만 예약석이라는 말만 되돌려 받을 뿐이다. 직원들은 음식 메뉴, 와인 리스트, 물과 와인을 나르는데 분주하다.

나는 레스토랑이 수용범주를 넘어선 손님들로 들어찰 때의 그 아슬아슬한 시간을 늘 좋아해왔다. 넘치는 손님들이 무더기로 쏟아져 들어오며 배고픔과 기대감을 드러내는 시간이다. 이미 도착한 이들은 자신들이 주문한 코스요리를 받아야 하고 새로 들어온 이들은 그들의 첫 메뉴를 정하고 그 다음 메뉴에 대해 결정해야 하는 순간들이다. 그렇다면 규모가 큰 레스토랑의 직원이려면 어때야 할까. 당신은 두 배로 열심히 일하며 음식과 와인 서빙 속도를 맞추고 스트레스 없이 빨리 뛰어다닐 수 있는가? 굶주리고 때로는 무례한 손님들의 무리 속에 꽉 끼어서도 여전히 부드럽고 친절하며 이성적일 수 있는가?

카이사르 집권 후 거의 500년이 지나서 찾아온 로마의 몰락에 대한 많은 이야기와 글들이 있다. 이 거대하고 강력한 제국이 도대체 어떻게 그리 쉽게 무너졌을까? 가장 쉬운 대답 중 하나는 외세의 위협일 것이다. 이전보다 더 잘 조직화되고 뛰어난 전술을 보유한 훈족과 게르만족 그 외의 야만 민족들의 위협이다. 사실 이들 대부분은 로마의 용병으로 일하던 자들이었다.

또 한 가지, 너무 일찍이 발전한 도시의 수도관 시스템으로 인해 로마의 지배자들은 납중독이 되어 병이 생기고 심지어 미치기도 했다는 가설을 들어 본 적이 있는가? 그리고 널리 퍼진 또 다른 설명에는 로마 엘리트들의 타락과 현실도피 성향도 있었다. 또한 로마제국은 음탕한 낭비벽, 근친상간, 마지막이 가까워졌다는 걸 보여주는 사치스러운 소비성향 등으로도 잘 알려져 있다. 6세기경의 동로마의 역사가였던 프로코피오스(Prokopios)\*는 모두 진실은 아니겠으나 들어 볼 만한 가치가 있는 한 이야기

---

\*    로마제국의 군인이었지만 역사상 처음으로 로마를 점령하고 약탈한 게르만 군주로 유명하다. 서기 395년부터 410년까지 서고트족의 대왕으로 재위했다.

를 전한다. 410년, 로마가 약탈당하고 패배했다는 소식을 들은 황제 호노리우스(Flavius Honorius)가 어떤 반응을 했는지에 대한 이야기이다.

"그리고 그는 큰소리로 이렇게 말했다 '마침내 그것이 내 손에서 먹혔도다!' 그는 '로마'라는 이름의 큰 수탉을 키우고 있었고 그의 환관 중 하나가 알라리크(Alaric)\*의 손에 의해 그 '로마가 사라졌다는 소식을 전하자 황제는 안도의 한숨을 쉬며 재빨리 이렇게 답했다. '나의 큰 수탉 로마가 이제 사라졌구나.' 이 이야기를 전한 자들은 황제의 어리석음이 너무 컸다고도 전한다."

로마의 정부 개편에 쏟아진 수많은 비판은 거의 모두 옳은 것으로 보인다. 우리의 기준 그러니까 적어도 대다수의 기준으로 볼 때 로마의 개편은 비효율적이고 멍청하며 지출과 사치품의 소비에 집중되어 있었다. 동시에 이러한 비판의 많은 부분은 도덕적 지탄과 관련이 있으며 로마인들이 그들의 폭식과 과한 사치로 벌을 받은 것은 옳다고 보여진다. 실제로는 로마제국이 하루아침에 무너진 것이 아니고 수천 번의 칼질로 서서히 죽어간 결과로 봐야 할 것이다.

외세의 침략이 심각하긴 했으나 예전 같은 정도는 아니었다. 로마제국은 외부 적들과의 끊임없는 전쟁에서 강경, 회유, 섬멸

---

\* 로마제국의 군인이었지만 역사상 처음으로 로마를 점령하고 약탈한 게르만 군주로 유명하다. 서기 395년부터 410년까지 서고트족의 대왕으로 재위했다.

등 여러 가지 방법을 썼다. 엘리트 집단의 기행은 충격적이긴 했으나 앞서 언급한 호노리우스 황제가 아예 현실로부터 동떨어진 것만은 아니었다. 호노리우스보다 대략 400년 전 황제였던 칼리굴라(Caligula)는 자신의 말을 원로원의 일원으로 임명하기까지 했으니 말이다.

로마제국의 상류층들은 음모, 권력암투, 근친상간 심지어 요리로써도, 영양학적으로도 의심스러운 이국적 음식을 준비하는 데 오랜 세월 동안 빠져있었다. 엘리트 계층의 이러한 퇴폐성은 제국을 방어하는데 단연코 도움이 되지 않았으며 이와 같은 망상적 쾌락주의자들이 제국의 수도에 남아돌았지만 이러한 상황은 군대라는 조직에는 치명적 약점이 될 수밖에 없었다.

앞서 언급한 프레이저와 리마스는 곡물로 내는 로마의 세금 시스템에 생긴 문제점으로 인해 각 지방으로부터 거두어들이는 곡물이 결국 고갈됐다고 말한다. "제국의 통치하에 경작 가능한 땅이 망가지고야 말았다. 극히 탐욕스런 경작으로 인해 땅의 영양성분들이 고갈되고 황량해졌다." 저자들은 또한 제국의 흥망성쇠와 자신들이 칭하는 '식량제국'의 흥망성쇠를 아무리 연관 지어보려 해도 단 하나의 설명으로는 부족하다고 강조한다.

수많은 지역의 토양은 더이상 견딜 수 없는 지경이 되었다. 과도한 생산을 강요받았고 그 결과는 수확의 축소로 이어졌다. 세금 납부가 가능한 이들에게는 더 많은 세금이 매겨져 그나마 남아있는 농경지에 대한 압박만 더욱 심해졌다. 결국 시스템은 파괴되고 만다. 북아프리카를 포함한 한때 로마의 곡물 공급지였던 많은 곳들이 황폐해졌다.

프레이저와 리마스의 글에 따르면 로마의 위대함에 커다란 일조를 한 '밀'은 동시에 패망에도 한몫을 하게 된 것이다. 토양의 질과 수확의 붕괴에 대한 그들의 설명에 모두가 완전히 동의하는 것은 아니지만 제국의 붕괴에 있어 주요 원인으로 이 점을 꼽는 데는 이의를 제기하지는 않는다. 하지만 당시 제국의 몰락에 일조했을지도 모르는 다른 요소들을 살펴보면 제국의 식량 시스템에 영향을 미치는 몇 가지를 발견할 수 있다.

그중 한 가지는 현대를 살고 있는 우리에게도 영향을 미치는 기후변화이다. 이로 인해 주 경작지 이외의 주변 지역들에서조차도 더이상 식량을 생산하기가 힘들어졌다. 정치적 차원으로 바라보면 로마제국이 동서로 나뉘었다는 점이 의미했던 바는 로마가 더이상 이집트의 곡창지대에 접근 할 수 없게 되었다는 것과 같다. 로마는 점점 쇠퇴해 갔으며 콘스탄티노플이 새로운 중심으로 떠올랐다.

빵은 음식이다. 빵은 권력이다. 그러나 또한 '상징'이기도 하다. 작가 마귈론 투생-사마(Maguelonne Toussaint-Samat)는 "농부는 마치 죽은 존재를 땅에 묻듯이 곡물을 땅으로 보낸다. 이 곡물은 곡식을 품고 다시 태어난다."라고 했다.

이틀 전 나는 산 탄드레아 델라 발레 성당*Basillica Sant' Andrea della*

*Valle*을 방문했다. 이 성당은 캄포 데 피오리에서 북동쪽으로 세 블록 정도 떨어져 있으며 성당이 있는 장소는 12세기에 죽은 뒤 하수구에 버려졌던 성 세바스티아노(St. Sebastian)의 시신을 한 여인이 구해낸 곳이기도 하다. 그러나 몇 가지 이해할 수 없는 이유로 이 성당은 성 세바스티아노를 기리기 위한 곳이 아니고 두 명의 안드레아를 기념하기 위한 장소가 되어 있다.

예수의 첫 제자로 알려져있는 사도 안드레아(St. Andrew)가 그 첫 번째인데 그는 밧줄을 만드는 사람, 푸줏간 사람, 임신한 여인의 수호성인이고 인후염(감기)으로부터 보호해주는 역할도 한다. 또 하나는 시칠리아와 뇌졸중 희생자의 수호성인인 성 안드레아 아벨리나(St. Andrew Avellina)이다.

거리에서 바라보면 이 성당은 그다지 훌륭해 보이지는 않는다. 회색 빛 대리석을 쌓아 지어졌을 뿐이다. 하지만 성당 내부는 웅장하고 성경에서는 거의 볼 수 없는 우울한 모습의 모티브인 고성소(Limbo)로 내려오는 예수의 부조를 포함하여 돈으로 살 수 있는 모든 예술품들과 17세기 장식품들, 그리고 역시나 보기 좋지만은 않은 하수구에서 건져 올린 성 세바스티아노의 시신을 그린 그림 등이 있다.

행여 인후염이나 뇌졸중의 초기 징후를 알아차리게 될지 궁금해하며 성당 안에 홀로 서 있던 나는 사도 포르투나투스(St. Fortunatus)의 지하 감옥 옆 난간에 놓여있는 성찬식 빵 한 조각을 발견했다. 나는 빵이 상징일 뿐 아니라 예수의 진짜 신체 일부라는, 어찌 보면 식인풍습 같은 느낌의 가톨릭이 가진 '성찬식'이라는 개념에 늘 매료되어 있었다. 하지만 나는 가톨릭 신자는 아니다. 맛에 대한 내 호기심을 만족시켜보려고 성찬식에 참여한 적도 없었다. 그런데 지금 내 앞에 빵 한 조각이 놓여 있고 신부님이나 신자들과의 조우 없이도 이 빵을 맛볼 기회가 온 것이다.

나의 종교가 아니므로 하느님과 성인들은 나와 꽤나 거리가 있으며, 목격자도 없다. 혹여 하느님과 성인들이 실제로 있다하여도 별다른 신경을 쓰지 않으리라. 무엇보다도 나는 약간의 허기를 느끼고 있다. 이 빵 조각이 성 포르투나투스가 어떤 수호성인인지를 말해주지는 않는다. 하지만 이 빵을 먹는 행동은 아마 잘못된 짓일테다. 게다가 평소의 나라면 절대 하지 않을 식간에 간식 먹기라는 생각까지 하는 중이다. 쪼개어 입 속으로 털어넣었을 때 혀에 붙어버렸던 것은 실제 빵 같은 느낌이 아니었다. 처음 몇 초 동안은 혀에 붙어 건조한 비스킷처럼 느껴지더니 곧 흐물흐물해지고 미끈거리기 시작했다. 그리곤 완전히 녹아 없어졌다. 레스토랑에서 이걸 내 놓았다면 바로 되돌려 주겠다는 생각이 들었다.

만일 당신이 빵을 먹으러 교회나 성당에 간다면 그토록이나 그 행동이 재미없어야만 할까? 난 궁금했다. 불행히도 그 대답은 '그렇다'였다. 적어도 당신이 가톨릭이나 기독교 신자라면 말이다.

이 성찬식 빵의 대량생산은 일반적인 일이 되었고 몇몇 종파는 더한 행동도 했다. 글루텐에 관대하지 않은 신자들을 늘리기 위해 더 많은 교회나 성당이 글루텐 프리(Gluten-Free) 성찬식 빵을 만들어오고 있다. 이 빵들은 밀이 아닌 옥수수 가루로 만든다. 그러나 옥수수의 풍미는 없다. 달리 말하면 이것은 더이상 빵이 아니며 빵이라는 단순한 '상징'에 불과하다. 대부분 지역에서 성찬식 빵이 만들어지는 과정과 맛에 대해서 만큼은 그 누구의 저항도 받지 않은 채 일어난다. 겉으로 보기에 그 누구도 신경 쓰지 않는 것처럼 보이기 때문이었다.

늘 그런 것만은 아니었다. 과거에 빵은 종교의 교의(dogma)와 맞먹을 정도의 중심 주제였다. 신학자들은 빵의 의미뿐 아니라 예수의 신체(성찬식 빵)에 대한 조리법에도 이견을 보였다. 11세기까지 동서 지역간에는 빵 굽는 전통이 서로 매우 다르게 발달했다.

동쪽에서 선호하던 방법은 스튜어트 리 알렌(Stewart Lee Allen)이 그의 책『악마의 정원에서(In the Devil's Garden)』에서 언급했던 "잘 부푼 씹기 좋은 하느님의 아들," 즉 발효가 잘 된 빵이었다. 서쪽 지역의 로마인들은 파삭한 비스킷 느낌의 부풀지 않은 빵을 선호했다. 지금의 기계가 만드는 성찬식 빵의 선구적 형태일지도 모르겠다. 물론 양쪽 모두가 상대편이 성찬 빵을 잘 이해하지 못해 잘못된 빵을 만들고 있다고 믿었다.

가능한 타협점을 찾을 수도 있지 않았을까라고 생각할 수도 있다. 이를테면, 공통의 레시피를 개발한다거나 지역의 특성에 따라 빵이라는 건 조금씩 다를 수 있다는 점을 인정한다든가 하면서 말이다. 하지만 우리의 주 예수께서 빵으로 보여주신 권능의 문제가 될 때는 제멋대로인 각자의 논리를 인정하는 일은 있을 수 없는 것이다. 또한 11세기 교회의 내부에서 통합의 분위기를 만들기란 쉽지 않았다. 교회 최고의 신학자들이 해결책을 찾아보려 했으나 의견 불일치의 간극을 좁히기는커녕 갈등만 더욱 커져갔다.

로마교회는 자신들을 동방교회에 비해 우월하다 여겼으며 교황을 사도 바울(St. Peter)의 직계 후계자라 여겼다. 이에 반해 동방교회는 자신들을 기독교 세계의 진정한 중심이라 생각했는데 모든 권력이 콘스탄티노플에 집중되어 있다는 이유에서였다. 그들은 600여 년이라는 역사의 끝에 결국 쇠퇴를 맞이한, 그다지 영광스럽다고는 할 수 없는 미심쩍은 명성과 역사를 가진 로마를 경멸했다.

"발효하지 않은 빵은 죽어있고 생명력이 없는 것이다. 영혼이며 소금이자 메시아의 마음인 발효가 빠져있다니." 당시 콘스탄티노플의 총주교였던 케룰라리우스(Michael Cerularius)는 교황 레오9세(Leo IX)에게 이렇게 썼다. 로마 측의 험버트 추기경(Cardinal Humbert)은 빵을 만드는 로마교회의 전문가로 추대된 인물이다. 험버트는 까탈스러운 성격의 광신도로 잘 알려져 있으며 동방교회 총주교에 대한 다음의 글에서 그의 반응을 엿볼 수 있다.

"만일 그대가 진정한 진리를 완강히 거부할 마음으로 서 있는 것이 아니라면, 우리가 행하고 받아들이는 대로 예수께서 '최후의 만찬'에서 나눠주신 것은 발효시키지 않은 빵이었다는 것을 생각해야만 할 것이요." 만일 험버트가 성인(saint)이 되었다면 그는 비난과 질책의 수호성인이 되었을 가능성이 크다.

험버트의 편지에서 꽤 명백하게 보여지듯 로마의 전통은 유대인들이 이집트로부터의 탈출(Exodus)을 기념하여 유월절(Easter)에 먹는 유교병(Matzo)이 발효한 빵이 아니라는 점에서 기인한 것이다. 험버트는 아마도 자신들의 빵이 예수께서 나누어주신 빵이었다고 확신했을 것이다. 그러나 동방교회 측은 '최후의 만찬'을 재구성하는 데는 관심이 없었고 빵을 바친 것과 예수 부활의 연관성에 더욱 큰 흥미를 가졌다. 또한 그들은 기독교가 가진 유대교의 뿌리로부터 거리를 두려했으며 서방로마교회를 "유대교인들"이라 비방했다. 케룰라리우스가 한번은 콘스탄티노플에 있었던 모든 서방로마교회의 문을 닫아버리고 성찬식 빵들을 죄다 찾아내어 짓밟아버리라고 아랫사람들에게 명령한 적도 있었다. 로마교인들에게 보여주기 위해서 말이다.

기독교인이 아닌 누군가에게는 이 두 종류의 특히나 맛없는 빵이 그토록 신성한 힘을 가지고 있다는 것은 참으로 이해하기 힘든 일일 것이다. 하지만 이 논쟁은 빵을 넘어 로마교회에서 신조(the Creed)\*에 사용한 '성자filioque'라는 용어를 중심으로 동서방교회의 대분열(Great Schism)을 촉발하는 데에도 일조를 하였다.

12세기 말, 동서 교회의 대분열 조장에 무게를 실었던 콘스탄티노플의 총주교인 요한7세는 "저들과 우리 사이의 벌어진 균열에 대한 첫 번째이자 가장 주요한 원인은 발효하지 않은 빵에 있다."고 쓴 바 있다. 그는 또한 "이 주제는 신에 대한 진실된 믿

---

\*   종교에서 신앙 내용이 진리로써 공인된 종교상의 가르침인 '교의'를 뜻한다.

음의 총체적 질문을 포함한다. 만일 고쳐지지 않는다면 서방로마 교회의 질병 또한 치료되지 않을 것이다."라고 말했다.

나는 와인을 홀짝이고 잘 통제된 레스토랑의 분주함을 즐기면서 빵을 한입 작게 베어 물어본다. 갓 구운 빵이다. 부드러움과 파삭함을 동시에 가지고 있는, 내가 단 한번도 질려 본 적이 없는 맛이다. 오늘날의 일반적이고 '세속적인' 빵은 예전 유럽 전역의 소작농들이 먹던 빵과는 사뭇 다를 것이다.

나의 조상들이 남부 노르웨이에 있는 그들의 작은 집에서 먹던 빵과도 다르다. 나의 조상들이 먹던 빵은 통밀가루로 만들어 거칠고 딱딱했을 것이다. 흉년이면 그나마 있던 곡물 중 밀이 아닌 다른 곡물가루와 섞어서 빵을 만들었으리라. 아마도 생선이 나의 조상들에겐 가장 흔한 식사였을 것이고 감자, 해초, 먹을 수 있는 나무껍질 등은 더 가난한 농부들의 몫이였을 것이다.

18세기로 거슬러 올라가면 빵은 우리 가족 농장의 오래된 부엌 벽난로 밑에 있던 것과 비슷한 단순한 구조의 오븐에서 구워졌을 것이다. 장작이나 나뭇가지를 태워 빵을 굽기에 충분한 온도가 될 때까지 오븐 벽을 데운다. 많은 시간이 걸리는 과정이고 부엌은 온통 연기로 가득차지만 그 노고만큼 맛이 적절한 빵을 매번 얻는 것은 아니다. 농부의 빵은 대부분 딱딱하고 평평했다. 매일, 심지어 매주 빵을 구울 수 있는 것도 아니어서 구운 빵을 말려 곰팡이나 쥐들의 접근이 어려운 난로 근처 어딘가에 매달아 두었을 것이다. 빵을 먹을 때는 대체로 단단한 것을 조각내거나 잘게 자르고 수프나 국물에 적셔서 부드럽게 만들어 먹곤 했을 것이다.

반면 예전 로마 빵의 품질은 우리가 오늘날 먹는 것과 아주 비슷했을 것이다. 로마의 빵은 대형 빵집에서 만들어졌으며 기록에 따르면 요즘의 우리가 여기는 가치만큼이나 당시 로마인들도 빵에 큰 가치를 부여했다. 또한 빵이 얼마나 거친지에 따라 다양하게 분류했다. 보리는 아주 맛있는 곡물이었지만 그리 쉽게 자라는 작물은 아니었다. 따라서 밀을 선호했고 흰색에 가까울수록 더 좋은 것으로 분류됐다. 애초에 흰빵은 부자들의 전유물이었으나 시간이 흐르면서 평민들 사이에도 흰빵을 먹고자하는 기대감이 널리 퍼지게 되었다.

로마시대의 생활상을 가장 잘 엿볼 수 있는 사료로는 폼페이 *Pompei*의 폐허유적을 들 수 있겠다. 모두가 알다시피 폼페이는 서기 79년 베수비오 화산*Monte Vesuvio*의 폭발로 화산재에 묻혔다가 19세기에 발굴된 곳이다. 폐허가 된 도시의 유적에서 빵집의 흔적과 빵 덩어리인 것으로 보이는 유물들이 발견되었는데 손상의 정도가 아주 적었다. 특히 고대 로마의 오븐은 고전건축의 걸작이라 할 수 있다. 2,000년은 족히 된 이 오븐은 이후 1,800년이나 지나 제작된 내 오래된 오븐의 원형이며, 세계 변두리 지역에 고립되어 생활하는 농부들이 사용하는 것과 똑닮은 거칠고 원시적인 모습을 하고 있다.

로마의 오븐은 아치형 천장에 재받이와 통풍조절판은 물론이며, 제빵사가 빵에 멋진 황금빛 색을 선사하기 위해 필요한 수분 공급을 도와주는 수조까지 함께 설치되어 있다. 클래식한 로마의 빵은 오늘날에도 여전히 둥근 모양이며 4등분 또는 8등분이 가능하도록 홈을 지니고 있다. 서기 이후 두 번의 밀레니엄(2,000년) 동안 폼페이의 오븐은 화산재 밑에 보존되어 있었고 기술은 놀랍도록 변했다. 하지만 포르노 캄포 데 피오리에서 사용하는 오븐은 로마시대의 것과 크게 달라진 것이 없다.

오, 저런! 나는 이런저런 생각에 정신이 팔려 그만 내 빵의 대부분을 먹고야 말았다. 나 자신에게 저주를 내린다. 내가 레스토랑 평론가로서 반드시 지켜야 할 한 가지가 있다면 '빵으로부터 멀어져라'일 것이다. 음미하되 나머진 그대로 두어라. 다음 음식이 기다리고 있으니!

# Antipasto

---

# 애피타이저

---

# Appetizer

**Dinner
in
Rome**

페데리코 펠리니*Federico Fellini*** *는 "여자보다는 레스토랑이 더 믿을 만한 존재다."라고 주장했다. 그의 주장은 특정 세대의 이탈리아 남자들에게는 당연한 이야기일 것이다. 하지만 이 말이 정통 레스토랑의 자질에 관한 것이라고 가정한다면 시대를 불문하고 완전히 맞는 말이라고도 할 수 있다. 특히 라 카르보나라*La Carbonara* 같은 로마에 있는 아주 특별한 레스토랑 관해서라면 말이다.

로마를 제외한 다른 서양세계는 대체로 현대식 레스토랑이 지배하는 중이며, 그 현대식 레스토랑의 대부분은 지금 사람들이 바라는 것과 끊임없는 변화, 시대의 흐름이 요구하는 목소리에 열정적으로 도취되어 있다. 또한 지속적으로 손님들에게 새로운 요리를 선보여야 한다는 레스토랑의 의무감은 요리에 대한 기회주의자적 속성과 방향 설정만으로 끝나지만은 않는다. 결국 진실된 혁신자라 여겨지는 최고의 레스토랑으로부터 영감을 받는 것이 유행처럼 자리 잡아 왔다.

---

\*    1920년에 출생한 이탈리아의 영화감독으로 〈길〉이라는 영화로 세계적인 주목을 받았다.

**Antipasto**

덴마크 코펜하겐에 있는 노마(Noma)\*를 예로 들면 이곳은 때마다 개혁을 단행한다. 레스토랑 전용 연구부서가 따로 있어 음식에 대한 영감을 얻기 위해 세계 곳곳을 돌아다니며 손님들에게 늘 이국적이고 새로운 재료를 선보인다. 일 년에 몇 번씩 메뉴를 바꾸고 아무리 좋은 요리일지라도 같은 것을 두 번 내놓는 법이 없다. 너무나 당연히 노마에서의 식사는 즐거울 수밖에 없다. 그렇지만 '새로움'만이 식사가 갖는 중요한 자질일리는 없다고 본다.

아마 노마의 가장 가치 있는 자산은 새로움일 것이다. 현대의 레스토랑들은 새로움을 추구하고 더불어 혁신적이고자 하며, 변화하고자 하는 전형적 측면의 전염성도 가지고 있다. 또 한 가지 중요한 점은 가급적 무리의 가장 앞에 서서 이끌어가야 한다는 것이다.

현대식 레스토랑은 셰프와 그가 가진 창의력과 천재성의 주변부에서 만들어진다. 당신이 그곳에서 식사를 한다면 새로운 재료, 새로운 테크닉처럼 한 번도 경험해보지 않은 새로운 무언가를 기대하게 된다. 만일 요리가 기대한 만큼 참신하지 않않더라도 '이건 혁신이야'라는 말은 남을 것이다. 요리의 영역에서도 혁신이라는 것은 다른 진실한 창의성과 마찬가지로 희소성을 지닌

---

\* 덴마크의 수도 코펜하겐에 있는 노마(Noma)는 '월드 베스트 레스토랑 50'에서 3년 연속 1위를 차지한 노르딕 퀴진 레스토랑이다. 연간 100만 건 이상의 예약이 쇄도할 정도로 인기가 많다.

다. 당신은 놀라기 위해 그곳에 간다. 당신이 집에서 얻을 수 없는 것을 얻기 위해서이다.

로마의 정통 레스토랑은 이와는 다르다. 그들은 절대 변한 적이 없는, 마치 현관문을 거쳐 내 집으로 들어가는 것 같은 느낌을 주는 '어떤 것'을 판다. *라 카르보나라*는 거의 50년 동안 내내 이곳에서 점심과 저녁을 해결하는 단골들을 가지고 있다. 대략 25년 정도 로마를 오갔던 나이지만 이곳에서는 여전히 새로운 손님으로 여겨질 정도이다.

사람들은 레스토랑을 필요로 한다. 삶의 번잡함이나 그보다 커다란 문제와 도전들을 피해 갈 수 있는 어떤 장소가 바로 그곳이다. 몇 년 전 나는 모잠비크의 수도인 마푸토(Maputo)에 간 적이 있다. 도시 외곽의 해변 근처에 'Costa do Sol'이라는 레스토랑이 있었다. 그릴에 구운 새우와 닭요리, 샐러드, 얼음처럼 차가운 맥주를 제공하는 간단하지만 잘 구성된 포르투갈-모잠비크의 퓨전메뉴를 내는 곳이다. 모잠비크는 수십 년간 지속된 정치적 혼란과 내전에 놓여 있었다. 한때, 분쟁의 최전선은 도시의 해변에서 1마일도 떨어지지 않은 곳에 있었다. 그럼에도 불구하고 이 레스토랑은 매일같이, 단 하루도 문을 열지 않은 적이 없었다.

밤 8시가 채 되지 않았지만 담요 같이 두꺼운 짙은 구름이 창바깥 하늘에 모여들었다. 캄포 데 피오리*Campo de' Fiori* 앞의 노점상들은 이처럼 빠르게 찾아오는 황혼을 좀 더 일찍 저녁 영업을 시작할 수 있는 기회로 삼는다. 그들 대부분은 반짝이는 종류의 물건들을 팔기 때문에 어둠이 어느 정도 필요하다. 소문에 의하면 그들 중 많은 사람이 불법 이민자인데, 그들이 파는 물건을 제공하고 그들 삶의 대부분을 통제하는 범죄 카르텔에 의해 움직여진다고 한다.

그들이 취급하는 물건은 아주 다양하며 내가 로마에 올 때마다 고르는 것도 조금씩 바뀐다. 하나의 반짝이는 물건이 또 다른 반짝이는 물건으로 이어지면서 마치 빛의 파도처럼 보이지만 모든 노점상이 파는 물건은 거의 같은 것들이다. 지난번에는 빙글빙글 돌리면 예쁜 불빛이 반짝이는 작은 불꽃모양 공을 팔았고 이번에는 붉은색과 파란색이 반짝이며 공중에 날아올라 몇 초간 멈추어 있는 장난감을 팔고 있다. 아이들이 함께 있다면 또는 이른 저녁에 걸친 술 덕에 약간의 취기를 느끼고 있거나 집에 있는 아이가 보고 싶다면 하나쯤 사겠다는 마음이 쉬이 들게 마련이다. 나는 자신에게 선물해 본다. 지금까지 내가 보아온 가장 놀라운 물건 중 하나이다. 다만 집에 도착하는 순간 작동을 멈추어 버리기 일쑤이지만.

내가 *라 카르보나라*에 처음 들르게 된 때는 로마를 처음 방문했던 1990년대 쯤 언젠가이다. 여자친구와 함께였고 그 당시에는 *라 카르보나라*의 야외석이 분수가 있는 곳을 향해 거의 15~20미터가량 나아가 있었다. 커다란 우산 모양의 차양 밑으로 100개가 넘는 의자들이 놓여 있었고 화분들이 줄지어 일종의 경계를 표시했다. 그 모습은 레스토랑의 야외석이 어떤 모습이어야 하는지에 대한 전형을 정확히 보여주었다. 당신들은 흰 식탁보, 검은 옷을 입고 대기 중인 웨이터, 제자리에 놓여 있는 와인 잔과 와인 쿨러를 누리고 있는 독립된 존재인 동시에 광장의 분위기가 자아내는 모든 소리, 냄새, 판매 압박에 속해 있는 삶의 일부로 자리하게 되는 것이다.

가장 끈질긴 노점상들은 판매를 위한 트릭을 쓴다. 그들은 처음에는 불쌍한 듯 약간의 동정심을 자극하며 장미를 내민다. 이 방법이 통하지 않으면 좀 더 강한 압박으로 다가오는데 '더 이상 여자 친구를 사랑하지 않는구나~'하는 방식이다. 이 또한 먹혀들지 않으며, 당신이 제법 젊고, 노점 판매인 눈에 당신이 특정 부류에 속한다고 여겨진다면 판매인은 자신의 손을 펼쳐 하얀 가루를 반짝이며 한 덩어리의 은박지를 보여 줄 것이다.

2014년 당국은 *라 카르보나라*의 야외석 크기를 현저하게 줄여버렸다. 지금은 열 두어 개의 자리만이 남아있다. 한때 축제의 VIP 구역에 있는 것처럼 느낄 수 있었던 야외석이 지금은 마치 약한 소수민족이 되어 겨우 살아남은 느낌이다. 6개의 작은 테이블은 거대한 광장에 있는 여러 무리의 시선을 더이상 끌지 못한다.

어쨌든 나는 대다수의 이탈리아인이 그러듯이 늘 레스토랑의 내부에 자리를 잡는다. 식당의 좁은 1층은 외관 개조를 거쳤는데 나는 그것이 성공적인 결과를 가져왔는지에 대해서는 확신이 서지 않는다. 이 공간은 '옛 세계'의 정취를 잃어버린 느낌이다. 한때 나무판자가 있던 벽에, 지금은 주름진 천을 장식해 놓았다. 적갈색 나무로 만든 딱딱하고 불편한 종류의 의자들이 지금은 난초보라색, 옅은 파란색, 아쿠아마린색, 잔디녹색, 따스한 시에나색의 디자이너 의자들로 바뀌었는데 사실 불편하기는 마찬가지이다.

이 모든 변화가 사랑하는 사람의 옷깃에 묻은 타인의 립스틱처럼, 내가 없는 동안에 중요한 것을 놓쳤을지도 모른다는 의심을 불러일으킨다. 다행히도, 천장에 매달아 놓은 오래된 그림들이 있는데, 대체로 연기로 얼룩진 시골 풍경이 담긴 이 작품들은 '식당의 예술은 종종 박물관의 음식만큼이나 볼 만하다'는 표현을 떠올리게 한다. 그것은 당연한 것이다. 더 나은 예술이라고 하여 경험을 능가할 수는 없으니까.

다행스러운 것은 *라 카르보나라*의 가장 중요한 부분만은 예나 지금이나 달라진 게 없다는 것이다. 구운 고기 냄새, 김이 모락모락 나는 파스타와 방을 가득 메우는 비싼 향수 냄새, 유리잔이 딸각거리는 소리와 어디선가 들리는 목소리이다. *라 카르보나라*의 문이 열리면 도시가 몰려 들어온다. 광장에 있는 사람들의 웅성거림과 근처 술집에서 들려오는 음악, 이따금 공기를 가르는 오토바이, 속도를 높이는 자동차 엔진 소리가 고스란히 전해진다. 그리고 무엇보다도 *라 카르보나라*에서 중요한 것은 변함없는 요리이다.

*라 카르보나라*는 마리아 트란카시니Maria Trancassini와 그녀의 남편 다리오 마르텔리Dario Martelli의 소유이다. 마리아는 이 식당 설립자의 손녀이다. 한번은 다리오가 아내의 할머니가 만들던 요리들을 자랑스럽게 가리키며 1961년의 메뉴―지금과 거의 변한 것이 없지만― 를 하나씩 하나씩 보여준 적이 있다. 그런데 이 식

당의 가장 대표적인 요리인 카르보나라 파스타*Pasta Carbonara*는 정작 메뉴에서 찾을 수가 없었다. 그는 마치 삼위일체의 일부가 없어진 것을 깨달은 신부처럼 신경질적으로, 메뉴의 페이지를 앞뒤로 획획 넘겼다. "이런 젠장! 어디 있는 거야?" 그때 메뉴의 가장 위쪽에 인쇄되어 있는 카르보나라 파스타를 발견했다. 카르보나라는 거의 60년 전부터 쭈욱 헤드라인이었던 것이다.

누가 보아도 직원들 역시 예전과 거의 같다. 웨이터 안젤로*Angelo*는 여기서 45년 동안 일했다. 내가 태어나 살았던 세월 만큼과 비슷하다. 내가 여기서 처음 식사를 했을 때 그는 이미 수천 번의 저녁 교대 근무를 한 베테랑이었다. 그의 동작은 언제나처럼 빠르고 효율적이다. 주문을 망설이면, 그는 사라진다. 그리고 당신이 메뉴판을 내려놓음으로써 주문할 준비가 되었다는 신호를 보내면 그는 마법 램프의 지니(Genie)처럼 나타난다.

나는 광대가 불거진 그의 얼굴과 그가 항상 여기에 있어왔다는 느낌이 좋다. 한편 그가 나를 절대 알아보지 못한다는 사실도 왠지 마음에 든다. 며칠 연속 *라 카르보나라*에서 식사를 해도 그는 나를 전혀 알아보지 못 할 것이다. 우리 일행이 아무리 많을지라도 누가 무엇을 주문했는지는 항상 기억할 것이고, 접시를 안정된 동작으로 세팅하고, 아주 작은 와인잔에도 와인 한 방울 흘리지 않으며 부드럽게 따를 것이다. 하지만 그는 절대 우리의 얼굴을 보지 않는다. 적어도 내 얼굴은.

사람들을 알아보는 일은 안네 루지에떼*Anne Luzziette*에게 돌아간다. 이곳에서 안네의 실질적 역할이 무엇인지 설명하기는 어렵다. 내가 그녀의 직책은 어떻게 되는지 물을 때마다 그녀는 항상 교묘하게 자신에게 칭호를 부여하는 일을 피했다. 그녀는 스스로를 레스토랑 매니저나 총지배인, 헤드웨이터라고 부르지 않는다. 그녀는 그저 "가족의 친구"라고 말한다. 그녀는 "그리고 다른 모든 사람의 친구이기도 하죠."라고 덧붙였다. 안젤로는 유니폼을 거리낌없이 입는 냉정하고 효율적인 사람인 반면, 안네는 친근함의 전형이다. 그녀는 항상 우아한 정장을 입는다. 그리고 언제나 단골들에게 친절한 말을 건넨다.

"어서와, 도토레! 늘 먹던 테이블?"

"다시 만나서 반가워요, 오르시니 씨, 당신의 여동생이 1층에서 당신을 기다리고 있어요."

어떤 면에서, 특정한 역할을 하는 장소로서의 식당들은 문명 그 자체만큼이나 오래되었다. 우리가 도시를 세우고 도시 간 거래가 생긴 이후로, 집 밖에서 음식을 제공받을 수 있는 장소가 필요해졌다. 농장에서 일을 하는 도중에 끼니를 해결할 수 있는 식당부터 주요한 길목을 지나는 손님을 맞기 위해 생겨난 식당에 이르기까지 여러 종류의 식당이 필요했다. 도시들이 성장함에 따라, 음식을 제공하는 장소에 대한 수요도 함께 늘어났다.

2,000년 전 로마에는 이미 약 1백만 명의 주민이 살고 있었고 무역업자, 노동자, 또는 집을 떠나와서 일하는 장인들도 있었고

그들은 모두 음식을 필요로 했다. 예외 없이, 집에서 음식을 싸 가지고 일터로 오는 것보다 현지에서 제공받는 게 당연히 더 편했으리라. 우리에게 고대 로마의 일상적인 생활상을 보여주는 두 곳인 폼페이Pompei 그리고 그 이웃 도시인 헤르쿨라네움Herculaneum에서는 한때 음식, 음료, 그리고 비공식적인 사교 장소를 제공했던 식당들의 유적이 발견되었다.

발굴된 내용은 식당이 얼마나 사적인 사교장이었는지를 암시하는 다양한 예를 보여준다. 그중 일부는 레스토랑 리뷰에 가깝거나, 트립어드바이저 같은 곳에서 제공하는 매우 주관적인 리뷰의 초기 버전과 더 닮아있을 수 있다. 헤르쿨라네움에 있는 복합 레스토랑과 위안소 밖의 벽에는 이렇게 쓰여 있다. "Affeles와 Dexter는 여기서 아주 편하게 식사를 했고 동시에 난봉질도 했습니다." 또한, 다음은 폼페이의 한 시설 밖에 있는 경고문이다. "이곳의 음식은 독이다."

처음 1,000년 동안의 식당들은 손님들이 어떤 종류의 음식을 원하는지 혹은 먹을지에 관하여 발언할 기회를 거의 주지 않고 일방적으로 음식을 제공했다. '무언가' 끓고 있는 냄비가 있다. 그리고 테이블이 있다. 식기는 항상 있었던 것은 아니다. 오랫동안 손님들이 자신의 식기를 가져오는 것이 일반적이었다.

우리가 알다시피, '레스토랑'이라는 존재는 18세기 후반에 프랑스에서 생겨났다. 그곳은 Affeles와 Dexter가 한 가지 이상의 방식(위에서 보듯 예를 들면, 난봉질 같은)으로 탐닉하는 종류의 시끌벅적한 식당들과는 극명하게 대조되는, 의식화된 위계질서가 있는 부르주아적인 장소였다.

　사람들은 식재료가 모이듯 레스토랑이나 카페로 모여들었다. 그리고 그들이 원하는 것이 무엇이든 자유롭게 토론할 수 있는 장소가 되었다. 마찬가지로 새로운 기능도 등장했는데 바로 자신이 먹고 싶은 것을 결정할 수 있는 장소였다. 나는 소고기, 너는 넙치. 대부분의 레스토랑은 표준 요리 세트를 제공했지만 요리사가 창의력을 발휘할 수 있는 여지도 있었다. 그리고 요리사들은 최고가 되기 위해 경쟁했다.

　프랑스 혁명 이후, 귀족들을 위해 일했던 많은 요리사는 부르주아 계급의 수가 증가하는 것을 보며 자신들이 곧 실직하리라는 현실을 알게 되었다. 이러한 현상으로 인해 실직한 요리사들은 식당을 열었고, 그 수가 프랑스에서 폭발적으로 증가했으며, 뒤따라서 유럽의 나머지 지역과 미국의 주요 도시들에서도 비슷한 현상이 나타났다.

　미식학(gastronomy)*의 아버지인 앙텔름 브리야 사바랭(Jean-Anthelme Brillat-Savarin)은 1825년의 저서 『맛의 생리학(The Physiology of Taste)』에서 사람들이 원하는 때에, 원하는 것을, 원하는 양만큼 미리 정해진 가격으로 먹을 수 있는 곳이 '레스토랑'이라고 정의했다. 레스토랑에 대한 이러한 정의가 요즘에는 너무나

---

*　음식과 문화의 관계, 풍부하거나 섬세하고 식욕을 돋우는 음식을 준비하고 제공하는 기술, 특정 지역의 요리 스타일 및 좋은 식습관의 과학에 대한 연구를 하는 학문분야를 지칭하고 유럽에서는 이러한 모임 자체를 부르는 이름이기도 하다.

당연한 소리라서 당시 이것이 얼마나 혁명적이었는지 잊기 쉽다. 그리고 어떤 면에서는 현대의 레스토랑도 이 정의와 같다는 것 또한 잊기 쉽다: 레스토랑은 당신을 위해 존재하는 장소이다. 그것은 당신이 주연을 맡고 대사를 써서 극장에 올리는 작품이다. 당신이 보살핌을 받고 당신이 원하는 것을 정확히 얻어내는 장소이다.

나는 현대식 레스토랑들이 성공을 거두고, 모든 것이 반짝반짝 빛나며 반드시 새로운 무언가를 갖추어야 하는 바로 그 시절에, 음식과 요리에 관심을 갖게 되었다. 나는 발견의 시대에 살면서, 새로운 경험들이 끊임없이 넘쳐나는 미식이라는 바다의 해안가에 서서 이 관심을 즐겼다. 앞서 언급했듯이, 나는 레스토랑 평론가로 잠깐 일했고, 나중에는 새로운 레스토랑과 미식 트렌드에 대한 글을 쓰는 것까지로 일의 영역을 넓혔다. 가장 밝고 새로운 별은 무엇인가? 그리고 그 별은 어떻게 반짝이는가? 이다음에 중요한 것은 무엇인가? 최신의 혁신은 무엇일까?

새로움에 너무 익숙해져 지내던 어느 날 이토록 클래식한 레스토랑 *라 카르보나라*를 처음 접했다. 그때 퇴색된 웅장함과 특별함을 지닌 이곳에 깊은 인상을 받았다. 고대 도시 로마의 한가운데에 있는 이 아름다운 광장에서 나는 *라 카르보나라*에 빠져들었고 어찌보면 아직까지도 이 레스토랑에 충실한 손님으로 남아있다.

여긴 내 식당이다, 그곳에 앉아 혼자 생각한다. 메뉴판 위를 손가락으로 쓰다듬고 몇 초간 사랑스럽게 만진 후 메뉴판을 연다. 내가 원하는 것이 무언지 정확히 알고 있음에도, 다시 소상히 연구하면서 말이다.

물론, 항상 *라 카르보나라*였던 것은 아니다. 로마에서 나의 첫사랑은 일 드랍포*Il Drappo*였다. 수척해 보이는 사르데냐 출신의 60대 여인 발렌티나 톨루*Valentina Tolu*가 부엌일을 하는 동안 그녀의 아들이 홀을 관리하면서 자신에게 헌주(libations)하는 가족이 운영하는 작은 레스토랑이었다. 지금은 문을 닫은 이곳은 캄포 데 피오리에서 북서쪽으로 몇 블록 떨어진 작은 샛길에 위치해 있었다. 내가 어떻게 그곳에 가게 되었는지는 잘 기억나지 않지만, 나는 그곳에서의 첫 식사와 발렌티나와의 첫 만남을 기억한다.

그곳에는 일반적인 알라카르트*a la carte*\* 메뉴는 없었다. 단지 그들은 내가 '고기'를 원하는지 '생선'을 원하는지 물었고 카라페(carafe)\*\*에 레드 와인을 넣을지 화이트 와인을 넣을지가 내 결정의 몫이었다.

음식이 나오기 시작했다. 식사의 시작으로 적당한 셀러리 샐러드이다. 순하고 부드러우며 동시에 날카로운 풍미를 지닌 양젖으로 만든 크림치즈의 한 종류인 크레마 디 페코리노*crema di pecorino*가 다음 차례였다. 그리고 소금에 절인 사르데냐 산맥의 양고기와 멧돼지, 레몬과 오일을 바른 훈제 황새치, 오렌지와 감자를 곁

---

\*　　코스가 아닌 단품으로 하나씩 주문해 먹을 수 있는 일품요리를 일컫는다.
\*\*　　물이나 포도주를 덜어 식탁에 내는 유리병을 말한다.

들인 오징어가 다음이었다. 앤초비와 간장을 섞은 듯 진하고 톡 쏘는 비릿한 맛을 지닌 보타르가*bottarga*\*를 처음 접했다. 올리브 오일에 흠뻑 젖은 올리브와 아티초크가 제공되었다. 훨씬 이전에는 아티초크의 중요성을 전혀 이해하지 못했지만, 그때만큼은 가만히 앉아 아티초크의 껍질을 한 꺼풀씩 벗기고 있었다. 아티초크의 핵심인 아티초크의 하트(artichoke heart)에 다다를 때까지.

이 요리의 마라톤이 끝났을 때 나는 느긋하게 앉아서 포만감에 만족스러워했지만 식사가 아직 끝나지 않았다는 것을 알아차렸다. 엄밀히 말하면, 시작도 하지 않았었다.

안티파스토*Antipasto*는 문자 그대로 '식사*pasto*, 전*anti*'을 뜻한다. 나는 이 이탈리아식 전희의 규모에 놀랐고 이 놀람은 나만 경험한 것은 아닐 것이다. 나는 종종 메인 코스의 시간이 가까워졌을 때 배가 불러 식사를 계속할 수 없을 때도 있었으나 이 식당의 경우는 처음부터 '메인'이 놓여진다고 말해야 할 것도 같다. 발렌티나가 라구*ragu*와 파스타를 곁들인 엄청난 양의 멧돼지 요리를 들고 나왔을 때 나는 배가 부른 느낌 그 이상이었다. 이어서 그녀가 토끼고기 한 마리를 들고 내 앞에 왔을 때는 마지막일 것 같은 포만감과 함께 절망에 도달했다. 더이상 먹을 수 없지만 포기할 수 없는 상태 그 자체였다.

얼마 전 캄포 데 피오리 근처를 돌아다니다 보니 채소 노

---

\*     생선 알을 소금으로 염장하여 말린 것으로 주로 숭어알을 사용한다. 비슷한 한국 식품은 어란.

점에 아티초크를 쌓아 놓은 모습이 눈에 띄었다. 치비타베키아 *Civitavecchia*⁎로부터 오는 매해 첫 번째 '로만 아티초크(Roman artichoke)'는 3월에 시장에 도착하고, 많은 다른 품종들이 그 뒤를 따른다: 양배추 크기의 녹색 아티초크(green artichoke), 아름다운 보라색 아티초크(purple artichoke), 그리고 사르데냐 산의 가시 돋친 아티초크까지.

로마인들은 마치 수확기간이 짧기라도 한 것처럼 '아티초크 시즌'이라고 부르는 것에 집착한다. 아스파라거스와 송로버섯 (truffle)에 '시즌'이 있다는 것은 이해가 가는 부분이다. 하지만 아티초크는 봄에서 늦가을까지 년 중 꽤 긴 기간 동안 수확하는 데에도 굳이 '시즌'이라고 부른다. 아마도 겨울이 지나고 찾아온 온화한 시기 즉, 길거리 카페에서 커피를 마시며 야외 활동을 즐길 수 있는 때가 드디어 되었다는 것을 알리는 말이리라. 날씨가 춥고 을씨년스러울 때 로마인들은 센스있게 옷 입는 것을 거부하고 대신 가볍고 우아한 재킷을 입고 덜덜 떨면서 아티초크 '시즌'이 오기를 기다렸을 것이기에.

아티초크는 파스타, 샐러드 또는 고기에 곁들이는 훌륭한 구성원이 될 수 있다. 하지만 당신이 정말로 이 맛있는 '엉겅퀴'를 즐기고 싶다면 두 가지 선택지가 있다: 아티초크를 통째로 삶은 카르초피 알라 로마나*carciofi alla Romana*, 아니면 내가 주문하는 카르

---

⁎  로마에서 북서쪽으로 60km 떨어진 도시로 '로마의 항구'로 알려져 있으며 시칠리아와 사르데냐를 오가는 배가 많이 드나든다.

초피 알라 지우디아*carciofi alla giudia*이다.

카르초피 알라 지우디아의 기원은 고문서에 따르면 '유태인 스타일의 아티초크 요리'이지만 정확히 알려진 것은 없다. 누구도 이 요리법이 왜 유태인들과 관련이 있는지는 말할 수 없지만 오늘날 이탈리아 요리의 중요한 일부로 여겨지며 로마-유태인 요리*la cucina ebraica-romanesca*가 일반 가정 요리로 자리잡은 몇 안 되는 예 중 하나이다. 사실 조리법은 분명 간단하다: 신선한 아티초크를 손질해 기름에 튀기는 것이 전부이다.

카르초피 알라 지우디아가 라 카르보나라에 앉아 있는 내 테이블에 놓여졌을 때, 나는 발렌티나의 레스토랑인 일 드랍포에서 했던 첫 식사가 떠올랐다. 아티초크란 얼마나 먹기 힘들고 이상한 재료인지 부엌과 식탁 모두에 좌절감을 가득 안겨준다. 질기고 섬유질이 많은 엉겅퀴 잎에 싸여 있는 아티초크의 겉 부분은 거의 먹을 수가 없다. 아티초크를 다듬을 때 종이 위에 올려두고서 '단단한 바깥층과 가운데 강모를 잘라낸다'라는 말은 쉽지만 사실 특별한 칼과 훌륭한 요리사를 필요로 한다.

언젠가 한 번 일 드랍포에서 나는 발렌티나와 함께 부엌에서 케이퍼와 햇볕에 말린 토마토를 헹구고 여러 종의 허브 잎을 다듬는 것과 같은 간단한 일을 한 적이 있었다. 점차 나는 토끼고기를 잘게 써는 일까지 할 수 있었다. 하지만 내가 아티초크에 손을 대려 하자 발렌티나는 재빨리 멈추라고 말했다. 한 번의 작은 실수로 먹을 수 있는 부분을 잘라낼 수도 있다는 이유였다. 또한 손에 너무 힘이 들어가거나 무딘 칼로 다듬다가는 손가락 하나를 잃을 수도 있다고 했다.

내 손은 희한한 조합을 가졌다. 사무실에서의 손가락은 섬세하고 매끄러운데, 오래 전 잊혀진 전쟁에서 돌아온 듯 보이는 작은 상처들이 많이 있다. 사실 이 상처 중 적지 않은 수가 손수 아티초크를 키우면서 의도치 않게 스스로를 자주 공격함으로써 생긴 것이다.

식탁에서의 아티초크 또한 먹기 전 손질만큼이나 어려운 상대이다. 나이프와 포크는 쓸모가 없다. 사람들은 이러한 도구를 사용해보지만 그것은 마치 메추리나 다른 작은 새를 먹는 것과 같이 어설플 수밖에 없다: 진정으로 효과가 있는 유일한 방법은 손가락과 튼튼한 치아, 그리고 인내심을 사용하는 것이다.

잎을 하나씩 벗겨내며 가장 중요한 중심부에 도달할 때까지 잎의 아주 작고 보드라운 안쪽을 갉아먹는다. 갉아먹은 잎사귀가 접시에 쌓여가면서 당신은 이 과정이 아주 느리게 진행되는 것처럼 느껴진다. 한 입 먹을 때마다 너무 작아서 단지 식욕을 자극할 뿐 만족감을 주지는 못한다. 당신이 막 포기하려는 그 순간, 가장 보드라운 잎들로 둘러싸인 아래쪽 아티초크 하트(artichoke heart)라 불리는 부분에 도달한다. 그리고 나는 이보다 더 좋을 순 없다고 생각한다.

아티초크를 먹는 이런 과정에서 라 폴리티카 델 카르초포 *la politica del carciofo**라는 표현이 유래했다. 아티초크를 먹는 기술은 사

---

\*  아티초크를 한 겹씩 벗겨가며 먹을 때의 끈기를 생각하며 정치를 할 때에도

보이왕가(House of Savoy)*가 이탈리아 각 지역을 하나씩 정복하고 통합해가는 전략과 똑같았다. 이 표현은 18세기 카를로 엠마누엘레 3세(King Carlo Emmanuel III)가 새로운 지역에 대한 정복과 통일을 주장하기 시작하면서 처음 사용되었다. 일부 지역은 무력으로 정복되었고 다른 지역들은 결혼을 통해 사보이왕국에 통합되었다. 각각의 조각들은 살이 많은 심장에 도달할 때까지는 보잘것없었다. 1860년대에 마침내 모든 잎을 거둬내고 이탈리아라는 심장에 도달했고, 1871년에 로마는 다시 수도의 지위를 얻게 되었다.

아티초크와 친척뻘이라고 할 수 있는 카르둔(cardoon)—같은 종으로 보이지만 카르둔은 아티초크 같은 머리 부분이 없음—에 대한 로마인들의 애정은 수천 년 전으로 거슬러 올라간다. 두 채소의 공통점은 날 것일 때는 아주 쓴 맛이 나지만 조리하면 독특한 달콤함이 생긴다는 것이다.

그 맛은 먹는 동안 입안에 몇 번의 파동을 일으킨다. 우선 부드럽고 조심스러운 풍미는 다른 채소 종류가 가진 어떤 맛과도 다른 그들만의 일관성을 지닌다. 다음으로 아티초크에는 애초에 없던 또 다른 파동이 찾아온다. 혀의 미각 수용체에 영향을 주어 우리가 먹고 마시는 모든 것이 더 달콤하다고 느끼게 만드는 시

---

한 번에 한 가지씩 또는 한 번에 한 명씩 대하는 것이 최선이라는 의미로 통한다.

\* 근대 이탈리아를 통일하여 제2차 세계대전까지 이탈리아를 이끌었던 왕가.

나린(디카페오일퀴닉산 cynarin)이라는 물질이다. '금'의 심장을 지닌 이 엉겅퀴에게 당신은 더이상 무엇을 요구할 수 있을까?

나는 물을 한 모금 마시고 우유 같은 아티초크의 달콤함을 맛본다. 타닌(tannins)에서 오는 거친 끝맛을 가진 보통의 와인이 이제는 부드럽고 프루티한 풍미로 느껴진다. 나는 와인 시음에서 누군가가 아티초크를 내어올 때 생기는—무심코 벌인 일이든 방해하려는 의도였건—혼란을 본 적이 있었다. 심지어 경험이 많은 와인 전문가들도 갑자기 부르고뉴(Burgogne)와 브루넬로(Brunello)를 또는 드라이한 샤블리(Chablis)와 달콤한 리슬링(Riesling)을 구분하지 못한다. 아티초크의 존재와 역할을 알지 못했다면 환각제를 복용한 것으로 의심할 수도 있다.

하지만 만약 당신이 아티초크의 비밀을 알고 있고, 이것이 결국 짧은 시간 동안에만 영향을 미치는 신기한 맛의 파동이라는 걸 안다면 당신은 온 세상이 달콤함 속에 있다는 황홀경을 맘 편히 잠깐 즐길 수 있을 것이다.

# Olio

---

# 오일

---

# Oil

Dinner
in
Rome

튀긴 아티초크의 맛은 두 단계로 나눌 수 있다: 하나는 아티초크가 가진 독특하고 고유한 맛과 연결되어 있는 강렬한 달콤함이다. 다른 하나는 당신이 이 세상 어디쯤에 와 있는지를 즉각 느끼게 해주는 맛이다. 맛은 어디에나 있지만 모든 맛의 기본은 바로 올리브 오일의 맛이다. 간단한 샐러드부터 파스타, 생선, 고기 요리에 이르기까지.

내가 이탈리아의 농가숙소*agriturismo*에 – 레스토랑, 호텔, 농장 그리고 포도덩굴, 닭, 반쯤 길들여졌지만 아직도 꽤 무서운 멧돼지, 로즈메리 덤불, 올리브 숲으로 이루어진 – 처음 머물 때 달걀과 갓 구운 빵, 집에서 만든 잼으로 이루어진 멋진 아침 식사를 제공받았지만 버터의 흔적은 보이지 않았다. 물론, 테이블 위에는 이곳에서 생산한 올리브 오일이 든 작은 병이 있긴 했다. 정말 빵에 올리브 오일을 발라야 하는가?

이때 "주변을 둘러봐요."라고 내 동료가 말했다. "푸른 계곡과 소가 풀을 뜯고 있는 것이 보이나요? 그리고 바싹 마른 비탈과 시든 올리브 나무도 보이세요? 이것이 이탈리아에서 음식을 먹을 때의 주요 규칙이에요." "당신 눈에 보이는 것을 먹는다." 아마도 너무 지나친 가정일 수도 있지만 이런 낭만적인 말 속에는 의심의 여지없는 한 알갱이의 진실이 들어있다.

심지어 로마의 대도시에서도 그렇다. 지금 로마에는 심장마비를 향하여 달려가는 여러 정크 푸드 상점과 트랜스 지방이 넘쳐나는 음식들, 그리고 세계적인 패스트푸드점이 즐비하다. 하지만 여러분이 이 도시의 뒷골목을 걸을 때 맞닥뜨리게 되는 것은 평범한 식당과 가정집 부엌 창문을 통해 풍겨 나오는 튀긴 음식들의 냄새에 배인 올리브 오일의 향이다.

아티초크는 섭씨 160~170도로 달군 올리브 오일에 튀겨낸다. 그리고는 튀기기 위해 사용한 1리터의 끓는 기름으로는 충분치 않다는 것마냥 신선한 올리브 오일과 함께 식탁에 놓인다. 그리고 당신은 튀긴 아티초크 잎을 신선한 올리브 오일에 찍어 먹는다. 끓는 기름은 채소를 바삭바삭하고 단단하게 만든다. 반면 신선한 기름은 가시 돋친 아티초크의 바삭한 표면과는 달리 부드럽고 과일 같은 풍미와 식감의 색다른 맛의 차원을 보여준다.

올리브 오일은 지중해 요리의 가장 뚜렷한 특징이며 3,000년 이상 그 자리를 지켜오는 중이다. 아티초크 요리는 묵은 오일과는 절대 함께 먹지 않는다. 풀 향기를 머금고 연두빛을 지닌 신선한 곁들임 오일은 미각의 뒤쪽을 아주 살짝 간질이는 약간의 떫은맛을 가지고 있다.

내가 아티초크를 먹기 시작하자마자 안네(*라 카르보나라*의 안네 루지에뜨 기억하죠?)는 오일 병을 들고나와 내게 자랑스럽게 보여준다. 그녀는 이 신선한 오일이 라 카르보나라 La Carbonara의 소유주인 트란카시니*Trancassini* 가문의 농장에서 나온 '엑스트라 버진 오일'이라고 말한다. 그 농장은 로마 근교 마리노*Marino*의 디비노 아모레*Divino Amore*—신성한 사랑이라는 뜻—에 위치해 있다. 이곳은 캄포 데 피오리*Campo de Fiori*에서 20킬로미터 정도 떨어진 시골로 로마에서 '원데이 투어'로 여행객들이 가던 곳이다. 그러나 지금은 팽창하는 도시의 탐욕적인 식탐에 점차 삼켜져 매년 집과 아파트가 슬금슬금 늘어나는 중이다.

제2차 세계대전 직후, 이 지역의 거의 모든 땅은 세 명의 농부들이 소유했으며, 그중 한 명이 마리아 트란카시니(라 카르보나라의 안주인)의 아버지였다. 어머니가 식당을 운영하는 동안, 아버지는 농장을 돌보았다. 이제는 마리아의 남편 다리오가 두 가지 모두를 책임지는 중이다. 장모가 늙고 병이 든 후 다리오는 가업을 이어받기 위해 바티칸에서의 변호사 일을 그만두었다. 그는 교황의 고용인에서 교황의 이웃이 된 셈이다. 교황의 여름 별장이 디비노 아모레의 올리브 농장에서 불과 몇 킬로미터 떨어진 카스텔 간돌포*Castel gandolfo*에 위치해 있다.

나는 마리오에게 '가업을 위해 일하게 된 전환점'이 무엇이었는지 물어본 적이 있다. 그때 그는 단순히 그의 "이전 고용주가 성인(saint)이었다"고만 답했다. 말 그대로라면 2014년 교황 요한 바오로 2세가 성인으로 시성된* 후에 그의 밑에서 일을 했으니 사실이지 않는가. 그리고 장모에게는 같은 용어(성인)를 사용하

---

\* 가톨릭 교회에서 특정 인물을 성인으로 선포하는 일.

지 않겠다는 의미가 아니였을까?

⚜

　로마제국 이래로 부유한 로마 시민이라면 누구나 시골에 농장을 소유하는 걸 갈망했다. 도시의 숨막히는 여름 더위에서 벗어날 수 있는 선택권을 갖고자하는 마음이 시골에 대한 갈망으로 이어진 것이다. 아주 오래 전에는 전염병이나 전쟁, 또는 시민들의 소요 기간 동안 몸을 피할 수 있는 장소로 시골을 선호했다. 그리고 안네가 지금 *라 카르보나라*의 가족을 대신하여 하고 있는 일 역시 중요하다. 바로 가족 농장에서 생산한 올리브 오일과 와인을 내어놓을 수 있다는 것. 이는 문자 그대로 그리고 상징적으로도 이들이 이곳에 뿌리가 깊다는 것을 보여준다.

　로마는 폐허로 가득 차 있다. 도시에는 과거와 현재가 서로의 모습을 떼어 붙인 듯 곳곳에 조각조각으로 놓여 있으며 오늘날의 새로운 발전과 확장이 과거의 점령군 사이에 존재하려고 노력하는 중이다. 유네스코가 보호하는 고대 광장들과 기둥들은 양방향 소통을 위해 만든 새로운 도로를 위험할 정도로 갑자기 좁아지게 할 수 있다.

　비토리오 에마누엘레 2세*Vittorio Emmanuele II* 광장에 있는 아르젠티노*Argentino* 버스 정류장에서 캄푸스 마르티우스(Campus Martius) 유적을 보여주는 깊은 구멍을 내려다볼 수 있는데 목욕탕과 사원 유적 사이에는 주인 없는 고양이 수백 마리가 살고 있다. 도시의 지하에 있는 식수공급 파이프들은 무덤이나 고대 사원, 고대 유적을 훼손하지 않기 위해 위아래로 또는 둥그렇게 뻗어 있다. 로마의 지하철 건설 속도는 느리기로 악명 높은데 정기적으로 발생하는 고고학적 발견 때문에 어쩔 수 없다. 로마 역사의 많은 부분을 직접 볼 수 있으며 그중 대다수는 중요한 유적들이다. 오히려 나머지 현대적인 것들은 고대인들에게나 호기심의 대상이 될 만하다.

도미티아누스(Emperor Domitian) 황제가 포로 로마노*Foro Romano*에 유명한 티투스개선문을 세웠던 것처럼 로마의 황제들은 가문의 위대함을 기리기 위해 기념비를 세울 것을 요구할 수 있었다. 티투스개선문을 세우고 10여 년 후 도미티아누스는 살해당했고 '기록 말살형(eternal oblivion)'을 선고받았음에도 그가 세운 개선문은 2,000이 지난 지금도 여전히 그곳에 있다.

음식은 이와는 많이 다르다. 음식은 그 자체가 사라지면 아무것도 할 수 없는 우리의 필수품인 게 당연하다. 궁궐이나 예배 장소를 모두 합친 것보다 훨씬 더 중요하지만 소화되어 결국 사라진다. 사용하고 나면 다시 몸 밖으로 나와 하수구와 땅속으로 없어지는 것이다. 먹는 것은 먹는 것을 의미할 뿐이고, 화장실을 가득 채우지만 기념물은 짓지 않는다.

하지만 예외가 있다. 로마의 올리브 오일이다. 캄포 데 피오리에서 남쪽으로 3킬로미터 떨어진 도시의 예전 성벽 바로 옆에는 테베레 강을 통해 보급품을 운반했던 배들이 사용한 옛 선적 장소가 있다. 근처에는 테스타치오산*Monte Testaccio*이 있는데 40미터 높이에 2만 제곱미터의 면적을 차지하고 있기 때문에 특별히 인상적이지 않다. 그러나 그 산은 실제로 산이 아니라, 로마의 가장 장엄한 건물인 콜로세움Colosseo에 필적하는 크기의 인공 구조물이다. 이곳은 커다란 점토 항아리인 암포라(amphora)*를 이용해 공들여 건설된 일종의 봉분이다. 사실 테스타치오산은 거대한 항아리 쓰레기 더미로 올리브 오일을 소비했음을 기념하는 거대한 매립지라고 볼 수 있다.

그 모든 점토 항아리들은 로마 주민들이 소비하는 올리브 오일을 운반하는 데 사용되었다. 짐을 내리고 비운 후 분해하여 꼼꼼하게 쌓아 올렸다. 오늘날 봉분은 부분적으로 나무와 덤불로 덮여있지만 여전히 겹겹이 쌓인 도자기 조각들을 볼 수 있다. 몇몇 장소에서는 언덕 곳곳에 동굴이 파여 있으며 그중 일부는 차고와 작업장으로 사용되고 다른 일부는 나이트클럽과 식당으로 사용 중이다. 예전에는 부활절 행렬에서 예수가 십자가를 지고 마지막으로 걸었던 골고다 언덕을 대신하는 역할도 했었다. 중세 시대에는 사순절의 사전 축하 행사에 사용되었는데 살아있는 돼지가 실린 수레를 봉분에서부터 바닥으로 굴렸다. 그리고는 불쌍한 돼지들을 바로 도축하여 구움으로써 구경꾼들의 재미를 돋우기도 했다.

테스타치오산은 총 40억 리터의 올리브 오일을 담고 있었을

---

\*   고대 그리스나 로마 시대에 쓰던 흙으로 빚은 항아리로 양 손잡이가 달리고 목이 좁은 형태이다.

5천만 개 이상의 점토 항아리로 이루어져 있다. 올리브 오일의 기원은 다양한 점토 항아리의 모양과 항아리에 있는 표시로 확인할 수 있는데 대부분은 현재의 튀니지와 리비아, 스페인과 아프리카 지방에서 온 것이다. 이 거대하고 아름다운 항아리 더미가 담고 있던 올리브 오일은 모두 외국에서 들여온 것이었다. 수입산 올리브 오일은 현재로 보면 식품안전부 장관이라 할 수 있는 'prefectus annonae(prefect of the provisions)'의 관장하에 군인과 가난한 사람들에게 분배되었다. 이보다 더 크지는 않았겠지만 비슷한 규모의 개인 수입상도 존재했던 것으로 보여진다. 그러니 가장 부유하고 명성이 있는 가문만이 자신들의 농장에서 생산한 올리브 오일을 자랑할 수 있었다는 이야기이다.

암포라는 당시 가장 많이 사용했던 저장 용기였으며 곡물과 포도주를 포함한 다양한 상품을 담을 수 있었다. 올리브 오일을 담았던 암포라를 가지고 왜 이러한 구조물(테스타치오산과 같은)을 만들었는지에 대한 이유에는 다양한 가설이 있다.

한 가지 설명은 다음과 같다. 곡물이나 포도주가 들어있던 항아리들은 화분에서부터 건물과 도로에 쓰이는 골재에 이르기까지 어떤 용도로도 재사용될 수 있었지만 오일을 담은 경우에는 선적 후 다공성인 항아리에 오일이 부분적으로 스며들어 결국은 악취를 풍겼을 게 분명했기 때문일 것이다. 그리고 만일 당신이 오일을 담았던 항아리들을 석회를 함유한 시멘트와 섞는다면 그것은 도로를 건설하는 데에는 절대로 사용할 수 없는 비누와 더 비슷해졌을 것이다.

올리브 오일은 수천 년 동안 로마의 가장 부유한 사람들과 가장 가난한 사람들에게 똑같이 영양분을 공급해왔으며 오늘날에도 마찬가지이다. 올리브 오일은 마궐론 투생-사마(Maguelonne Toussaint-Samat)*가 곡물, 기름, 포도주로 구성된 '근본적인 삼위일체'라고 부르는 것의 일부이다. 올리브 오일은 또한 지중해의 음식 문화 그리고 그외 여러 면에서 지중해 문화 전체의 기반을 이룬다. 모세(Moses)는 그의 책에서 "좋은 땅은 밀과 보리, 포도나무와 무화과나무, 석류가 있는 땅, 올리브 오일과 꿀이 있는 땅이다."라고 하였다. 고대의 올리브 오일은 곡물과 함께 오늘날 석유 산업에서 나오는 기름만큼이나 중요했다.

지중해 연안에 위치한 최초의 강력한 도시들은 거의 모두 올리브 오일 무역에 크게 관여했었다. 소금이나 밀과 마찬가지로 올리브 오일의 수입과 유통 역시 과세와 국가 통제의 대상이 되었다. 이전에 그리스와 페니키아의 도시국가들이 그랬던 것처럼 로마에게도 상당한 수입을 가져다주었다.

노아(Noah)는 대홍수 후 그가 만든 동물원과 함께 떠다니던 중에 올리브 나뭇가지를 물고 있는 새를 만났다. 그 새는 하나님

---

\* 프랑스의 역사학자이자 작가. 『먹거리의 역사(Histoire Naturelle et Morale de La Nourriture)』를 썼다.

의 노여움이 가라앉았으며 육지가 가까이에 있으므로 새로운 삶을 시작할 수 있다는 것을 알려주는 신호였다. 밀을 비롯한 다른 농산물과 달리 올리브를 키우는 농부가 된다는 것에는 다른 관점이 필요하다. 왜냐하면 올리브 나무는 번영과 평화의 상징이기 때문이다. 그리고 사람들은 그 상징 자체를 필요로 한다.

전쟁과 황폐화 후에 토양은 다시 경작될 수 있지만 올리브 나무는 손상되어 다시 자라나기까지 '작은 영원(small eternity)'이 필요하다. 올리브 나무는 모종에서부터 열매를 맺는 데까지 10년이나 걸리고 한 세대 또는 그 이상이 지나야 좋은 열매를 수확할 수 있기 때문이다. 그래서 사람들은 당신 자신을 위해서가 아니라 자녀들과 그 자녀들의 아이들을 위해서 올리브 나무를 심으라고 말한다. 그러나 일단 열매를 맺기 시작하면 1,000년을 살 수 있고 나무는 그저 그곳에 서 있는 채로 당신에게 선물을 가득 안겨주게 될 것이다.

올리브 오일에서 나는 '맛'은 서쪽의 스페인과 모로코에서부터 동쪽의 레바논, 이스라엘, 튀르키예에 이르기까지 다양한 지중해 요리의 근본이 된다. 하지만 올리브 오일이 가진 것은 또 있다. 단순히 지방의 한 종류로, 맛과 칼로리의 원천으로만 환원되기는 어려운 존재로써의 상징과 나아가 어쩌면 좀 더 영적인 차원을 포함한다고 말할 수 있다. 조금 단순화해서 나는 이것을 '문화적 차원'이라 부르겠다.

예루살렘 외곽의 감람산(Mount of Olives) 기슭에는 겟세마네(Gethsemane)라는 정원이 있다. 예루살렘의 나머지 지역들이 수

많은 종교전쟁으로 황폐화된 반면 템플마운트(Temple Mount) 맞은편의 올리브 숲은 2천 년 전과 달라진 것이 거의 없다. 이곳의 올리브 숲은 적갈색 토양 지역으로 거대한 몸통의 꼭대기엔 여전히 성장 중인, 가느다란 잎을 가진 구부러지고 오래된 올리브 나무들로 가득 차 있다. 나는 아주 오래된 이 나무들에 대해 읽은 적이 있다. 그리고 몇 년 전 예루살렘에 머물 당시 나는 이 나무들이 만들어 내는 올리브 오일을 맛보고 싶은 마음에 감람산을 방문한 적이 있다.

올리브 숲은 프란치스코회(Franciscan Order)에 속해 있으며 나는 디에고(Diego)라는 프란치스코회 수도사를 만나기로 약속했다. 디에고는 겟세마네 정원 한가운데에 있는 작은 집에서 살고 있었다. 비가 내리고 있어 디에고는 지난 올리브 수확 때 찍은 봉사단 사진 몇 장과 함께 프란치스코 교황의 사진이 벽에 걸려 있는 집안에서 나를 맞이했다.

이 수도사는 성경에 올리브 숲이 언급된 장소인 누가, 마가, 마태, 요한복음과 사도행전을 나에게 보여주었다. 성경에 따르면, 겟세마네는 예수가 삶의 마지막 밤에 걸었던 곳이다. 예수가 기도한 곳도 바로 여기였고 죽음의 공포로 너무 지쳐있었기 때문에 '그의 땀은 마치 핏방울이 땅에 떨어지는 것 같았다.' 그리고 유다에게 배신당한 뒤 체포된 곳도 바로 이곳이었다. 당신이 무엇을 믿든 이 이야기는 세상을 형성하는데 도움을 준 이야기들 중 하나일 것이다. 또한 나중에는 성모마리아도 이곳에 묻혔다는 것이 밝혀졌다.

디에고는 정원에 있는 올리브 나무들과의 친밀한 관계를 수년 동안 발전시켜왔다. 그에게 있어 그 나무들은 그저 오래된 나무가 아니었다. 디에고는 그가 돌봄을 위임받은 '굽은 거인'들과 자신의 일생을 바친 종교 사이의 유사점을 본 것이다. "나무가 늙으면, 죽을 필요가 없어요," 라고 그는 내게 설명했다. 당신이 오래된 나무를 베어내고 만일 그 나무가 성공적으로 발아한다면 그 어미 나무의 DNA를 가진 나무가 자라날 것이다. 정원의 맨 아래쪽에 있는 가장 오래된 나무들은 이러한 발아의 결과물들이었다. "이 나무들은 예수님의 시대부터 있어 왔을 가능성이 있습니다." 디에고가 말했다.

예수의 시대부터 시작된 나무에 대한 생각은 오랫동안 겟세마네 신화의 일부였다. 오늘날 정원에서 가장 오래된 나무들은 보호해야 하므로 울타리로 둘러싸여 있다. 십자가 조각이나 다른 성스러운 유물들처럼 예수의 시대부터 자라났다는 확신을 지닌 이 나무들은 순례자들에게 나뭇가지를 훔치고 싶은 영감을 주기 때문이었다. 인간이 가진 영성에 대한 필요성이 클 수도 있지만 분명 가시적인 것에 대한 필요성도 그만큼 크다는 말이다. 하지만 성십자가의 전설과는 달리 겟세마네의 올리브 오일 이야기는 어떤 진실에 뿌리를 두고 있을지도 모른다.

최근 몇 년간 이탈리아의 연구원들이 이 정원에서 자라는 나무들을 조사했다. 그들은 가장 오래된 8개의 크고 인상적으로 구부러진 올리브 나무들의 DNA 샘플을 채취했고, 탄소 연대 측정을 통해 정원 아래쪽의 나무들이 모두 같은 나무라는 사실을 발견했다. 이 나무들은 그들 이전에 살았던 나무의 복제품인 것이다. 그리고 나무들의 나이가 900년 이상 되었다는 것도 밝혀냈다.

DNA를 물려준 조상나무가 몇 살이었는지는 아무도 모른다. 연대 측정 작업을 이끈 이탈리아의 나무과학자 안토니오 치마토 Antonio Cimato는 겟세마네의 나무들이 현존하는 가장 오래된 올리브 나무 중 일부라고 주장한다. 그는 이런 신성한 연결을 유지하기 위해 마지막 인사를 하려고 하는 어머니 나무를 번식시켰는지를 궁금해했다. 믿고 싶은 사람에게 나무는 '영원한 생명'의 증거이다.

디에고는 빵 한 덩어리와 올리브 오일 한 병을 찾아냈다. 그는 오일을 그릇에 부었다. 처음 몇 달 동안은 종종 그렇듯 오일은 아직 조금 탁했다. 나는 빵을 오일에 푹 찍어 빵이 흡수한 오일이 옅은 초록색으로 변하는 것을 지켜보았다. 그리고 내가 한 입 베어 물자 맵싸하고 향기로우며 신선하면서 기름진 느낌의 올리브 오일이 한껏 입안으로 배어 나왔다.

이전에 나는 올리브 오일 테이스팅과 관련해서 사과 껍질, 갓 깎은 풀, 견과류의 맛과 견주어 보아야 한다는 것을 배운 적이 있다. 하지만 겟세마네 정원의 올리브 오일은 그야말로 가장 순수하고 기본적인 '올리브 오일' 맛이었고 내가 이전에 맛본 어떤 올리브 오일보다 훨씬 더 큰 범위를 아우르는 맛이었다. *라 카르보나라*의 오일을 비롯한 다른 좋은 올리브 오일처럼 이것 역시 입 안쪽을 약간 얼얼하게 만드는 후추 같은 풍미를 가지고 있었다. 약하게 타들어 가듯 기분 좋은 통증을 선사한다.

비가 그쳤을 때 디에고와 나는 이미 사람들로 가득 찬 정원으로 나갔다. 그들은 전 세계에서 '인생여행'을 위해 이곳에 온 순례자들이었다. 우리는 감람산의 올리브 오일 그리고 빵을 두 손 가득 들고 거기에 서 있었는데 무슨 일이 일어나고 있는지 알아차리기도 전에 우리 주위로 사람들이 모여들고 있었다. 전혀 계획에 없었건만 우리는 빵 조각을 오일에 찍어 순례자들에게 건네주기 시작했다. 그리고 특별한 일이 일어나고 있다는 것을 거의 본능적으로 알고 있던 것처럼 일종의 파도가 회중을 관통했다. "성스러운 정원에서 나오는 거룩한 기름!"

몇 분 동안 필리핀, 시리아, 미국, 캐나다, 프랑스, 스페인, 그리고 코트디부아르에서 온 신자들이 물밀듯 우리에게 몰려들었다. 그곳의 모든 사람들은 자신 스스로보다 더 위대하다고 여기는 올리브 오일과 빵의 맛을 만나길 원했다. 그리고 빵이 다 떨어졌을 때 사람들은 올리브 오일에 손가락을 담갔다. 그들 중 한 명은 오일에 젖은 손가락으로 십자성호를 그었다.

"보통 감람산의 올리브 오일은 방문객들과 나누지는 않죠. 이곳에서 생산한 올리브 오일은 이 지역을 관리하는 곳에서 아주 조금 사용하고 나머지는 로마에 있는 성하께 보내드립니다."라고 디에고가 설명했다. 다른 말로 하자면, 교황은 *카스텔 간돌포*에 있는 그의 소유지에서 나오는 올리브 오일로 먹고 살 필요가 없으며 예수가 마지막 날 동안 거닐었던 올리브 나무들로부터 그가 먹는 오일을 얻는 것이다.

나는 이곳의 올리브 오일 한 병을 집으로 가지고 오기까지

했다. 맛 그 이상의 무언가가 분명히 있다. 이 올리브 오일이 특별하다는 확신은 내가 예상했던 것보다 더 많은 부분 나의 식사 경험을 바꾸었다. 단출하게 먹는 생선이나 고기는 더이상 소스가 필요하지 않았다. 오일 몇 방울만으로도 특별한 맛을 낼 수 있기 때문이다. 누군가가 무심코 달걀프라이를 만들 때 이 올리브 오일을 사용했다는 것을 알았을 때 나는 분개했다. 그것은 신성모독이었기에.

⟡

비록 그 구분이 요즘 더 유동적이기는 하지만 요리에 사용하는 '지방'의 종류에 따라 서로 다른 음식 문화를 구분짓는 것은 여전히 가능하다. 채소나 고기로 만드는 수프는 이탈리아, 독일, 노르웨이에서 거의 비슷할 수 있다: 값싼 고기와 채소는 대체로 오랫동안 조리해야 한다는 점에서 같기 때문이다. 하지만 이탈리아에서는 올리브 오일의 신선한 숨결이 요리의 핵심에 있는 반면, 유럽 북부에서는 고기를 버터에 굽고 같이 제공되는 빵은 올리브 오일이 아닌 버터와 함께일 것이기에 근본적인 맛의 기준에서 차이가 있을 것이다.

서력의 시작과 더불어 그리스의 역사가인 스트라보(Strabo)는 버터를 '그들만의 기름'으로 사용했던 먼 나라의 호기심 많은 사람들에 관하여 쓴 반면, 로마의 역사가 플리니우스(Gaius Plinius Secundus)는 버터를 야만인의 음식으로 언급했다. 그리고 어떤 면에서는 플리니우스가 옳았다.

바이킹과 많은 켈트족 국가에서는 아마도 펑키 치즈(funky cheese)* 만큼 톡 쏘는 맛이 있고 오늘날 우리가 그것을 '악취'라고 부를 정도로 많은 양의 산화된 지방을 포함하고 있는 발효된 버터 종류를 좋아했다. 주로 돼지기름을 많이 먹었던 중부유럽 지역의 사람들은 중세 시기를 거치면서 그들의 지방 공급원을 버터로 바꾸었다. 그러나 올리브 오일을 좋아하던 남유럽의 사람들은 결코 버터의 맛을 보려고 하지 않았다.

마귈론 투생-사마는 버터를 먹는 지역을 여행하면서 올리브 오일을 가지고 다녔던 카탈루냐 상인들에 관하여 기록하고 있다. "그들은 버터가 나병과 같은 질병을 일으킨다는 소문을 믿었기 때문에 먹지 않음으로써 질병을 예방하는 것이 최선이라고 생각했다. 반면에 버터를 먹는 사람들은 올리브 오일에 대해서 똑같이 회의적이었다. 또한, 북유럽에 도달한 올리브 오일의 품질은 그저 그렇다고 여겨지기 일쑤였다." 지금처럼 버터의 산화 여부를 감식하는 방식은 아니었지만 당시 수출되는 올리브 오일은 대체로 최악의 종류였고 그나마도 종종 상하는 일이 발생했다.

우리가 먹는 음식은 '우리'와 '그들' 즉 야만인과 문명인을 구별하는 데 도움을 준다. 그래서 버터를 먹는 것에 익숙한 사람들이 올리브 오일을 먹는 일은 항상 어려웠고 그 반대도 마찬가지

---

\* **보통 악취가 심하게 나는 치즈류를 일컫는 말.**

였다. 투생 사마의 글에는 이런 내용도 있다. "15세기, 르네 당주(Rene d'Anjou)*는 프로방스로 이주했을 때 그의 신하들로부터 올리브 오일 몇 통을 선물로 받았다. 이때 혐오감을 감추지 못했던 그는 자신의 고향인 프랑스 북부의 앙주(Anjou)에서 소를 들여오라 했다.

현재의 우리 대다수는 올리브 오일과 버터를 번갈아 먹는 것에 익숙하고 저녁 식사 때에 어떤 종류의 지방을 먹든지 간에 자부심이나 정체성을 따지진 않는다. 하지만 올리브 오일로 만든 베어네이즈 소스(bearnaise sauce)나 버터를 사용한 아이올리(aioli)가 전혀 맛이 없다**는 것에는 동의할 수 있다. 북유럽과 미국의 대륙 음식 애호가들은 저녁 파티에서 이탈리아 요리를 내놓겠지만 빵에는 버터를 바를 것이다.

제국이 붕괴된 후 로마도 쇠퇴했다. 10세기부터 15세기까지의 로마는 이전에 만들어진 웅장한 건물들의 초라한 집합체에 지나지 않았다. 한때 1백만 명 이상이 거주했던 도시에는 겨우 3만여 명만이 살고 있을 뿐이었다. 로마에서 더이상 세속적 권력이라는 것을 거의 볼 수 없었고 성직자들 또한 무엇도 내세울 수 없는 상황이었다.

14세기 초 교회는 교황의 아비뇽 유폐로 인해 참혹한 고통의

---

\*    프랑스 왕실 가문의 일원이다. 1434~1480년에 프로방스 백작이었으며, 르네1세로서 나폴리의 왕으로 군림하기도 했다.
\*\*   본래 베어네이즈 소스는 버터로 만들고, 아이올리는 올리브 오일로 만든다.

타격을 받았다. 바로 아비뇽 유수이다. 19세기 후반에는 로마의 교황과 아비뇽의 교황 사이에 공공연한 갈등이 생겼는데 서로의 눈에는 상대의 속임수와 가식이 가시처럼 박혀 있었다. 한동안에는 세 명의 교황이 각자 자신들의 덕행을 선언하고, 서로를 파문하기까지 했다. 교회는 15세기 초의 내전과 같은 곤경에서 벗어나 마침내 다시 로마에 모였으나 이것은 도덕적 파산으로 이어졌다.

재정적 파산 또한 일어났다. 교회는 금고를 채우기 위해 면죄부 판매를 늘렸다. 교회의 영향력과 소득 기반을 강화하기 위해 오래된 종교적 규칙과 법령을 강화하고 새로운 규칙을 만들었다. 이런 상황에서 버터는 최초로 교회 규정의 영향을 받는 상태에 놓이게 되었다. 단식일 중에 버터를 먹는 것은 물론 버터를 먹는 대다수의 나라에서 버터의 대안이었던 라드(lard)를 사용하는 것이 금지되었다. 버터금지령은 40일간의 금식기간과 재림기간 동안 그리고 매주 금요일을 포함한 수많은 공휴일과 성인들을 기념하는 날에 적용되었다.

교황령(papal decrees)*은 값비싸고, 실용적이지 않았기 때문에 인기가 없었다. 일상생활을 복잡하게 만드는 것이 버터에 대한 제한만은 아니었다. 신도들은 교회에 십일조를 내야 했고 일주일 중 유일하게 쉬는 날이면 참석자 대부분이 이해하지 못하는 라틴어로 진행되는 길고 긴 예배에 참석해야만 했다. 교회는 심지

---

\* 교황의 세속적 지배권이 미치는 지역을 이르는 말.

어 누구와 성관계를 맺을 수 있는지, 어떻게 성관계를 해야 하는지, 어떤 날에 관계할 수 있는지에 대한 의견까지 가지고 있었다.

사제들은 시편에 언급된 바와 같이 "당신이 지금 오고 가는 일과 영원히 해야만 하는 것" 그리고 그 사이에 일어난 대부분의 일에 영향을 미쳤다. 이것은 당시의 세상이 종종 돌아가는 방식이었다. 교황령에는 '하늘에서 내려온' 불합리한 규칙과 규례로 가득 차 있었다. 사회적 계약—만약 당신이 그것을 그렇게 부를 수 있다면—이란 통치자들이 피지배자들의 삶을 비참하게 만들 수 있다는 것을 암시한다.

하지만 한 가지만은 모두에게 허락되었고, 그것은 로마 교황에게도 마찬가지였다. 교황 자신 소유인 올리브 숲이나 예루살렘의 감람산에서 올리브 오일을 즐길 수 있었고 대부분의 남부 유럽인들에게도 올리브 오일이 가장 저렴한 선택이었다. 그러나 북유럽 사람들에게는 그렇지 않았다. 만일 당신이 먼 북쪽의 푸르른 풍경 속에 살고 있다면, 당신과 당신 주변의 모든 사람이 맛있는 버터의 원료인 양질의 우유를 제공하는 방목 소들과 함께 살고 있다면 더더욱 그렇다. 남쪽의 건조한 지역에서 나오는 시큼한 기름에 많은 돈을 쓰라고 요구하는 것은 꽤 불합리하다고 느껴질 수밖에 없다.

1520년에 한 독일인 버터 애호가는 교황을 비판하는 글에 다음과 같은 내용을 쓴 적이 있다. "교회는 버터를 먹는 것이 거짓말을 하거나 욕을 하거나 간음하는 것보다 더 큰 죄악이라고 생각한다."라고. "로마 사람들은 단식에 코웃음을 치고 우리에게 신발도 닦지 않을 기름을 먹이고 있다. 하지만 그러면서 그들은 우리에게 버터를 먹을 수 있는 허가를 판매한다."

버터를 사랑하는 애호가이자 비평가였던 마틴 루터(Martin Luther)는 비텐베르크 출신의 신부였다. 루터는 교회에 대한 비판에 있어 신학적 측면과 도덕적 측면 모두를 적용했지만 '버터'에서도 역시 중요한 문제점을 발견하여 사람들을 깨우치고 비판에 참여하도록 이끌었다. 버터 문제는 로마 교회에 대한 그의 전반적인 비판을 거의 완벽하게 설명했다: 교회는 옳고 그름에 대한 문제보다 돈을 얻을 수 있는 현명한 방법에 더 관심을 가지고 있다. 버터를 금지하는 것은 성경에 뿌리를 두고 있지 않다. 사람들의 빵에 무엇이 묻어 있는지는 신의 주된 관심사가 될 수 없다고 루터는 주장했다.

프랑스 역사학자 장 루이 플랑드랭(Jean Louis Flandrin)*은 개신교와 가톨릭 국가들 사이에 그어진 오늘날의 국경이 버터를 먹는 나라와 올리브 오일을 먹는 나라의 경계선과 거의 같다고 지적했다. 평신도들에게 교회 분열을 초래한 갈등은 교리문답과 신학이 아니라 그들이 늘 먹던 방식대로 먹을 수 있는 자유였던 것이다.

\* 1931년에 태어난 프랑스의 역사학자. 주로 가족, 성, 음식을 연구했다.

# Sale

---

# 소금

---

# Salt

Dinner
in
Rome

테이블 위 내 앞에 소금통이 있다. 투명한 작은 항아리에 눈을 담아 은쟁반 위에 놓아둔 것 같다. 나는 소금통에 대해 한번 생각해본다. 금속으로 만들어진 것 같으며 과시할 만큼 충분히 빛나지만 쇼핑마니아나 도둑의 흥미를 끌만큼 화려한 물건은 아니다.

소금통이 놓여 있다는 것은 섬세하지만 너무나 자연스러운 일이다. 이 홀에 있는 모든 테이블에 하나씩 올려져 있음에도 사람들은 거의 눈치채지 못한다. 만일 당신의 음식에 소금이 필요하더라도 사람들의 대화를 방해하거나 웨이터를 찾을 필요가 없다. 그저 손을 뻗기만 하면 된다. 당신이 어디에 있더라도 달라지는 건 없다: 소금은 전 세계 많은 지역의 식당과 평범한 저녁의 식탁 위에 너무나 당연한 존재로 그곳에 있다.

아티초크의 달콤함이 혀에서 내려앉을 때쯤 나는 조심스럽게 소금통의 구멍 난 윗부분을 손가락으로 쓰다듬는다. 손끝에 소금 알갱이를 느껴본다. 소금 알갱이의 촉감이 그대로 전달되기를 바라며 손가락 끝에 묻어 있는 소금을 조심스레 맛본다. 나는 이 단단하고 금속적인 맛에 감동한다. 나는 소금의 맛을 사랑한다.

소금은 우리 눈에 보이지 않는 순간에도 항상 존재해왔으며

*Sale*

요리의 기본 재료 중 하나이다. 빵을 굽거나 수프를 만들 때, 고기나 생선을 튀길 때, 파스타를 만들 때 또는 달걀을 먹을 때 등등 말하자면 소금은 요리를 하는 거의 모든 순간에 필요하다.

소금이 존재하지 않는 부엌이 있다면 그건 이론적으로만 가능한 일이다. 빵, 수프, 채소, 생선, 고기, 파스타 그리고 달걀까지 그 어떤 것이 소금 없이 맛있을 수 있는지 상상해보라. 그리고 소금이 빠진 모든 음식이라는 더 나쁜 상상까지 해보라. 무염 빵과 무염 수프, 무염 파스타와 무염 생선. 소금이 없는 삶은 창백하고 맥없는 맛을 가지게 될 것이다. 소금이 없는 음식은 덜 떨어진 맛이겠지. 이보다 훨씬 더한 의미부여를 위해 나는 이렇게 말할 것이다. "소금 없는 삶이란 더 가난한 삶이다!"라고.

나는 부엌에 조그만 소금 수집공간을 만들어 두었다. 세월이 흐르면서 이 공간은 세계 여러 지역에서 온 40~50가지의 소금을 보유할 만큼 성장했다. 내 인생의 특정 부분 동안 나는 꽤 많은 여행을 하면서 각 여행지의 고전적인 기념품들을 집에 가져가도 소용이 없다는 것을 깨달았다. 이상하게 생긴 모자며 항아리와 꽃병, 커피잔, 조각된 인물상 등이 있었는데 그들 중 그 어느 것도 다락방으로 보내지기 전에 벽난로 위 선반이나 손님용 화장실 어딘가에 놓아보지도 못했다. 결국 절대로 열어보지 않는 판지 상자에 담긴 다른 기념품들과 합류했다.

하지만 소금에게서 만큼은 항상 무언가를 얻었다. 나의 기념품 소금은 내가 가본 곳들을 상기시켜주고 그 여행과 식사에 관한 글쓰기로 생계를 꾸릴 수 있다는 것이 얼마나 행운인지를 상기시켜준다. 마치 어떤 종류의 '직업 잭팟'을 터뜨린 승자처럼 말이다. 그리고 이 소금들—레위니옹(Reunion), 카보베르데(Cape Verde), 페루, 멕시코, 이탈리아, 프랑스에서 왔으며 작은 가방과 상자에 담긴—은 내가 매일 사용하는 것들이다.

거칠고 차가운 대서양이 휘감고 있으며 무자비한 태양 아래 놓여 있는 척박한 땅 남아프리카의 파테르노스터(Paternoster)* 근처 바위에서 내 아들이 발견한 소금은 작은 웅덩이 속에 놓여 있는 슬러시 같아 보였다고 밖에는 달리 설명할 길이 없다. 금방이라도 결정화될 것 같은 살얼음처럼 보이는데 주워보면 녹아버리기는커녕 여분의 물이 빠지면서 곱고 하얀 소금 알갱이가 남고, 손바닥에 올려놓자 금세 더 단단해졌다. 그리고는 구멍 난 덩어리로 말라버렸다.

내가 이 소금덩이를 파스타 삶을 끓는 물에 넣자 소금 안에 갇혀 있던 공기가 결정 사이사이의 주머니들을 확장시켜 마법처럼 녹아버린다. 잠깐 동안 격렬하게 부글부글 끓어오르는 바람에 소금이 사라지기 전에 냄비가 끓어 넘칠 것처럼 보였지만 그런 일은 벌어지지 않는다.

여러 다른 소금은 이와는 다르게 행동한다. 나의 히말라야 소금블록은 분홍색이고 자그마하며 아름다운 무늬가 있다. 흡사 비싼 호텔 욕실에 사용되는 발렌시아 대리석처럼 말이다. 장방형 소금블록은 재료를 올려 굽는 용으로도 쓸 수 있는데 오븐에 데

---

\*     남아프리카공화국의 케이프타운 북쪽에 있는 해안도시.

운 다음 고기나 생선을 올려놓기만 하면 된다. 이렇게 소금블록 위에서 구워지면 지독하게 짤 것이라고 생각할 수 있겠지만 높은 온도에서는 이 블록이 소금이라기보다는 돌에 가까운 작용을 한다고 보면 된다. 생선 껍질이나 고기의 바깥쪽에서 짠맛을 느낄 수는 있지만 그저 일반적인 피자 돌판 같은 역할을 할 뿐이다. 요리를 마친 뒤에는 소금블록이 완전히 식은 다음 물에 헹구고 말리면 새것이나 다름없다.

하와이에서 온 화산염은 밤처럼 검지만 갈아서 쓴다면 당신이 바라는 것처럼 요리의 색이 극적으로 어둡게 변하지는 않는다. 기껏해야 혹은 최악의 경우에 약간 지저분해 보일 뿐이다. 폴란드의 비엘리치카(Wieliczka) 소금광산에서 나온 오벨리스크 모양의 소금덩어리는 옅은 회색과 흰색으로 이루어져 있어 다양한 색조를 띠지만, 솔직히 말해서 엄청나게 매력적으로 보이지는 않는다. 하지만 이 소금덩어리를 전등 위에 올리거나 창문 앞에 놓아 햇빛이 비치게 하면 마치 소금덩어리 안에 빛이 들어있는 것처럼 반짝일 것이다.

가장 아름다우면서도 배타적인 결정체들—결정화될 때 염수 위에 형성되는 것들—을 자세히 보면 마치 작은 피라미드 같다. 소금 결정은 눈송이처럼 각각 독특한 모양을 가진다. 이 독특함은 우연이 아니다. 이것은 소금이 어디서 어떻게 만들어지는지에 따라 각각 다른 패턴으로 나타나는 것이다. 부드러운 가루 모양, 딱딱한 껍질을 가진 것, 우박과 비슷한 형태, 또는 아주 작은 진눈깨비 같은 것도 있다.

영국 남부 에섹스(Essex)의 고대 말돈제염소(Maldon saltworks)에서 생산된 말돈소금은 노르웨이 서해안의 북해 제염소나 프랑스의 누아무띠에(Noirmoutier)*에서 생산된 소금과는 모양과 맛이 다르다. 그러나 프랑스인들은 이 세 종류의 소금을 모두 '꽃소금(fleur de sel)'이라 부르기는 한다.

우리집 부엌의 소금 단지를 모아 둔 쟁반을 비롯하여 세계 각국의 다양한 특산 소금이 담긴 봉지와 소금 상자들을 살펴보고 있으면 소금에 대한 나의 관심이 최근들어 치솟고 있다는 것을 쉽게 알아차릴 수 있다. 이것은 사실 '미식가적 현상(foodie phenomenon)'이라 부를 수 있는데 여기에는 내가 가진 약간의 멍청함과 소금이 가진 가격까지도 포함된다. 인정하기 부끄럽지만 히말라야 소금 한 덩어리의 가격은 45달러나 되고 심지어 저렴한 소금조차도 멀리 떨어진 곳에서 구입하면 비쌀 수 있다.

나는 인도 남부 타밀나두(Tamil Nadu)주의 마라카남(Marakkanam) 염전에 갔을 때 그곳 사람들에게 소금 1킬로그램을 구입하고 싶다고 한 적이 있다. 일꾼들은 나의 행동을 이해할 수 없었다. 그들은 수백 톤 무게의 거친 소금산 위에 서서 1달러 어치에 해당하는 소금을 큰 자루에 퍼담아 내게 주었다. 마침내 나는 그 염전에서 생산되는 소금 20킬로그램을 가지게 된 것이다. 집으로 가는 비행기에 오를 때 수화물 무게를 초과한 덕에 소금을 구입한 돈보다 100배나 더 비싼 값을 지불해야만 했다.

* 프랑스 서부의 방데(Vendée) 지역에 속하며, 대서양에 위치한 섬.

Sale

나는 내 소금 컬렉션에 있는 소금들이 가진 각기 다른 면에 끝없이 매료된다. 손님들에게 이 소금들에 대해 말할 때면 그들은 처음에는 감명을 받고 그다음에는 당혹스러워한다. 이 모든 소금에 도대체 어떻게 반응해야만 하는가? 이 소금들을 쓰는 올바른 방법은 무엇일까? 사람들은 간혹 자신에게 가장 많은 관심을 기울이기 때문에 내가 가진 소금에 대한 이러한 관심이 오히려 그들을 불안하게 만들기도 한다: 앞에 놓여진 모든 소금을 다 맛보지는 못하겠는데 '이러면 내가 과연 잘못하는 것인가?'라고 자문하게 만드는 것이다.

나는 그들을 안심시키려고 애쓴다. 모든 변수와 다양함에도 불구하고 소금은 소금이다. 우리가 먹는 거의 모든 소금은 98퍼센트에서 100퍼센트 사이의 염화나트륨으로 구성되어 있다. 값비싼 히말라야 소금과 2달러에 4킬로그램을 살 수 있는 거친 소금-얼음이 얼고 미끄러울 때 길에 뿌리거나 파스타 삶는 물에도 모두 사용할 수 있는-의 유일한 차이점은 히말라야 소금이 그 결정체에 멋진 분홍색을 선사할 만큼 충분한 산화철을 함유하고 있다는 것뿐이다. 화학적으로는 모두 같은 소금이다. 어떤 면에서는 맛 또한 마찬가지라고 할 수 있다.

제프리 스테인가튼(Jeffrey Steingarten)\*의 저서 『내가 먹은 것이 틀림없다(It Must've Been Something I Ate)』에서 볼 수 있는 2001년 시칠리아 에리체(Erice)에서 열린 '분자 미식 국제 워크숍

---

\*   요리와 음식 관련 저작 활동을 하는 미국의 대표적인 작가.

(International Workshop for Molecular Gastronomy)'에서의 소금 시식회 참가자들—대부분 요리사와 과학자들—은 프랑스 레섬(Ile de Re)의 유명한 소금, 시칠리아의 트라파니(Trapani) 소금, 일본의 오시마(Oshima) 소금과 일반 식탁 소금 간의 차이를 가려낼 수 있는지를 알아보기 위해 초대되었다.

처음에는 이 소금들이 서로 꽤 다르기 때문에 어렵지 않았다. 작고 균일한 크기의 알갱이로 갈아낸 식탁용 소금은 딱딱하고 금속성의 맛이 난다. 트라파니 소금은 당신에게 햇살이 흠뻑 내리쬐는 지중해를, 레섬의 소금은 대서양의 바다연무를 떠오르게 한다. 그리고 오시마 소금은 순하면서도 크리미한 맛으로 잘 알려져 있다. 그러나 이 소금들을 물에 녹이자 각각의 소금을 구별하는 것은 갑작스레 불가능해졌다.

스테인가튼은 참가자 중 단 한 명만이 구분할 수 있었다고 보고했다. "그러나 맛을 구분했던 당사자는 지극히 겸손하여 자기가 누구인지 밝히지 말라고 부탁했다."라고 그는 덧붙였다. 나도 그 자리에 있었는데 결과가 발표되었을 때 불신이 확산되었던 분위기를 기억한다.

그렇다면 서로 다른 소금들은 모두 그저 허세에 불과한 것인가? 이러한 워크숍에서 자주 발생하는 분열이 있다. 과학자와 요리사 사이에 존재하는 강철 같은 대립이다. 모임이 갖는 현대적이고 미래지향적인 분위기에도 불구하고 셰프들은 자신들이 아끼고 매일 사용하는 재료들을 방어하기 위해 움직이며 시식의 방식이 달랐다면 결과도 달라졌을 것이라 고집스럽게 주장했다.

소금기가 조금 더 강했거나 조금 더 약했거나, 온도가 조금 더 높거나 낮았거나 또는 그저 맛을 보는 사람이 달랐더라도 말이다. 아마 '그 사람 대신 나였더라면?'이라는 식이었다. 하지만 과학자들 입장에서도 결과는 놀라웠지만 한편 만족스러웠다. 소금도 다른 모든 물질과 마찬가지로 원자와 분자로 구성되어 있다는 일종의 기본적인 과학적 믿음을 확인했기 때문이었다. 허나 요리사와 미식가들은 지식보다는 미신과 반종교적 믿음에 의해 지배되는 중세 시대에 살고 있는 중이었다.

1990년대와 2000년대 초반—파우더와 폼(거품)이 여러 요리의 질감과 결과로부터 그 자리를 인계받으며—'분자 미식'이라는 분야가 여전히 어두운 구석이 있던 '부엌'이라는 공간에 날카롭고 과학적인 빛을 비추기 시작했다. 이것은 이전과 전혀 다른 요리를 발명하거나 전통에 도전하기 위해 새롭고 화려한 기계를 사용하는 것에 관한 문제만은 아니었다.

수백 년 된 가정 요리법이 경험적인 테스트를 받게 되는 것이었다. 재료들은 분석될 것이고 많은 과학자들에게는 다양한 전통적(요리의) 생산품들의 비밀을 '공개'하고 싶어지는 무언의 욕망이 있었을 것이다. 낡고 오래된 옷을 입고 있는 황제를 발가벗겨 그 모습을 보여주고 싶었던 욕망이다.

나는 요리사도 아니고 과학자도 아니었기 때문에 세미나가 끝난 지 얼마 지나지 않은 시점까지도 무엇을 생각해야 할지 확신이 들지 않았다. 워크숍이 끝난 후 에르베 디스(Herve This)*의 집에서 함께 저녁식사를 했다. 에르베 디스는 분자 미식학의 아버지이자 워크숍 전체를 이끈 사람이었다. 또한 식사 테이블에는 로레알(L'Oreal)의 연구 책임자와 다른 대형 화장품 회사 중 하나로 보이는 곳의 책임자도 와 있었다. 이 외의 많은 것들이 기억나지는 않지만 내가 한 연구 책임자에게 값싼 샴푸나 보습제와 비싼 것들에는 진정 어떤 차이가 있는지 물었던 것은 기억한다.

"당신이 말하는 '진정(really)'이란 어떤 의미죠?" 그는 물었다. "만약 '진짜 차이(really a difference)'로 인해 저렴한 제품을 사용해서 머리카락이 더 더러울지를 그리고 주름이 더 많아질지를 묻는 것이라면 차이가 있다는 확신은 없습니다. 그러나 확실한 것은 '웰빙(well-being)'의 경험에는 차이가 있다는 것입니다."라고 그가 대답했다. 그는 그러한 차이가 포장과 같은 외부적인 것에서부터 향기나 질감 같은 제품 자체의 품질에 이르기까지 모든 것을 포함한다고 설명했다. 위생이나 주름에는 그렇게 큰 차이가 없을 것이지만 앞서 말한 요소들이 부정할 수 없을 정도로 다양하게 작용하고 있다고.

소금도 마찬가지이다. 다양한 종류의 소금을 맛보면 그것들이 모두 다르게 보이는 것이 놀랍다. 음식에 관심이 있는 사람이

---

\*  프랑스 국립농업연구소와 콜레주 드 프랑스에서 연구하고 있는 물리학자. '분자요리'라는 용어를 처음 사용한 사람으로 요리가 가지는 화학적, 물리적 요소들을 연구한다. 분자요리법 국제회의 주최 요리사 국제 클럽 회원이며 요리 아카데미 명예회원이다.

Sale

라면 모양이 다른 소금들을 보면 멈추어 맛보게 될 것이고, 그들 또한 각 소금의 맛이 다르다는 것을 발견하게 된다. 말돈소금은 좋은 품질의 식탁용 소금과는 또 다른 특성을 가지고 있지만 이 특성들은 소금이 주로 무엇을 포함하고 있는지 또는 어디에서 왔는지에 대한 것은 아니다. 이것은 구조와 질감에 대한 문제이다.

다른 종류의 소금이 각각 다른 방식으로 결정화 된다라는 것은 다른 방식으로 용해된다는 것을 뜻한다. 고운 가루로 빻은 식탁용 소금은 대체로 즉시 녹는다. 곱게 간 소금 1그램은 소금 덩어리나 1그램짜리 조각보다 표면적이 1,000배 이상이 될 것이고 혀에서 너무 빨리 녹기 때문에 단단하고 날카로운 맛이 날 수 있다. 말돈소금이나 '꽃소금(fleur de sel)'은 피라미드 모양의 아름다운 결정체 형태이며, 더 천천히 녹고 보다 부드러운 맛을 지니고 있다. 가끔은 이 소금들에게서 단맛의 어떤 성분이 있는 것처럼 느껴지기도 한다. 이런 맛의 차이는 각 소금이 용해되는 방식 때문이다. 게다가 표면에 있는 작은 광물의 흔적들 또한 맛의 미묘한 뉘앙스를 만드는데 도움을 줄 수 있다.

시칠리아 워크숍의 '소금 맛 가려내기'에서 볼 수 있듯 당신이 요리할 때 어떤 소금을 사용했는지는 당신조차 맞출 수 없다. 미네랄과 불순물이 모두 다르게, 골고루 분포되어 각각의 소금에 함유되어 있다. 소금의 불순물은 인도 흑염(Indian black salt)*처럼

---

\* 북인도 소금호수에서 가져온 소금이나 히말라야 주변의 다양한 소금광산에서 발견되는 천연 암염으로 만드는 검은 소금.

많은 양의 황을 포함하고 있어 모든 요리에서 썩은 달걀의 맛과 냄새를 느끼게 할 정도로 강렬한 것이 아니라면 대체로 너무 적은 양이다. 먹어본다고 하여도 그 맛을 절대 알 수 없을 것이다.

수프나 파스타 삶을 물에 말돈소금이나 코셔소금(kosher salt)을 사용하면 맛이 더 담백하고, 일반 식탁용 소금을 사용하면 맛이 더 날카롭게 난다고 주장하는 사람들을 나는 알고 있다. 이점에 대해서는 두 가지 설명이 가능하다.

첫 번째는 그들이 같은 양의 소금을 사용하고 있기 때문에 고운 식탁용 소금을 사용할 때는 너무 과도하게 소금을 넣는다는 것이다. 작은 소금 알갱이들은 더 가깝게 뭉쳐져 있으므로 1티스푼이라는 같은 단위라도 말돈이나 코셔소금보다 4배까지 많은 양의 소금이 담길 수 있다. 두 번째는 가장 좋은 소금을 사용했다는 확신이 맛에 대한 인식에 영향을 미치기 때문이다. 음식에 더 많이 투자할수록 그 음식에 더 감사할 것이기에.

생선 요리에 꽃소금(fleur de sel)을 뿌리거나 스테이크에 굵은 소금을 뿌리는 것과 같이 서빙하기 직전의 음식에 소금을 뿌릴 때에만—당신의 혀가 소금결정이 녹는 것을 느낄 수 있을 때—당신은 그 차이를 알아차릴 수 있다. 이러한 깨달음을 통해 충격을 받은 이후로 나는 평범한 흰 소금을 경시했던 한때 속물적이었던 나의 경향을 한껏 줄일 수 있었다.

소금은 소금 그 자체로도 사용하고, 당신이 반죽이나 파스타 삶은 물에 첨가하는 것일 수도 있다. 소금은 또한 맛에 대한 경험도 될 수 있다. '짠맛'에서 느껴지는 생소한 부드러움, 또는 강렬함과 날카로움 혹은 알싸한 바다의 맛. 이것이 내가 레섬(Ile de Re)과 누아무띠에(Noirmoutier)에서 생산된 소금을 찾는 방식이다.

소금은 또한 지역에 대한 이야기를 들려주는데 이 이야기는 모든 인류에게 소금이 얼마나 중요한지를 떠올리게 하며 소금이 얼마나 오랜 시간 동안 우리와 함께했는지를 보여준다.

ℒ

우리는 살아남기 위해 소금이 필요하다. 오늘날 보건 당국은 우리가 소금을 너무 많이 먹는 것에 대한 우려의 목소리를 낸다. 왜냐하면 과다한 소금 섭취가 고혈압을 일으키고 심장마비의 위험을 증가시킬 수 있다는 이유 때문이다. 예전에는 오히려 소금 결핍이 큰 문제였다. 소금이 없으면 사람은 그냥 죽을 수도 있다. 요즘 세상에서는 이것이 아주 극단적인 경우에만 일어나는 일이지만 몸의 염분 수치가 불균형일 때 일어나는 일에 대한 이야기를 여전히 듣는다.

최근 몇 세기 동안 소금 결핍은 전쟁이나 또 다른 재난적 비상사태 동안에만 질병의 주요 원인이 될 수 있는 것으로 보고되었다. 소금 결핍은 당신의 에너지를 갉아 먹는다: 당신은 쉽게 의욕을 잃어버린다. 로버트 멀타우프(Robert Multhauf)의 책 『해왕성의 선물: 일반 소금의 역사(Neptune's Gift : a common history of salt)』에서 인용된 17세기 익명의 중국 작가는 "소금 결핍인 사람은 더이상 닭을 묶을만한 힘조차 없다."라고 썼다. 또한, 소금 결핍이 미국 남북전쟁(Civil War)에서 남부지역이 패한 정확한 이유라는 가설을 반복하여 말한다. 멀타우프에 따르면 굶주리고 절망적인 병사들은 마지막 안간힘을 쓸 수도 있었지만 결국 소금 결핍으로 인해 '닭을 묶을 수 없을' 뿐만 아니라 완전히 무력해져 싸울 수 없게 되었다.

오늘날 임상적인 소금 결핍은 마라톤 선수들과 물을 너무 많이 마시는 운동선수들 또는 몸을 '깨끗하게' 하기 위해 많은 양의 물을 마시거나 다이어트에 몰입하는 사람들에게 특히 많은 영향을 미친다. 섭취하는 수분 양에 비해 염분을 너무 적게 섭취하면 결국 체내 세포가 부풀어 오르고 어지럼증, 성격장애, 메스꺼움, 최악의 경우 사망에 이를 수도 있다.

1987년 앤디 워홀이 사망한 후 그의 가족은 그를 물로 '독살'했다는 이유로 해당 병원을 고소했다. 가족들은 앤디가 물을 너무 많이 마시고 그에 비해 너무 적은 양의 소금을 먹었다고 믿었다. 입원 당시 앤디의 몸무게는 58킬로그램으로 너무 말랐었는데 과도한 수분섭취로 인해 부검 당시에는 평소보다 10킬로그램이나 더 무거워져 있었다. 앤디는 건강에 전혀 도움이 안 되는 암페타민(amphetamines)과의 악연에서도 거의 25년 동안이나 살아남았고 뉴욕에서는 에이즈를 겪었으며, 총알이 그의 폐, 간, 그리고 위를 관통한 살인 시도에서조차 살아남았다. 하지만 그는 너무 많은 물과 너무 적은 소금으로 인해 죽었다.

인간이 한곳에 정착하기 전, 그러니까 여전히 수렵-채집인으로 살았을 때 그들은 소금에 대해 생각할 필요가 거의 없었다. 소금이 무엇인지 아는 사람은 아무도 없었을 것이다. 지금의 우리처럼 그들 또한 눈물은 짜고 땀을 흘렸을 때 피부에서는 짠맛이 나며, 땀이 증발한 곳에는 소금 자국이 생길 수 있다는 것을 알아차렸을 것이다.

어떤 사람들은 운이 좋아 소금공급원 근처에 살았거나 또 다른 경우라면 여러 지역을 옮겨다니며 살았기 때문에 이동 중에 소금공급원에 다다랐을 가능성도 있다. 해안을 따라 풍부한 소금이 있었으며, 내륙에도 소금이 축적된 몇몇 장소들이 있었다. 또는 소금 샘이나 탁 트인 암염밭 또는 말라버린 호수 등이 있었다. 그러나 대부분의 사람들은 음식을 통해 충분한 소금을 섭취했다. 그들 주변에는 먹을 수 있는 동물, 물고기, 곤충 외에도 3만 가지 이상의 식용 식물이 있었다. 이와 같은 초기 인류에게 공통적이었던 식단은―가뭄, 궁핍 또는 다른 종류의 위기가 닥쳤던 시기를 제외하고―그들이 필요로 하는 모든 영양분을 제공할 수 있을 정도로 다양했다. 물론 소금을 포함하여.

고기는 대부분의 식물보다 더 많은 소금을 함유하고 있다. 이런 이유로 인해 소금의 천연 공급원이 거의 없는 곳이거나 바다에 접근할 수 없는 지역에 사는 인간은 더 많은 고기를 먹었다. 시베리아에서 살아가는 순록 유목민 가족을 방문한 적이 있다.

당시 3월 말이었고 10월에 첫서리가 내린 이후로 그들은 내내 순록 고기만 먹고 있었다. 채소란 찾아볼 수조차 없었다. 소금도 마찬가지였다. 하지만 그들은 순록의 간과 비장에서부터 눈과 피와 위에 이르기까지 모든 것을 식용함으로써 필요한 소금을 모두 얻었다. 그리고 대부분의 것을 날로 먹음으로써 신체가 필요로 하는 비타민마저도 순록에게서 얻었다. 그야말로 기적이다.

인류는 수렵채집 사회에서의 영양소 섭취에 적응했다. 이것은 단지 이용 가능한 칼로리의 수치를 의미할 뿐만 아니라 소금을 의미하기도 했다. 사람들은 해안과 내륙을 번갈아가며 곳곳에서 살았다. 거주지 중 몇 곳에서는 소금을 거의 발견할 수 없거나 황무지인 곳도 있었다. 그러나 이 지역 중 대부분은 오늘날 높은 인구 밀도를 보인다. 인간과 소금과의 관계를 정의한다면 우리가 살면서 맺는 대부분의 관계와 마찬가지로 변화했다고 말할 수 있을까?

우리 인간은 광활한 지역을 떠돌아다니며 수많은 음식을 다양하게 먹는 대신 일 년 내내, 평생 같은 장소에 머무르기를 선택했다. 우리는 기존에 먹던 것보다 훨씬 적은 고기와 몇 가지 기본 재료로만 구성된 식단을 따라야만 했다. 유럽과 '비옥한 초승달지대(Fertile Crescent. 오늘날 이라크와 시리아, 튀르키예 일부를 포함하는)'에 사는 사람들의 주식 대부분은 곡물이었다. 다른 주요 농업 지역인 중국에는 기장과 쌀이 있었다. 이 새로운 식단은 인구가 증가하는 것을 가능하게 했지만 충분한 소금을 포함한 식단은 제공하지 못했다.

동물들의 상황도 거의 비슷했다. 그들이 자유롭게 움직이고 다양한 식단에 접근할 수 있었을 때는 필요로 하는 것을 얻을 수 있었다. 예전 북아메리카에서 유럽의 개척자들이 애팔래치아 산맥을 가로질러 서쪽으로 이동할 때 그들은 오랜 세월에 걸쳐 잘 닦여 있던 길을 따라갔다. 탐험가들은 이 오솔길들이 자신들을 더욱 커다란 정착지로 이끌 것이라고 기대했다. 하지만 잘 닦여 있던 그 길은 풀을 뜯기 위한 목초지로 돌아가기 전에 소금을 핥아 먹으려고 정기적으로 이동하는 들소에 의해 만들어진 것임이 밝혀졌다.

인간이 정착하고 동물을 길들여 가축으로 만들면서 인간과 동물 모두 더 제한된 식단을 먹기 시작했다. 그러면서 자연이 제공하는 소금만으로는 더이상 충분할 수 없었다. 농업, 주거, 재산권 시대가 도래하면서 자유롭게 돌아다니거나 이웃의 사유지에서 원하는 것을 얻는 것이 불가능해졌다. 만약 당신이 바다 근처에 살지 않고, 거주하는 곳에 천연 소금공급원이 없다면 그것은 소금을 '구입해야만' 한다는 것을 의미한다.

농경 생활 중에는 음식을 보존하기 위해 소금을 사용했으므로 섭취하는 용 외로 더 많은 소금이 필요했다. 수분을 배출시키고 박테리아의 성장을 방지하는 소금의 능력은 고기와 생선을 며칠 동안 보관할 수 있게 해주었다. 따뜻한 계절일지라도 몇 시간은 무사히 보관하는 것을 가능하게 했다. 냉장 냉동고가 생기기 전, 박테리아가 도대체 무엇인지 알기 전, 위생이 주방 생활의 자연스러운 부분이 되기 전에는 소금이 가장 중요한 방부제였다.

이러한 이유로 소금은 최초의 상품 중 하나가 되었다. 고고학자들은 10만 년 전으로 거슬러 올라가 진주, 보석, 그리고 여러 가지 도구들을 아주 멀리에서도 서로 거래하거나 교환했다는 증거를 찾아냈다. 이러한 상품들은 대개 사치스러움을 상징하는 제품들이었고, 무역 규모가 작았으므로 일관성을 유지할 필요조차 없었다. 그러나 소금은 '생활필수품' 중 최초의 상품이 되었고, 그만큼 사치품들과는 완전히 다른 규모로 거래되었다.

소금에 대한 수요는 끊이지 않았으므로 지속적이고 꾸준한 공급에 대한 필요성으로 자연스럽게 이어졌다. 소금의 거래를 위해 도로가 만들어졌고, 사막을 통과하는 낙타의 길이 생겨났다. 소금을 가진 이들은 모두가 필요로 하는 중요한 것을 가진 사람들이 되었다. 자급자족이 원칙이던 시절, 소금만은 예외였던 것이다.

얼마 전에 나는 폴란드 크라쿠프(Krakow) 근처의 비엘리치카(Wieliczka) 소금광산에 있는 소금성당을 방문한 적이 있다. 아주 약간의 솔직함을 덜어내면 하늘에서 바라보는 비엘리치카는 꽤 참한 동유럽의 여느 마을 같다.

비엘리치카 중심부에는 소금광산이 소유하고 있는 눈에 띄지 않는 건물이 하나 있다. 일단 안으로 들어가면 당신은 넓은 복도로 안내를 받고 곧 작은 옆문을 통해 눈으로 가늠하기 쉽지 않을 만큼까지 아래로 휘감아 내려가는 좁고 긴 나무 계단을 만나게 된다. 수백 걸음을 옮긴 후에 결국 지하 64미터에 있는 홀에 다다르게 된다. 그리고 거의 700년이 넘는 세월 동안 2,000개 이상의 방으로 이어지는 300킬로미터 이상의 터널이 만들어졌다는 것을 알게 된다.

이 모든 시설은 광산에 묻혀있는 1천300만 년 된 소금 퇴적물의 발굴을 위한 것이었다. 비엘리치카의 소금광산은 웅장하면서 인상적인 거대한 시설이다. 19세기와 20세기 초까지 광산에는 지하 깊은 곳에서 신선한 공기를 마시지 못한 채 어둠 속에서 살아야 했던 말들을 위한 마구간도 있었다. 광산의 가장 깊은 곳은 무려 300미터 이상에 다다른다.

가장 큰 방은 바닥에서 천장까지 높이가 56미터 정도이며 거대한 성당이나 로마의 콜로세움과 필적한다. 또 다른 웅장한 방은 매우 성스러운 공간으로 1,000제곱미터의 넓이를 가진 성 킨가 예배당(St. Kinga's Chapel)이다. 이 성당은 성경의 유명한 장면을 묘사한 샹들리에와 벽면 부조로 이루어져 있다. '최후의 만찬' 재현에서부터 샹들리에와 '의심하는 도마(Doubting Thomas)'의 부조, 최근 새롭게 만들어진 교황 요한 바오로 2세의 조각상에 이르기까지 모든 것이 소금으로 되어 있다.

복도를 걸으며 바닥, 벽, 천장을 더 자세히 살펴본다면 그것들 또한 모두 소금이라는 것을 깨닫게 된다. 꽤 많은 방문객들이 자유롭게 이 소금들을 맛본다. 한 무리의 중국인 관광객들이 혀를 내민 채 벽을 마주하고 있는 모습은 다른 곳에서라면 무척 보기 드문 광경일 것이다. 마치 지하 깊은 곳에 있는 '짭짤한 사탕으로 만든 성(candy castle)'을 떠오르게 한다.

소금광산의 벽 일부가 발굴되지 않았던 유일한 이유는 광산이 무너지는 것을 막기 위해서였다. 광산 작업은 2007년에 중단되었지만 수백 명의 광부들이 복잡한 구조물을 보존하기 위해 여전히 비엘리치카 소금광산에서 일하고 있다.

크고 작은 사고와 산사태가 발생하면 지역사회 전체에 수시로 비상이 걸린다. 광산의 붕괴는 비단 그곳에서 일하는 사람들과 고대 광산이 끌어들이는 관광에 생계를 의존하는 사람들에게만 재앙으로 다가오는 게 아니다. 비엘리치카에 사는 2만 명의 주민 중 아주 많은 사람이 바로 그 광산 바로 위에 살고 있기 때문이다. 비엘리치카가 수익을 낼 수 있느냐 마느냐는 수 세기 동안 이 도시가 서 있는 발판인 바로 그 소금광산이 없어지느냐 아니냐에 달려있었다.

비엘리치카 소금광산은 땅속에 존재하는 여덟 번째 불가사의*와 마찬가지로 인간의 창의력과 공학의 승리이다. 그러나 비엘리치카의 700년 역사에도 불구하고 또한 코페르니쿠스(Copernicus)가 500년 전 광산 최초의 소금 관광객이었으며 기념비적인 발굴 프로젝트에 호기심을 가졌음에도 불구하고 1800년대 말과 1900년대 초에 이르러서야 광산기술이 이 소금광산을 되살릴 수 있었다. 대부분의 세계 역사가 말해주듯 소금은 우리가 제한적으로 접근할 수 있었던 귀중한 자원이었다.

하지만 소금은 그 옛날 어떤 때부터 늘 필요한 것이었다. 광산이 발굴되기 훨씬 전에도 이 지역 사람들은 소금을 사용해왔다. 6,000년 전에 비엘리치카 주민들이 광산 위에 있던 샘에서 흘러나온 물을 끓여서 소금을 생산했다는 증거가 있다. 소금을 함유한 물을 끓여 소금을 얻는 방식은 많은 곳에서 사용된 기술

---

\* 인간의 손으로 만들어낸 기적적인 건축물을 일컫는 '세계 7대 불가사의'를 빗대어 말하고 있다.

이었는데, 믿을 수 없을 정도로 많은 양의 연료가 필요했으며 과정이 고되었지만 가장 믿을만한 소금 제조 방법이었다.

나의 소금컬렉션 중 하나인 Sel d'Egersund라는 프랑스산 훈제 소금은 노르웨이 남서부에 있는 '에게르순(Egersund)' 지역의 이름을 딴 것이다. 그리고 내가 가지고 있는 같은 제조업체의 또 다른 소금은 약간 더 상업적인 이름인 'Sel Viking', 즉 바이킹 소금이다. 내가 아는 한 이 소금들은 노르웨이와는 아무 관계가 없다. 어떤 소금이 노르웨이 해안가 어딘가에서 삶아졌을 가능성이 있고, 어느 정도 훈연향을 가지고 있었을 것이다. 하지만 이 훈연향을 남다르게 상품화한 누군가가 나타나기 전까지는 그저 무심코 지나쳤던 '생산 결함'에 불과했을 것이다.

채굴된 소금은 '암염(rock salt)'이라 부른다. 우리가 '바다 소금(sea salt)'이라 부르는 것은 다양한 방법을 통해 바닷물로부터 얻는다. 내 아들이 남아프리카 서해안의 파테르노스터(Paternoster) 바위에서 발견한 소금은 자연적으로 발생한 것이다. 이와 같은 소금이 존재는 하지만 우리 모두가 쓰기에는 상대적으로 부족하다. 우리 가족의 작은 농장이 위치한 노르웨이의 남쪽 끝에는 거친 대서양과 바위들이 있지만 자연 형성된 소금을 발견하기란 매우 드문 일이다. 왜냐하면 그곳의 기후는 지속적인 증발에 도움이 되지 않기 때문이다. 또한 소금 형성을 방해하는 비가 연중 너무 많이 내린다. 행여 여름 동안 당신이 운 좋게도 며칠 또는 심지어 몇 주 동안 햇빛을 받을 수 있을 때조차도 파도가 바위에 많은 양의 바닷물을 퍼붓기에 소금 결정이 될 만큼 입자가 거칠어질 틈이 없다.

파테르노스터로 가족여행을 갔을 때 우리는 마을 바로 북쪽에 있는 염전을 발견했다. 그곳은 바위지대가 아니라 모래언덕으로 해변과 분리된 습지 풍경이었다. 연중 특정 시기, 날씨가 최악일 때는 모래언덕이 이동하기도 하는데 이때 언덕 틈 사이로 바닷물이 범람할 수 있다. 이후 바닷물은 그 틈에 갇힌 상태로 천천히 증발한다. 모래언덕의 가장자리 주변으로 소금이 말라붙기 시작하고 어떤 곳에서는 소금껍질을 형성하며 다른 곳에서는 큰 소금덩이가 만들어지기도 한다. 얕은 소금평원의 한가운데를 두 마리 홍학이 걸어가고 있다. 예전에는 동물들에 의해 나중에는 사람들에 의해 소금이 수확되었던 곳이다.

옛날 로마 근처에는 이런 식의 소금공급원이 있었다. 오늘날 피우미치노공항(Fiumicino Airport)이 있는 테베레강(river Tiber) 어귀 지역은 원래 소금평원이었고 로마가 세워졌을 당시에는 파테르노스터의 습지 풍경과 매우 비슷해 보였을 것이다. 티레니아해(Tyrrhenian Sea)의 북쪽 해류는 오스티아(Ostia) 해안을 따라 흘러가고 테베레강은 아주 오래전부터 그곳에 퇴적물을 남겨 삼각주와 같은 저지대를 만들었다. 높은 조수, 폭풍, 그리고 티레니아해의 지속적인 압력은 바닷물을 가두었고 이 바닷물이 증발하여 소금을 남겼다. 이렇게 형성된 소금은 늦여름과 가을 내내 수확

될 수 있었다.

"소금과 햇빛보다 더 유용한 것은 없다."라고 서기 1세기에 대 플리니우스(Pliny the Elder)가 그의 저서 『자연사(Natural History)』에 썼다. 광업의 발전으로 엄청난 양의 소금 생산이 가능해지기 전에는 이러한 천연 소금평원에 적은 양의 인공소금을 보충해주며 소금을 얻었다. 이런 형태가 당시 인간이 이용할 수 있었던 소금공급원의 대부분을 차지했다.

소금이 공급에 비해 수요가 증가함에 따라 염전에서의 생산량을 증가시키는 기술이 개발되었다. 오스티아의 소금평원은 점진적으로 바닷물을 가두는 가두리, 운하, 소금 생산이 가능한 웅덩이를 포함하게 되었다. 소금 맛을 구별하는 워크숍이 열린 시칠리아 에리체*Erice* 아래 쪽에 그 유명한 트라파니 소금평원(Trapani salt flats)이 있다. 약간의 상상력을 발휘하면 고대인들이 돌보았던 로마의 소금평원이 어떻게 생겼는지 떠올려 볼 수 있다. 이곳은 소금 수확뿐 아니라 정원의 역할도 활발히 했던 곳이다.

트라파니 염전은 현재 유네스코 세계문화유산으로 지정되어 있으며 1,000헥타르에 달하는 면적과 수백 개의 소금웅덩이로 나뉘어 있다. 만조 때에는 바닷물이 일정한 간격으로 유입되어 얕은 웅덩이로 흘러들어간다. 웅덩이가 어느 정도 차면 바닷물의 유입을 막고—자연적으로 소금을 얻었던 방식인—폭풍이 불 때나 바닷물이 범람할 때와 같은 식으로 소금이 만들어진다. 아주 쉽고 예측 가능한 방식이다. 가을비가 내리기 몇 달 전 이곳의 작고 하얀 소금산들은 평평하고 척박한 습지 위에 서 있다. 북쪽에서 온 방문객들에게 이 광경은 건조한 환경을 거스르는 눈보라처럼 보인다.

로마가 비록 외딴 곳에 있기는 했지만 처음부터 전략적으로 테베레강 어귀에 있는 소금평원 가까이에 그 위치를 유지한 이유 중 단 한 가지는 명확하다. 로마로 통하는 첫 번째 도로는 이탈리아반도의 서쪽 해안가에서 시작해 로마를 지나 내륙 지역을 거쳐 반도의 동쪽에 있는 아스콜리*Ascoli*와 안코나*Ancona*에서 끝난다. 이 도로는 '살라리아 가도*Via Salaria*' 즉, '소금길'이라고 불렸으며 이름에서 알 수 있듯 소금을 내륙으로 운송하는 데 사용되었다.

로마는 하루아침에 건설된 것이 아니다. 왕이나 장군, 황제 덕에 성장한 것이 아니라 인간과 자연조건의 결합을 통해 성장했다. 그중 하나는 소금에 대한 접근이었다. 소금은 세계 최초의 정기적인 필수품이자 인류 역사의 많은 부분에서 가장 중요한 것이었으므로.

소금은 모든 사람이 필요로 했던 만큼 권력기관에게 있어서도 늘 중요한 것이었고 지금도 마찬가지이다. 기원전 508년 초 로마는 식량 무역과 유통의 여러 부분을 통제하기 시작한 것과 마찬가지로 소금에 대해서도 독점권을 확립함으로써 공식적으로 소금을 통제하기로 결정했다. 소금이 로마의 통제기관을 통해 거래되는 것만으로는 수요를 충당하기에 충분치 않았으므로 사설 상인들과 다른 사회 구성원들까지도 소금 사업을 통해 이익을 얻을 수 있었다. 물가 상승, 신뢰할 수 없는 상인, 염전의 사유화 등으로 인해 국가의 권위가 훼손되는 것을 막기 위해서라도 절대적으로 소금을 통제할 필요가 있었다.

정복자들은 기본적으로 약탈을 통해 지역 주민들을 착취함으로써 소득을 얻을 수 있었지만 국가를 존립시키는 지속적인 방법은 다양한 형태의 세금을 자국민들로부터 거두어들이는 것이었다. 오늘날 우리가 알고 있는 세금이란 정부가 자금을 지원하는 기반 시설과 서비스 등 공공의 이익을 위한 것이지만 예전의 경우에는 권력자들의 변덕과 어리석음에 자금을 대기 위해 가능한 한 많은 것을 대중으로부터 뽑아내는 착취일 가능성이 높았다.

대부분의 사람이 땅이나 집을 소유하지 않고 자연 경제 형태로 일하며, 먹고 살았으므로 소득 창출이 없었다. 통치자들의 관점에서 이런 인구로부터 세금을 징수할 수 있는 방법을 찾는 게 문제였다. 해결책은 국가가 소금에 세금을 부과하는 것이었고 거래를 관장함으로써 소금 가격을 통제하는 것이 가장 최선의 방법이었다. '소금세'는 아마도 가장 오래되었지만 역사적으로 가장 인기 없는 세금이었을 것이다.

1789년에 일어난 프랑스 혁명의 원인 가운데 하나로 꼽을 수 있는 것이 13세기에 도입된 소금세인 '라 가벨 뒤 셀(la gabelle du sel)'에 대한 반란이다. 가장 억압적이었던 프랑스의 소금세 뒤에는 엄격한 거래 통제와 하늘을 찌를 듯한 가격이 있었다. 소금세는 소득 수단과 상관없이 모두에게 똑같이 높게 부과되는 일종의 인두세*였다. 더군다나 모든 시민은 일정한 양의 소금을 정해진 가격으로 당국으로부터 강제적으로 구입해야만 했다. 심지어 소금 사용에 대한 별도의 규칙까지 있었다. 만약 누군가 고기를 염지하기 위해 소금을 사용한다면 추가 세금을 내야 했다. 만약 소금으로 사기를 친다거나 소금 밀매로 기소된다면 감옥에 보내지거나 심각한 경우에는 사형을 선고받을 수도 있었다. 지역마다 다른 규칙이 있었다는 것은 소금에 매기는 세금과 가격 또한 엄청나게 다양했다는 것을 의미한다.

1수(sous 프랑스 혁명 당시의 화폐단위)로 브르타뉴(Brittany)에서는 1.5킬로의 소금을 살 수 있었다. 이 지역은 프랑스 왕실의 지배를 받는 동안 소금세 면제를 협상했었던 지역이다. 반면 푸아투(Poitou)와 더 남쪽지방에서는 같은 값으로 살 수 있는 소금의 양이 고작 75그램 정도였다. 바리케이드를 기어오르는 많은 혁명가의 주된 관심사는 계몽주의 철학적 사상이나 자유, 평등, 우애와 같은 수준 높은 원칙이 아니었다. 폭동은 너무 높은 빵 가격에 대한 그들의 분노와―말 그대로―음식에 소금을 넣고 싶은 욕망에 의한 동기로 발발한 것이었다.

로마와 프랑스만이 이런 형태로 세금을 부과한 것은 아니었다. 지구 반대편인 중국에서도 기원전 100년 즈음인 한나라 때 이미 소금세와 정부의 엄격한 소금 통제가 있었다. 여러 시기 동

---

\* 우리나라의 주민세와 비슷한 개념으로 성별, 소득, 신분과 상관없이 주민 모두에게 매겨지는 세금.

안 소금세는 중국 국가 세입의 절반 이상을 차지했고 만리장성 건설에 사용된 대부분의 자금을 제공했다고도 알려져 있다.

19세기 인도에서 영국은 제국 운영의 자금을 마련하는 방법으로 그야말로 살인적인 소금세와 소금 공급과 유통을 국가가 통제하는 독점제를 도입했다. 완곡하게 말하자면 그것은 매우 불공평한 것으로 보였다. 영국인들은 인도의 소금 생산지를 점령하고 폐쇄했으며, 소금을 구하려는 사람들로부터 소금을 지키기 위해 군인까지 배치했다. 사실 그들의 생각은 단순히 소금 생산에 세금을 부과하고 통제한다는 것에 그치지 않았다. 실제로 영국은 인도 소금 생산을 완전히 금지했는데 이 조치는 인도인들이 영국에서 수입된 소금만 먹을 수 있다는 것을 의미했다. 당연히 영국 내에서보다 훨씬 더 많은 소금세를 지불해야 했다. 이것은 무역 수지의 균형을 맞추는 방법이었고 영국이 인도로부터 수입하는 직물과 차에 대한 상쇄의 한 형태였다.

그렇다면 인도 사람들은 무엇을 할 수 있었을까? 그들은 당시 영국의 패권 안에 묶여 있었다. 이러한 문제점은 태초 이래로 계속 있어왔다. 착취당하거나 누구의 동의도 없이 마음대로 영토에 들어와 통치해버리는 어떤 국가 권력에 종속된 사람들의 문제였다. 20세기 초 인도 시민들은 영국의 통치에 대항하여 시위를 벌이기 시작했다. 그들은 왕관을 쓴 보석으로 남기를 원하지 않았고 단지 자신들의 국가를 직접 통치하는 것을 원했다. 스스로를 미래의 지도자라고 생각하는 한 무리의 교육받은 지식인들이 의회를 만들었다. 이들은 행정부 개혁에 대한 팜플릿을 만들었고 존 로크(John Locke)와 존 스튜어트 밀(John Stuart Mill)과 같은 정치 철학자들을 언급하면서 입법 변화에 대한 자신들의 열망을 홍보했다.

이 지식인들 가운데 하나였던 사람이 모한다스 간디(Mohandas Gandhi)이다. 이후 '위대한 영혼'을 의미하는 명예 칭호인 '마하트마(Mahatma)'로 불리게 된 바로 그 사람. 그는 인도독립을 위한 투쟁을 다른 각도에서 접근하기로 결정했다. 팜플릿을 읽거나 철학이론을 모르는 사람들에게 더욱 중요했던 '일상적인 삶의 문제'에 집중했다.

1930년 3월 12일 간디는 24일간의 비폭력 시위행진에 착수했다. 시위행진의 중점적 반란 행위는 바닷물을 끓여 해안에서 소금덩어리를 모으는 것이었다. 이것은 여러 시대에 걸쳐 사람들이 해온 일이었지만 식민지 법 아래에서는 처벌 가능한 범죄가 되었다. '소금 시위'는 간디를 포함한 6만여 명 이상의 사람들이 체포되면서 전국적으로 퍼져나갔다. 오늘날 이 사건은 대영제국 종말의 시작으로 여겨진다.

소금에 대한 통제는 옛 국가들이 행해온 하나의 통제 방식으로 오늘날 우리에게 씁쓸한 미소를 짓게 만든다. 소금에 과세가 이루어지고 법의 힘으로 완전히 통제되는 세상을 상상해보라! 정말 이상해 보인다. 소금세나 소금 독점은 역사적으로나 지리적으로 우리와 거리가 먼 사회에 속하는 것처럼 보인다. 지금 우리는 소금 대신 휘발유, 담배 그리고 알코올에 대한 세금에 대해 투덜거린다. 우리는 한편으로는 세금을 내야 하는 것을 너무나 싫어하지만 다른 한편으로 그 세금이 우리 자신과 지역사회 모두의 이익에 부합한다는 막연한 이해를 가지고 있다. 하지만 소금에 대해 세금을 부과하는 것? 그것만큼은 불합리해 보이는 것이다.

그럼에도 불구하고 1975년이 되어서야 이탈리아의 소금 독점 체제가 완전히 폐지되었다는 소식에 적잖이 놀랄 수밖에 없었다. 영국의 오래된 잡지 〈스펙테이터(The Spectator)〉의 20세기 초의 기사에서는 '국가의 소금독점에 대해 모든 공식적인 부조리'를 묘사하고 있기도 하다.

"이탈리아는 소금 독점의 침해를 우려하여 누군가 바다에서 물 한 컵을 떠내는 것을 막기 위해 그토록 긴 해안선에 수만 명의 해안경비대와 경찰을 배치해 철저히 지키게 한다. 바다는 너무나 잘 통제되고 있으며, 법을 위반할 경우 처벌도 매우 심하여 해안에 사는 농부들조차 바닷물을 전혀 사용하지 않는다. [중략] 이 소금세로 인해 이탈리아 내 어업은 공정한 활동이 불가능하고, 염장 생선의 수입양도 엄청나다. 반면 수천 명의 남자들은 유니폼을 걸친 채 해안을 돌아다니며 법을 시행하는 아주 건강하고 게으른 직업을 갖고 넉넉지 않은 급여를 받는다."

중국의 소금 독점은 2017년에 부분적으로만 폐지되었는데 그 시점까지의 독점은 무려 2,100년 이상 존재해왔다. 소금세는 1950년까지만 해도 중국 국가 수입의 5퍼센트 이상을 차지했다.

이렇게 특정한 음식이 인류 역사에서 왜 이토록 중요해졌는지를 바라볼 때 합리적으로 들릴만한 설명을 찾고자 하는 일은 당연한 것이다. 설명의 결과는 어떤 특정한 음식이(소금) 칼로리와 영양소로만으로도 그 가치가 충분하다는 것이다. 그리고 이런 분석은 합리적이다: 우리는 생리적으로 (생명 유지에) 필요하기 때문에 소금을 사용하기 시작했고, 가축을 기르기 시작했을 때는 소금에 더 의존하게 되었다.

가축들 역시 우리와 같이 소금을 필요로 하며 심지어 우리보다 훨씬 덩치가 크기도 하다. 그리고 음식을 보존하는 기능이 소금을 더욱 필수불가결하게 만들었다. 오늘날 우리가 생산하는 대부분의 소금은 산업을 위해 사용된다. 소금이 갖고 있는 이 모든 이유는 정확하고 중요하다.

하지만 우리는 여기서 무언가 핵심적인 것을 잊고 있지는 않은가? 우리가 소금을 너무나 당연하게 여기는 데는 또 다른 이유가 있다. 우리는 식탁 위에 놓여 있는 눈앞의 소금통을 당연하게 생각하듯이 소금의 존재를 인식하지 못한 채 바라보곤 한다. 오래전 야생의 수렵채집꾼에서 오늘날 도시의 식당에 앉아 있는 계몽된 관광객에 이르기까지 인간의 여정에서 보면 소금은 많은 변화를 겪었지만 역시 '영원한 것'이라고 확신할 수 있다.

소금이 겪어 온 변화로 인해 우리는 과거의 사람과 우리가 같은 사람이라는 연관성을 오히려 맺지 못한다. 달리 말하면 오늘날의 우리는 현재의 우리와 같았을 과거 사람들의 욕구, 필요, 선호가 지금 우리가 느끼고, 우리를 지배하는 것과 달랐다고 생각한다는 것이다. 이건 소금을 당연하게 여기는 '위험'을 감수하며 살아가는 것과 같다. 이 견해를 뒷받침해줄 아주 중요한 이야기를 공유하며 인간이 얼마나 소금에 의존하고 있는지를 더 밝혀보고자 한다.

  17세기 러시아정교회는 많은 개혁을 시행했다. 예를 들면, 좀 더 현대적인 교회의 구성원들이라면 전에 했듯 두 손가락이 아닌 세 손가락으로 성호를 그어야 한다는 결정 같은 것들이다. '할렐루야'와 '예수'의 철자법도 원래 성경 속 그리스 문자와 더 일치하도록 변경했다. 또한 의식의 행렬이 이전처럼 시계 방향이 아니라 시계 반대 방향으로 움직이도록 요구되는 개혁도 단행했다. 그러나 모든 극적인 변화란 변화에 관심을 가지는 사람들을 위한 것일 뿐이다.

  보수적인 회중들 즉, 지금 우리가 '근본주의자'라고 부르는 집단은 이러한 개혁에 너무나 격렬하게 반대하여 교회와 결별했다. 그들은 스스로를 '고신앙파(Old Believers)*'라고 불렀으며, 수세기 동안 새롭게 시행된 전례 예식의 방식을 무시하고 시계 방향으로 걸으며 고대 의식과 구식 관행을 유지할 것을 주장했다. 초기의 고신앙파들은 박해와 괴롭힘을 당했고 때로는 이중 세금을 내야 했다. 남자들은 너무 긴 수염을 가지고 있었기 때문에 수염에 대한 세금을 추가로 청구받기도 했다. 그럼에도 불구하고

---

\*  1652년부터 1658년까지 러시아정교회 총대주교였던 니콘(Nikon)은 러시아정교회와 그리스정교회의 관행을 통일한다는 명목 아래 러시아 의식을 당시 그리스 의식에 맞추도록 했다. 니콘의 개정안이 시행된 후 러시아정교회는 국가 권력을 등에 업고 개정된 예식을 꺼리는 사람들을 색출하고 억압했다. 그리스식이 아닌 기존 의식에 충실했던 사람들은 17세기 말부터 20세기 초까지 '분리론자'라 불리며 박해를 받았고 1762년부터 1796년까지 통치한 예카테리나 대제 황후 때에 이들은 '고신앙파'로 불렸다.

'고신앙파' 집단은 20세기가 되어서도 비주류 소수로 남아 있었다. 러시아, 우크라이나, 그리고 발트해의 외딴 농업 공동체에 수십만 명의 고신앙파들이 살고 있었을 가능성이 꽤 높았다.

1936년 소비에트 공산당 정권은 고신앙파들에 대한 또 다른 잔인한 종교 박해의 물결을 일으켰다. 이 박해 기간에 자신의 형이 살해당하는 것을 본 후 고신앙파이자 한 가족의 아버지인 카프 리코프(Karp Lykov)는 그의 아내와 아이들을 데리고 우랄산맥의 유럽 쪽 기슭인 페름(Perm) 마을로 탈출하기로 결정했다. 과연 그들이 안전할 수 있는 곳은 어디였을까? 몇 년 동안 리코프 가족은 더 깊고 깊은 타이가(taiga)\*로 이동했고 마침내 몽골 국경에서 멀지 않은 곳에 있는 개간지에 도착했다. 바로 그곳, 세계에서 가장 고립된 지역 중 하나에서 그들은 사냥과 그들이 가져온 몇 개의 씨앗을 재배함으로써 살아남았다.

가족이 가지고 있던 냄비가 녹슬어 결국 산산조각이 나므로 나무껍질로 냄비를 만들어야 했다. 또한 직접 지은 집도 나무껍질을 가지고 단열 처리했고 옷도 나무껍질로 해 입었다. 그들의 식단에조차 많은 양의 나무껍질이 포함되었다. 그곳에는 많고 많은 나무껍질 외에 다른 것들은 거의 없었다.

그들의 앞마당은 확장이 아닌 축소로 이어졌다. 어느 여름에

---

\* 북반구의 유라시아와 북아메리카 대륙의 냉대기후 지역에 동서방향의 띠 모양으로 나타나는 침엽수림 지대. 본래 시베리아에 발달한 침엽수림 지대를 가리키는 현지어였으나 현재는 냉대기후 지역에 드넓게 나타나는 침엽수림 지대를 모두 지칭한다.

는 리코프 가족이 재배한 당근을 야생 동물들이 모조리 먹어버리는가 하면 또 다른 해에는 6월에 내린 눈이 그나마 재배한 수확물 모두를 파괴했다. 그러나 다음 해에 그들은 남아있는 호밀 알 하나를 발견하며 이 알갱이 하나로 인해 18개의 새로운 알갱이를 만들었고 천천히 곡물 저장고를 다시 채워 나갔다. 하지만 그후 상황은 계속 악화되었다.

1950년대는 그야말로 '흉년과 기근'이었다. 그들은 로완베리(rowanberry)* 잎을 포함하여 먹을 수 있는 것은 죄다 먹었다. 물론 수많던 나무껍질을 포함하여서 말이다. 어느 해 너무나 혹독한 겨울이 닥치자 아이들의 어머니는 자식들이 먹을 음식을 남겨두기 위해 더이상 먹지 않기로 결심했고 결국 죽음을 맞이했다.

불과 몇십 년 만에 그 가족은 수천 년 만큼을 퇴보했고 일종의 '자연상태'에 근접하는 삶으로 바뀌었다. 그들의 오래된 기독교 또한 점점 더 절충적으로 변했다. 가족은 자연 속에 살았고, 동시에 자연 밖에서 살았다. 카프의 아들 드미트리는 심지어 한 겨울에도 맨발로 사냥을 했다. 그들에게는 적절한 무기가 부족했고 동물들을 함정에 빠뜨릴 방법을 찾는 것에 의존했다. 리코프 가족은 고도의 확신으로 힘든 삶을 상정할 수밖에 없었다. 헬리콥터를 타고 이 지역 위를 비행하는 지질학자들에 의해 발견될

---

\* 장미과(Rosaceae)의 낙엽활엽교목인 유럽 로완(Sorbus aucuparia)의 열매. 식물학적으로는 장미과가 아니라 배꼽열매로 주홍색이며 아주 쓰다. 잼, 젤리, 알코올 음료 따위로 쓴다.

때까지 리코프 가족은 46년 동안 이렇게 살았다.

이들에 대한 발견은 외부 세계와의 극적인 만남이었다. 리코프 가족의 탈출 이후에 태어난 아이 중 두 명은 살면서 다른 사람들을 본 적이 없었다. 그들은 점점 더 선별적으로 그리고 점점 더 어렵게 읽었던 성경인 단 한 권의 책만을 가지고 갔었다. 그러나 대부분의 것이 부족함에도 불구하고 삶에 대해 만족스러워했고, 비교적 건강해 보였다. 처음에 그들은 어떤 도움에도 관심이 없었다. 음식이든 도구든 외부 세계로부터의 어떤 것도 받아들이는 것을 거부했고 늘 그래왔던 것처럼 점점 더 '적게' 살았다. 하지만 가족의 가장인 카프가 모든 사람을 대신하여 원했던 유일한 것은 '소금'이었다. 소금 없이 사는 것은 황무지에서의 삶 중에도 가장 혹독한 것이었다고 그는 말했다. 그것은 "진정한 고문"이었다고.

소금에 대한 이러한 갈망은 필요성이나 생리적인 것에 관한 것이 아니었다. 일종의 수렵채집 생활로 돌아간 그들은 사실 임상적인 소금 결핍으로 고통받은 적이 없었고 그들이 취했던 다양한 식단이 질병을 예방하기 위해 신체가 필요로 하는 최소한의 소금을 결핍시키지 않았을 가능성이 높았다. 하지만 소금을 먹고 자란 카프에게는 황야에서 먹던 매 끼니가 이전에 먹던 음식 맛이 어떠했는지를 상기시켜주는 고통스러운 계기였을 것이다. 이로써 카프에게도 소금은 삶의 필수품 중 하나였을 것이고, 내 앞의 식당 테이블 위에 소금통이 있는 이유와도 같은 의미이다. 우리는 그 맛에 중독되어 왔다.
 소금의 가치는 소금에 있다.

# Pasta

---

## 파스타

---

# Pasta

Dinner
in
Rome

파스타가 빠진 이탈리아 음식은 무엇이라 해야 할까? 상상하기 어렵다. 화려하거나 웅장할 것 없는 보통의 파스타 요리를 대부분의 이탈리아 사람들은 매일 먹는다. 보통은 하루에 두 번 정도 먹는데 점심에는 산더미 같은 파스타를, 저녁에는 프리모*primo** 로 또 파스타를 먹는다. 파스타를 이렇게 먹는 행동은 그저 모든 것이 '원래 제자리에'라는 것과 그들이 이탈리아인이라는 것을 확인하는 것이다.

라 카르보나라*La Carbonara*는 대규모 식당이며 이렇게 큰 레스토랑이 그렇듯 양과 질이 어마어마한 메뉴를 제공한다. *라 카르보나라*의 메뉴는 여러 페이지로 되어 있으며 안티파스토*antipasto* 후 전분이 함유된 첫 번째 코스인 프리모에 뚜렷한 중점을 두고 있다. 토마토, 구안치알레*guanciale*(돼지고기 뽈살), 페코리노*pecorino* 치즈를 길고 속이 빈 튜브 모양 파스타 부카티니와 함께 아마트리치아나 소스에 버무려 부카티니 알라마트리치아나*bucatini all'am-*

---

\* 안티파스토(antipasto) 즉, 전채요리 후에 바로 먹는 첫 번째 코스 요리를 뜻한다.

*atriciana*를 만들어낸다. 소금에 절인 돼지뽈살과 진득한 양젖을 맛볼 수 있는 요리이다. 이탈리아의 수많은 여느 레시피와 마찬가지로 이 요리 역시 로마에서 북동쪽으로 160킬로미터 떨어진 라치오*Lazio* 주의 산골에 위치한 아마트리체*Amatrice*라는 시골마을에서 유래되었다. 또한 토마토가 주재료인 미니멀리즘 파스타 알라 체카*alla checca**와 스파게티에 마늘, 올리브 오일 및 페페론치노*peperoncino*** 로 구성된 훨씬 더 간단한 스타일의 파스타도 만날 수 있다. 또 다른 프리모로는 앤초비(anchovies)와 토마토로 맛을 낸 링귀니*linguine* 파스타와 클래식한 카르보나라*carbonara*가 있으며 카르보나라와 거의 비슷하지만 달걀노른자를 뺀 그리치아 소스의 리가토니*rigatoni alla gricia*도 만나볼 수 있다.

 게다가 라 카르보나라의 메뉴에는 예전의 로마에서는 찾아볼 수 없는 요리들도 포함되어 있다. 예를 들면, 한때 내륙에서 제공하는 것은 생각할 수 없었던 것으로 여겨졌던 카펫 조개(carpet shells)*** 류를 이용한 북부 이탈리아만의 특화된 베네치아 파스타 요리인 봉골레 스파게티*spaghetti alle vongole*도 메뉴에서 볼 수 있다. 또한 이 레스토랑의 프리모 중에서 당신은 한 가지 리조토

---

\*   주로 여름에 즐기는 요리로 토마토, 마늘, 바질 등을 익히지 않은 채 삶은 파스타와 섞는 요리.
\*\*  이탈리아 요리에서 매운 맛을 내기 위해 흔히 사용하는 작고 마른 고추.
\*\*\* 양쪽 패각을 가진 식용 조개류를 통틀어 이르는 말, 우리나라에는 바지락, 백합 등이 있고 이탈리아에서는 봉골레(vongole)라 부른다.

*risotto* 즉, 쌀요리와 뇨키*gnocchi*＊도 메뉴에서 발견할 수 있다. 그럼에도 로마에서 프리모로 지배적인 것은 역시 파스타이다.

나는 실제로 *라 카르보나라*에 앉아있기 때문에 나의 프리모로는 메뉴에 써 있는 그대로 카르보나라 파스타나 카르보나라 소스의 메찌 리가토니 파스타*mezzi rigatoni alla carbonara*＊＊여야겠지. 나는 나름대로 나만의 내규에 따라 파스타를 선택하는 기준을 신중하게 연구하지만 나의 '카르보나라 중독'이 예외 없이 이기곤 한다. 안젤로는 수천 번이나 그랬듯이 김이 모락모락 나는 파스타 접시를 테이블 위에 놓은 다음 엄숙하고 신중한 동작으로 접시를 돌려 레스토랑의 작은 로고가 정확히 내 입술을 향한, 12시 방향이 되도록 맞춘다. 나에게 있어선 이것이 바로 로마의 맛이다: 튀겨 낸 돼지기름의 향과 녹진해진 페코리노 치즈 그리고 약간의 검은 후추 냄새가 나는 황금 파스타. 그게 언제이든 이 도시를 방문하면 나는 카르보나라 파스타를 여러 번 먹지 않을 수가 없다.

1954년에 나온 영화 〈로마의 미국인*Un americano a Roma*〉에 '미국'이라는 생각에 현혹된 한 젊은이인 난도 메리코니*Nando Mericoni*가 등장한다. 이 젊은이는 영화에서 본 것 외에는 대서양 반대편의 나라에 대해 아무것도 모르지만 황량하고 거친 서부, 빠른 차,

---

＊ 삶아 으깬 감자나 세몰리나에 버터나 치즈 등을 넣고 반죽하여 만든 이탈리아 요리.
＊＊ mezzi는 '작다'는 의미로 반으로 자른 리가토니 파스타를 칭한다.

보안관, 그리고 고층건물에 대해 꿈꾼다. 또한, 그는 영어를 할 수 없기에 우스꽝스럽고 알 수 없는 영어식 소리들을 흉내낼 뿐이다.

영화의 가장 유명한 장면을 꼽자면 그가 거리에서 친구들과 '경찰과 강도 놀이'를 하고 영화관에 들렀다가 늦은 시간에 집에 돌아오는 장면이다. 그의 부모님은 이미 자고 있지만 난도의 어머니는 당시 파스타의 총칭이었던 마카로니 *maccharoni* 즉, 큰 스파게티 한 그릇을 남겨 놓았고 테이블 위에는 전통 밀짚 용기인 피아스코*fiasco*\*에 담긴 와인 한 병도 있었다. 난도는 어머니의 요리를 비웃으며 한쪽으로 밀어낸다. "마카로니, 이건 카트 운전수들이나 먹는 거지! 난 마카로니를 먹지 않겠어! 난 미국인이니까!" 결국 그 대신에 그는 진짜 미국식이라 상상했던 '샌드위치'를 만든다. 흰 빵과 요거트, 마멀레이드, 잼, 겨자를 모두 섞고 그 위에 우유를 붓는다. 첫입을 베어 물기 전에 "이것이 바로 미국인들이 아파치족을 이기는 방법이다."라고 멋지게 선언하곤 먹는 즉시 뱉어 버린다. 그는 그 즉시 어머니의 파스타 위에 몸을 던져 게걸스럽게 먹는다.

이 장면으로 영화는 끝이 난다. 이 영화는 매력적이면서도 진부하기도 하고 과장된 연기로 이어진다. 하지만 영화의 이 장면들은 이탈리아 어디에서든 여전히 지금도 살아 숨 쉰다. 파스타를 입에 가득 물고 있는 난도의 사진은 수천 명의 평범한 이탈리

---

\* **밀짚으로 만든 전형적인 이탈리아 스타일의 병 보관 및 운반용 용기.**

아인들의 집과 수많은 식당 벽에 걸려 있다. 그가 아무리 다른 사람인 척을 해도 그는 그 누구보다도 '이탈리아인'인 것이다. 그리고 이탈리아인들은 카트 운전수든 아니든 누구나 '파스타'를 먹는다.

이탈리아 문화의 중심에 있는 이렇듯 팽배한 자기만족감이 바로 1930년대에 미래주의운동(Futurist movement)의 지도자인 필리포 토마소 마리네티*Filoppo Tommaso Marinetti*\*로 하여금 이탈리아 미식에 전면 공격을 감행하게 만든 계기가 되었다. 마리네티의 모든 기이한 계획 중 '파스타를 금지하자'는 제안은 지금까지도 가장 또렷이 사람들에게 각인되어 있을 것이다. 이 제안은 마치 농담처럼 들리지만 정말 이상한 도발이었다. 그리고 이것은 그의 마지막 계획이 되었으나 그의 첫 번째 계획은 아니었다.

F.T. 마리네티는 1876년 이집트의 알렉산드리아(Alexandria)에서 태어났다. 예술 분야 변호에 호의적인 변호사가 되겠다는 계획을 포기한 후 파리에 정착하여 실험적인 시를 쓰고 유명한 조각가 콘스탄틴 브랑쿠시(Constantin Brâncuși)\*\*를 포함한 예술가, 작가들과 어울렸다. 마리네티는 태평한 바람둥이였고 부유한

---

\*   이탈리아의 소설가이자 시인. 1909년 '미래파 선언'을 발표했다. 과거 전통에서 벗어나 모든 해방을 목표로 하는 미래주의운동을 주도했다. 미래파운동은 미술계, 특히 회화나 조각 분야에서 큰 호응을 얻었다.
\*\*  루마니아의 조각가. 민속예술과 아프리카예술을 모더니즘으로 전환시켰다. 브랑쿠시의 작품과 제작 방법, 신념은 21세기를 걸쳐 지금까지 헨리 무어를 비롯한 많은 조각가에게 영향을 주었다.

가족의 재산으로 생활했다. 마리네티가 아무렇지도 않게 만들어낸 소위 그의 '신화'에 따르면 1908년 10월 15일, 자신의 4기통 짜리 피아트 자동차를 몰다가 난 사고를 계기로 삶의 전환점을 맞았다고 했다. 마리네티는 그 사고로 인해 그리 많이 다치진 않았으며 특별히 동요하지도 않았다. 부잣집 아들이었으며 예술성으로 가득했던 이 남자는 동요하는 대신 이 사고가 자신에게 미래와 미래에 대한 통찰력을 주었다고 전적으로 확신했다: 마리네티는 자신이 사랑했던 모든 것들인 속도, 힘, 배기가스, 금속과의 잔인한 대조가 존재하는 곳이 바로 '미래'라는 확신을 했다.

이듬해 2월 마리네티는 볼로냐*Bologna*의 〈가제타 델 에밀리아*Gazzetta dell'Emilia*〉와 프랑스의 〈르 피가로(Le Figaro)〉지에 '미래파 선언'을 발표했다. 선언의 도입부에서 자신이 당한 교통사고에 대해 다음과 같이 설명했다: "우리는 길고 긴 밤샘 대화를 나누었다. 마치 우리의 영혼처럼 밝게 빛나는 황동 큐폴라 램프들 아래에서. 램프들은 전기 심장의 내부 광채로 인해 빛나고 있었다." 마리네티와 그의 친구들이 4기통 피아트를 몰고 시골길을 지나는데 "자전거를 타고 가는 두 명의 사람들이 나를 못마땅해하며 내 앞에서 비틀거렸다. 그 모습이 마치 설득력은 있지만 모순된 이유처럼 보였다. 그들의 어리석은 흔들림이 나를 방해했다. 정말 지루하군! 젠장! 나는 잠깐 멈추었다가 혐오감을 이기지 못해 차를 도랑에 내던졌다 ─ 쿵! ─ 머리가 뒤로 젖혀졌다. 오, 어머니의 도랑, 흙탕물이 반쯤 가득 차 있다! 나는 수단에서 온 내 간호사의 검은 젖꼭지를 떠올리게 하는 진흙을 한입 가득 마셨다!"

마리네티가 미래주의를 르네상스나 부활로 보았다는 것을 이해하기 위해 당신은 은유를 가르치는 학교에 다닐 필요는 없다. 기름과 슬러지로 탄생한 새로운 세계. 자전거를 타는 사람들은 구식 이탈리아인들이었고 그들은 느리게 그리고 영원한 말다툼을 하며 길을 막고 있었으며 진보의 스포츠카를 위해 길을 터줄 때가 왔던 것이다.

그후 마리네티는 국가 파괴와 재건에 관한 웅장하고도 터무니없는 프로젝트에 착수했다. 또 다른 선언문에서 그는 베네치아에 대한 통렬한 공격을 시작했다. 베네치아 전체를 "오래되고, 무너져 내린 나병에 걸린 궁전의 잔해"로 묘사하고, 좁고 악취 나는 운하를 새로이 포장하여 메울 것을 제안했다. 그는 베네치아만큼 로마도 혐오했다. 마리네티에게 있어 두 도시는 매춘부였고 도시 주민들의 집은 "포주의 집"이었다.

마리네티가 말하고 쓴 것의 대부분은 그런 종류의 선언문을 읽는 비주류 지식인 집단 외에는 아무도 관심이 없었다. 그는 사람들 사이에서 종종 호기심의 대상이 되었을 뿐이며 그만큼 좌절감 역시 많이 느끼게 되었다. 마리네티는 제법 봐줄 만한 환상적인 시도를 수없이 하였음에도 불구하고 1930년, '미래주의 요리 선언*Manifesto della cucina futurista*(Manifesto of Futurist Cooking)'을 하기 전까지는 대중들과 거의 접촉하지 못했다. 그는 전형적인 허풍으로 이탈리아인들이 극도로 열정적인 '전통에 의존하는 것'에 대해 조롱했다.

마리네티는 선언문을 통해 오래된 요리법과 지역의 재료 대신 속도와 힘에 기반을 둔 새로운 요리 계획을 제시했다. 나이프나 포크 따위는 없애버리고 단지 음식을 부수어 새로운 식감을 만들어내는 기술적인 장비만이 필요하다고 했다. 이것은 2000년대 초를 황폐하게 만든 분자미식학(molecular gastronomy)의 선구자였으며 미친 비전이었다.

하지만 이후 이러한 미래주의 요리의 개념은 '파스타 금지'라는 쪽으로 방향을 바꾸었다. 마리네티는 이탈리아 사람들이 파스타를 사랑하는 것을 "말도 안 되는 이탈리아식 종교"라고 했다. 그에게 파스타는 잘못된 모든 것을 상징했다: 파스타가 이탈리아 사람들을 게으르고 상상력이 부족하며 뚱뚱하게 만들고, 그중에도 가장 최악으로 꼽을 수 있는 점은 파스타가 고약한 파시스트에게 평화를 가져다주었다는 것이다.

마리네티의 이러한 '음식 스턴트'는 엄청난 관심을 얻었고 전국 각지의 신문에서 이 내용을 다루었다. 심지어 외국에서 발행되는 신문들도 파스타의 고장에서 일어나는 분쟁에 대한 기사를 썼다. 한 기사에서는 "요크셔 푸딩*을 폐지하기 위해 리즈(Leeds)**에서 해방 전선을 시작하는 것만큼이나 합리적으로 들린다"라고 썼다. 마리네티는 세간의 관심을 잔뜩 받았지만 특히나 그에 뒤따르는 사회적 반응에 대해 기뻐했다. 편집자들에게 쏟아지는 모든 분노의 편지, 모든 탄원서, 그리고 모든 대중의 위

---

\*        영국 북부에서 탄생한 것으로 추정되는 푸딩.
\*\*       영국 요크셔의 주도.

협으로 인해 그의 명성이 올라갔기 때문이다. 라퀼라*L'Aquila*에 사는 한 무리의 주부들은 파스타를 지지하는 서명을 수집하고 항의 편지를 썼다. 나폴리 시장은 천국의 천사들이 파스타와 토마토 소스만 먹는 것은 "논쟁의 여지가 없는 진실"이라고 주장하며 마리네티를 공격했고 마리네티는 이에 대해 "사후세계가 참을 수 없을 정도로 지루하다는 자신의 가정을 확인시켜주는 말"이라고 답했다.

마리네티는 사람들을 조롱하는 것을 즐겼고, 패배를 승리로 여기며 다른 이의 명예훼손을 정당하게 보는 부류의 사람이었다. 결투에 도전해 중상을 입어 생긴 흉터를 자랑스럽게 여기며 그 상처를 자신의 언행이 지니고 있는 힘의 증거라 여겼다. 하지만 그는 파스타를 져버린 적이 결코 없다.

파스타는 이탈리아 문화의 심장이다. 오늘날의 이탈리아인들은 영화 〈로마의 미국인〉에 나오는 주인공 난도를 보면서 거들먹거리며 웃는다. 그리고 영화 속 주인공이 얼마나 희화화되고 멍청한지에 대해 말하며 피곤한 한숨을 내쉴 것이다. 그러나 앞서 언급한 '파스타 장면'에서는 스스로를 인식하고 만다. 이탈리아 사람들은 해외여행 중에 들른 식료품점에서도 바릴라*Barilla*\* 스파게티 넘버 5\*\*를 발견하면 눈이 휘둥그레지곤 한다.

\* 이탈리아에서 대중적으로 소비되는 대표적인 파스타 제조 회사 중 하나.
\*\* 파스타 이름 뒤에 붙는 숫자는 파스타의 굵기를 나타낸다. 일반적으로 숫자가 적을수록 가늘다.

세계야생생물기금(World Wildlife Fund)의 '미식 버전'이라 할 수 있으며 식탁의 문명을 보호한다는 기조 아래 활동하고 있는 이탈리아의 단체인 '*La Academia Italiana della Cucina*'(라 아카데미아 이탈리아나 델라 쿠치나)'와 마리네티가 대립하는 것을 상상하는 것보다 더 쉬운 일은 없을 것이다. 세계야생생물기금이 종의 다양성과 멸종위기에 처한 동물을 보호하기 위해 존재하는 한편 '*La Academia Italiana della Cucina*'는 요리의 성지라 할 수 있는 장소를 남용하지 못하도록 싸우고, 멸종위기에 처한 전통 음식들을 보호한다. 누군가가 라자냐 볼로네제(*lasagna alla bolognese*)에 크림을 사용한다든가, 리조토에 중국산 쌀을 쓴다거나 또는 피자에 이탈리아산이 아닌 치즈를 사용한다는 소문이 있을 때 이 단체는 항의의 외침과 함께 행동에 나선다.

'*LA Academia Italiana della Cucina*'에 따르면 이러한 요리들을 돌보는 것은 세부사항에 집착하는 것이 아니라 음식 그 자체의 본질에 주목하는 것이라고 주장한다. 그리고 음식과 요리는 단순한 '음식'과 '요리' 이상의 어떤 것 즉, 삶의 본질을 지니고 있다고 주장한다. "요리는 사실 한 나라의 문화를 가장 심오하게 표현하는 형태 중 하나이다."라고 단체의 성명서는 말하고 있다. "음식이란 그 지역 주민들의 역사와 삶의 결실이다." '*La Academia Italiana della Cucina*'는 자신들의 행동이 음식의 맛을 보호하고자 하는 그들의 의무이자 이에 따라 음식 자체를 '사람들이 지닌 정체성'이라고 바라보는 시각에서 출발한다고 말한다. 그들은 음식과 요리의 단순화, 쇠퇴, 그리고 재창조에 맞서 싸우고 있다.

놀랍게도, 마리네티와 '*La Academia Italiana della Cucina*'는 한 가지 점에서는 같은 의견을 가지고 있다: 양편 모두 식탁의 문명이야말로 이탈리아를 이해하는 열쇠라고 믿는다는 점이다. 그리고 이러한 이탈리아의 식탁 한가운데에는 김이 모락모락 나는 파스타 한 그릇이 있다.

파스타가 어떻게 이탈리아에 오게 되었는지에 대해서는 많은 이야기가 있다. 대부분의 사람이 들어봤음직한 가장 유명한 이야기는 마르코 폴로가 중국에서 파스타를 들여왔다는 것이다.

마르코 폴로는 '스파게티'라는 이름의 베네치아 사람을 포함한 그의 동료들과 함께 중국 해안에 상륙했다. '스파게티'는 어느 작은 마을에서 밀가루와 물을 섞은 다음 그 반죽을 밀대로 밀어 길고 가는 막대 모양으로 만드는 기술을 배웠다. 이렇게 만든 밀가루 막대는 유통기한이 길 뿐 아니라 소금물에 익혔더니 아주 맛있기까지 했다. '스파게티'는 이 혁신적인 기술을 이탈리아로 가져 왔고 "얼마 가지 않아 각 가정에서는 직접 키운 밀로 만든 비슷한 요리가 이탈리아의 모든 식탁에서 볼 수 있게 되었다."고 전해진다.

이 이야기는 참으로 멋들어지지만 불행히도 어떤 사실에도 뿌리를 두고 있지 않다. 마르코 폴로는 자신이 직접 생산하던 실을 홍보하는 사람으로 널리 알려져 있었고 아이들이 거리에서 그를 쫓아다니며 "마르코, 새로운 거짓말을 해 주세요!"라고 소리쳤다고 전해진다. 믿을 수 없는 신기한 이야기를 그에게 기대하면서도 조롱의 의도도 조금은 담겨 있었을 것이다. 마르코 폴로는 자신의 모험이 더 의미있어 보이도록 하는 공상적인 이야기들을 사람들에게 하는 것을 피하지 않았지만 그 이야기 중 어떤 것에서도 파스타를 발견했다고 주장한 적은 없다.

마르코 폴로는 중국인들이 파스타와 비슷한 것을 만들기 위해 사용했던 나무-사고야자(sago palm)*라 알려진-를 보게 된 이야기를 할 때 아마 파스타에 대해 언급했었으리라 보여진다. 아마도 중국인들은 면을 만들기 위해 전분이 함유된 가루를 마르코 폴로가 보았던 사고야자에서 추출해 얻었을 것이다.

내가 찾은 바에 따르면 파스타가 중국에서 이탈리아까지 여행했던 상상의 이야기는 아마도 미국 파스타 제조업자들을 위한 무역 잡지인 〈마카로니 저널(The Macaroni Journal)〉 1929년 발행호에서 비롯되었을 것이라 본다. 이 이야기는 원래 펜실베니아에 있는 키스톤 마카로니 회사(Keystone Macaroni Company)가 진행한 광고 캠페인의 일부였고 결코 쓰여진 그대로 받아들여지기 위해 만든 것은 아니었다. 그러나 흥미로운 이야기들이 종종 그렇듯이 이야기는 빠르게 퍼져나갔고 충분히 회자된 후 결국 사실로

---

\* 고대에 쌀이 주식이기 전에 주로 아시아 쪽에서 이 나무를 잘라 그 안의 전분을 뽑아 주식으로 이용했던 나무.

여겨지게 된 것이다.

만약 마르코 폴로와 그의 상상 속의 동료 여행자인 스파게티가 중국에서 파스타를 고향으로 가져온 것이 사실이라 할지라도 그들이 가져온 파스타가 유럽에서 결코 최초의 파스타는 아니었을 것이다. 그렇기 때문에 그런 '사건'이 별로 중요하지 않았으리라 본다. 로마인들과 그리스인들은 일찍이 2,000년 전에 라자냐*lasagna*의 전신이라 할 수 있는 라가눔(laganum) 또는 트락툼(tractum)이라 부르는 평평한 도우를 오븐에서 구워낸 음식을 먹었다. 세르벤티(Serventi)와 사반(Sabban)이 쓴 책 『파스타:보편적인 음식의 이야기(Pasta-The Story of a Universal Food)』에서 이트리움(itrium)에 대해서 쓰고 있는데 4세기 전반에 걸쳐 팔레스타인들이 먹었던 또 다른 종류의 밀가루와 물을 반죽한 음식이다. 이와 거의 같은 시기이거나 아마도 조금 더 이후에 아랍인들도 긴 실 모양으로 만들어진 이트리야(itriyya)라는 또 다른 종류의 파스타를 만들어냈고 이것이 스파게티의 가장 직접적인 전신으로 여겨진다.

아랍인들은 이 기술을 10세기 중 어느 때엔가 시칠리아*Sicilia*로 가져왔다. 그리고 마르코 폴로의 시대 훨씬 전인 12세기 초에 이 '특산품'은 대량으로 만들어졌으며 이탈리아 본토와 다른 기독교 국가들에 수출되었다. 이탈리아 북부에서 파스타가 최초로 문서에 기록된 것은 마르코 폴로가 그의 여행에서 돌아오기 거의 20년 전이었다. 제노바에서 1279년에 사망한 군인 폰지오 바스토네*Ponzio Bastone*의 사후 재산 목록 중 하나였던 '마카로니 한

통'이 최초의 기록이었다.

어떤 면으로 볼 때 파스타는 꽤 보편적인 개념이다. 파스타를 요리하는 것은 밀가루의 저장 방식과도 연관된다. 밀가루를 그냥 가루인 상태로 두면 곰팡이가 피거나 밀가루 딱정벌레에게 먹힐 위험이 있기 때문이다. 그러한 점에서 파스타와 파스타 외의 다른 밀가루와 물의 혼합물로 만든 음식들 사이에는 밀접한 관련성이 있다. 노르웨이와 같은 가난한 나라들은 통밀이나 보리와 같은 단순한 곡물로 납작한 빵을 만들었지만 이것 또한 아마도 파스타와 매우 비슷하게 사용되었을 것이다. 수프나 육수는 파스타 또는 부드럽게 만든 납작한 빵과 함께 제공되었다.

알 덴테*al dente*\*로 파스타를 요리하는 전통이 언제 생겨났는지는 말하기 어렵지만 더 최근까지는 그렇지 않았다. 매우 오래된 요리책들은 종종 요리 시간을 30분 때로는 상당히 길게 잡는 것을 볼 수 있다. 이러한 조리법에는 "집에서 이것을 시도하지 말라"는 경고가 포함되어야 한다. 왜냐하면 당신이 이 오래된 조리법을 따라하면 결국 파스타와 죽의 중간쯤에 이르게 될 것이기 때문이다.

우리가 알다시피 파스타는 이탈리아가 존재하기 전에는 존재하지 않았다. 다시 말해 1800년대가 되기 전까지는 존재하지 않았다는 주장도 가능하다. 파스타가 특별한 것은 그것이 밀가루

---

\* 파스타를 이(denti)로 씹었을 때 가운데의 단단한 심이 살짝 느껴질 정도로 삶은 것.

와 물의 혼합물이라는 점이 아니다. 현재를 살고 있는 당신은 북아프리카의 쿠스쿠스(couscous), 중동의 특이하고 멋진 면 요리, 중국 북부의 중화식 밀면 그리고 놀랍도록 다양한 일본의 면 요리를 쉽게 먹을 수 있다.

독일과 인근 국가들도 전통적으로 말린 것이든 신선한 것이든 다양한 형태로 요리된 '반죽'을 제공한다. 하지만 뮌헨에서 먹는 돼지족발 요리에 곁들인 밀가루 빵, 도쿄에서는 라면 한 그릇, 노르웨이에서의 고깃국물과 함께 먹는 납작한 빵 또는 태국에서 국수를 먹은 후에 그 누구도 '파스타'를 먹은 것으로 느끼지 않는다. '*La Academia Italiana della Cucina*'와 마리네티, 그리고 모든 합리적인 사람들이 동의하듯 파스타는 '이탈리아'만의 것이다.

심지어 이탈리아가 파스타 이전에는 존재하지 않았다(파스타가 생기고 이탈리아가 생겼다)는 주장까지도 가능하다. 주세페 가리발디*Giuseppe Garibaldi*\*가 1850년대-60년대에 이탈리아를 통일했을 때 이탈리아는 전체가 되기를 갈망하는 분단된 국가가 아니었다. 부츠 모양의 반도와 시칠리아는 여러 다른 왕국과 지방으로 구성되었는데 그중 많은 곳이 로마 제국의 일부였을 때부터 같은 행정 아래에 있지는 않았다. 일부 이웃들은 어느 정도의 유대감을 느꼈지만 모든 사람이 자신들과 이웃 사람을 비슷하다고

---

\* 이탈리아의 국가통일운동과 독립운동에 헌신한 장군이자 정치가. 로마의 혁명공화정부가 붕괴하나 시칠리아와 나폴리를 정복하고 남이탈리아를 사르데냐 왕국에 바침으로써 이탈리아 통일에 결정적인 기여를 했다.

느끼는 것은 아니었다. 그들은 다른 언어를 사용했고 다른 관습이 있었고 다르게 보였다. 심지어 북부 이탈리아인들은 남부 이탈리아인들을 동포가 아닌 '아프리카인'으로 보기까지 했다.

대부분의 이탈리아인들이 마침내 그들이 통일되었다는 것을 받아들이면서 점차 동포인 것처럼 느끼게 만들었던 요소 중 하나가 바로 '같은 것을 먹기' 시작했다는 점이다. 파스타와 그리고 일부는 피자가 그 중심에 있었던 과정이었다. 1800년대 중반, 파스타와 피자는 대부분 나폴리와 그 주변 지역의 가난한 사람들의 음식으로 특화되어 있었다. 그러나 이탈리아의 통일 이후 가난한 남쪽의 이민자들이 일자리를 찾아 북쪽의 도시들로 몰려들었고 그때 자신들이 가장 좋아하는 음식을 가져왔으며 가난한 사람들의 음식은 곧 모든 사람이 제일 좋아하는 음식으로 자리매김했다.

존 디키(John Dickie)가 그의 책 『델리지아*Delizia*』에 썼듯이 오늘날 이탈리아인들의 음식 사랑에 가장 주목할만한 특징 중 하나는 그것이 얼마나 '민주적인가'이다. 과거에는 부유한 사람들과 가난한 사람들, 도시 사람과 시골 사람이 완전히 다른 식단으로 살았었다. 그러나 오늘날 그들의 아이들과 손자들은 맛있는 요리에 관하여 같은 지식과 감사함을 공유할 가능성을 충분히 가지고 있다. 비록 지역에 따라 소스는 조금씩 다르지만 모든 사람은 '파스타 한 그릇'에 대해 같은 꿈을 꾼다.

'*La Academia Italiana della Cucina*'가 "테이블의 문명"에 대해 말할 때 그것은 진심으로 의도된 도발이다. '*La Academia Italiana della Cucina*'처럼 이탈리아 문화의 중심에 '테이블'과 '식사'를 올려놓는 것은 문화에 대한 기존의 지배적 시선에 위배되기 때문이다. 예술, 종교 그리고 문자 언어가 위에 있고 음식은 필수품으로써 문명의 피라미드 아래를 차지한다는 지배적 관점 말이다. 예술이 정신, 지성 그리고 문화와 연관된 반면 음식은 신체의 연료이다.

이 단체의 가장 중요한 주장은 음식도 문화이고 사람들을 하나로 묶어 주며, 인류가 만들어내고자 하는 '필요'에 대한 표현이 된다는 것이다. 음식이 더 위대하지는 않더라도 최소한 다른 문화 요소들과 동등한 잠재력을 가지고 있다는 것이다. 모든 사람이 극장, 박물관, 또는 오페라에 가는 것이 아니다. 하지만 우리 모두는 먹어야 하고, 공유된 음식 문화를 갖는 것은 우리가 누구인지를 정의내리는 것을 돕는다. 이탈리아인들은 푸치니*Puccini*와 미켈란젤로*Michelangelo*보다 파스타에 의해 더 많이 정의된다.

페데리코 펠리니*Federico Fellini*[*]는 생명이란 카르보나라 파스타 한 그릇에서 발견할 수 있는 마법과 파스타의 결합이라고 믿었다. 나는 자연을 거의 거스르는 요리인 작은 걸작을 내 앞에 두고 있다. 한편으로는 아주 진득한 ─당신이 이것을 무엇이라고 부르든─ 소스로 가득 차 있다. 하지만 당신이 경험해온 거의 모든 파스타는 소스가 거의 없다. *라 카르보나라*에서의 카르보나라는 작

---

[*] 1920년에 출생한 이탈리아의 영화감독으로 〈길〉이라는 영화로 세계적인 주목을 받았다.

은 리가토니*rigatoni*\*와 함께 제공되는데 이 소스는 마치 자성을 띠는 것처럼 달라붙는다. '골든 카르보나라'는 당신이 힘들 때를 위한 훌륭하고 편안한 음식이며 당신이 배고플 때에는 에너지 팩의 역할을 하기도 한다. 또한 아이들과 함께 먹기에도 좋으며 데이트를 할 때는 특별할 수 있는 세련된 음식이다.

조리법은 간단하지만 완벽하게 만들기는 어렵다. 당신이 직접 만들게 되면 소스의 점도가 너무 강해지는 경향이 생길 수 있는데 이러한 경우에는 어쩌면 속이 느글거리거나 구역질이 날 수도 있다. 또 다른 경우에는 쉽게 뜨거워져 달걀이 응고되어 알갱이가 될 수도 있다. 소스의 양이 너무 많을 수도 있고 너무 적을 수도 있다. 결국 카르보나라는 결코 *라 카르보나라*에서 제공되는 소스만큼 완벽하기는 어렵다.

*라 카르보나라*의 역사는 100년 전 이상으로 거슬러 올라간다. 페데리코 살로모네*Federico Salomone*는 티베르*Tiber* 남쪽 폰테 산탄젤로*Ponte San't Angelo* 근처의 리오네 폰테*Rione Ponte*라는 마을에서 석탄 상인으로 일했다. 그가 이웃들에게 석탄을 파는 동안 그의 아내 도메니카*Domenica*는 지역 노동자들에게 그녀가 만든 음식을 팔았다. 시간이 흐르면서 도메니카의 식당은 지역의 터줏대감이 되었다.

1800년대 말, 로마는 막 통일된 이탈리아의 수도가 되었다. 로마는 대략 1,500년 동안의 지속적인 쇠퇴와 퇴락을 겪은 다음

---

\*    구부러진 굵은 튜브 모양의 파스타.

이때가 되어서야 성장하기 시작했다. 이탈리아 전역의 귀족 가문들이 로마로 옮겨 오고 있었으며 그들 중 많은 수가 리오네 폰테와 그 주변에 새로운 집을 지었다. 이 사람들이 전부가 아니었다. 더 많은 노동자, 더 많은 관리, 군인들, 사업가들이 몰려들었다. 1861년 로마의 인구는 이윽고 20만 명을 넘어섰다. 100년 후에는 2백만 명 이상으로 증가했다.

결국 음식은 석탄보다 더 중요해졌고 페데리코가 세상을 떠나자 도메니카는 레스토랑을 전업으로 운영하기 시작했다. 그녀는 레스토랑을 확장하고 전문화했지만 그녀의 죽은 남편을 기리기 위해 항상 밖에 걸려 있던 식당의 이름은 '일 카르보나라*Il Carbonara*'였다. 남편의 석탄 상점 이름을 그대로 유지했던 것이다.

수십 년 후 그녀의 딸 안드레이나*Andreina*가 레스토랑을 물려받게 되었다. 일 카르보나라는 레스토랑으로서의 적절한 메뉴를 모두 충실히 갖추었을 뿐만 아니라 손님들에게 몇 가지 편리한 옵션도 제공했다. 이 옵션 중 한 가지는 당시로서 파격적이면서도 존경받을 만한 일로 남는다. 그때만 해도 모든 손님이 나이프나 포크 등을 직접 가지고 오는 것이 관례였는데, 바로 이 커틀러리를 레스토랑에서 제공하기로 한 것이다. 손님들이 일 카르보나라에 올 때면 더이상 식사도구를 들고 올 필요가 없게 되었다.

레스토랑은 장사가 잘 되었고 제2차 세계대전 당시 이탈리아의 항복 이후 안드레이나는 레스토랑을 캄포 데 피오리 광장*Piazza Campo de'Fiori*의 북쪽에 있는 현재 위치로 옮겼다. 그녀의 아버지를 기리기 위해 또한 아마도 계속해서 기성 브랜드를 사용하기 위해 레스토랑의 이름은 유지하다가 오늘날의 '라 카르보나라*La Carbonara*'로 상호를 바꾸었다. 레스토랑의 다른 것은 변함이 없었고, 이것만이 작은 변화였다.

현재는 도메니카의 손녀인 마리아*Maria*와 그녀의 남편 다리오*Dario* 그리고 그들의 자녀들이 운영하고 있으며 카르보나라 파스타의 오리지널 레시피를 관리하는 것으로 유명하다. 비록 보통의 이탈리아 음식처럼 요리법이 실제로 무엇인지 통일하기는 어렵지만 아마도 그 특별함은 단순하지 않을까. 이탈리아 요리 성공의 열쇠는 프랑스 요리처럼 최고의 요리사에게만 달려있는 것은 아니다. 그들 자신의 요리법을 '원래의 맛'으로 증명하는데 달려 있다.

이탈리아와 이탈리아 사람들이 가장 매혹적으로 보일 수도 있는 반면 가끔은 좌절감을 주는 것을 꼽자면 다음과 같다. 음식에 대한 이탈리아 사람들의 집착 그리고 음식과 요리에 관하여 서로 간에 얼마나 의견이 다른가이다. 당신이 이탈리아 음식에 대해 어떤 식도락가와 이야기를 나눈다면 그가 어떤 요리가 만들어지는 방식과 어디에서 유래했는지에 대해 매우 확실하면서 고정된 식견을 가지고 있다는 것을 알 수 있다. 만일 당신이 두 사람과 이야기를 나누고 있다면 그 둘은 음식과 요리에 관한 한 대다수가 그렇듯이 완전히 서로에게 동의하지는 않을 것이 자명하고 나는 종종 그 이유가 궁금했다.

여기에 대한 한 가지 설명은 이탈리아 사람들이 가진 분명한 '이탈리아성'에도 불구하고 이 사람들은 자신의 나라에 대해 아직까지도 공통적인 이야기, 하나의 통합적인 이야기를 가지고 있지 않다는 것일 수 있다. 대신에 그들은 어떤 특정 지역에 속해 있다고 할 수 있는 '지역적 작은 애국 이야기'들을 가지고 있는데 이것은 바로 파스타 소스에 관련된 것이다. 이탈리아인들은 일종의 신성한 전통을 늘 가지고 있는데 그 전통이 꽤 새로울 때에도 그리고 당연히 이웃의 전통보다 좋아 보이지 않더라도 자신들이 지닌 전통을 유지하려 한다.

처음으로 이탈리아에서 일을 했던 1990년대에 유럽 전역의 레스토랑 주방에 페스토*Pesto*\*의 침략이 있었다. 이 침략은 마치 전염병 같았다. 이 녹색의 허브 퓌레가 들어가지 않은 요리가 거의 없었다. 이윽고 이 현상은 이탈리아 음식에만 국한되지 않았다. 페스토는 모든 요리에 그리고 모든 요리를 위해 사용되었다. 아귀와 양고기를 마리네이드 하는 데에도 페스토를, 샐러드와 튀긴 생선에도 녹색 페스토 방울들을, 그리고 요리 주변에 시각적인 효과를 위해 반쯤 예술성을 띈 듯한 모습으로도 페스토를 사용했다. 페스토는 샌드위치와 피자 토핑으로도 변신했다. 페스토는 파티에서 뿐만 아니라 어떠한 날이라도 도처에 있었다. 토마

---

\* 신선한 바질과 마늘, 치즈, 엑스트라 버진 올리브 오일, 잣 등을 갈아서 만든 이탈리아의 전통 소스.

토케첩이 패스트푸드의 세상에 있게 되었듯 페스토는 도시 중산층의 세상에 확고하게 자리 잡았다.

결국 나는 페스토에 어느 정도 '마리네이드' 된 상태로 어느 날 페스토의 고향인 제노바Genova에 갔다. 해외에서 자신들의 '녹색 소스'가 얼마나 중요해졌는지 자각하지 못하고 있었던 바로 그곳. 국경을 넘어 이탈리아로 들어간 후 처음으로 식사를 한 곳은 제노바에서 멀지 않은 작은 마을이었고 그곳에서 나는 가장 맛있는 페스토를 즐겼다. "페스토란 이런 맛이어야 해! 이탈리아의 맛이란 바로 이런 거야!" 그리고 며칠 후 점심이나 저녁으로 무엇을 먹을지 고민하던 중 이내 나는 같은 것을 주문하고야 말았다. 페스토가 들어간 파스타! 안전한 선택이란 이런 것이리라. 레스토랑이 자신들의 시그니처 메뉴로 나에겐 생소하면서 쓴맛을 지닌 채소나 앤초비, 또는 알 수 없는 내장 요리를 내놓으려 할 때는 더욱 그렇다. 하지만 그곳에서 불과 200여 킬로미터 떨어진 곳에서의 페스토는 이미 달라져 있었다.

그곳의 페스토는 파르미지아노 치즈와 잣이 풍성하게 들어가지 않아 더이상 깊고 밀도 높은 맛을 내지 못했다. 내가 고른 레스토랑이 실수를 한 것이거나 아니면 분명 나의 실수였을 것이라고 생각했다. 하지만 그 다음에도 역시 비참하면서도 민감하게 반응할만한 페스토의 변형을 만났다: 바질에 오레가노와 파슬리를 함께한 조합의 페스토였다. '바질만으로도 충분히 채울 수 있었을텐데'라는 생각을 하게 만들었다. '지역적인 변형일 수도 있겠지?' 라고도 생각해 보았으나 개선의 여지가 없었다. 그리고 또 한 번은 로마 외곽의 어딘가에서 초록색 주근깨같이 생긴 말린 바질을 뿌린 삶은 파스타를 받았는데 올리브 오일에 파스타가 익사할 것처럼 푹 잠겨 있었다. 파르미지아노 치즈가 사이드 디시로 함께 제공되었지만 톡 쏘는 듯한 짠맛이 났고 지금까지 먹었던 파르미지아노 치즈와는 전혀 달랐다. 한마디로 끔찍했다. 그곳이 이탈리아가 아닌 다른 지역의 어느 식당이었더라면 다시 돌려보냈을 요리였다. 하지만 나는 그저 조용하게 실망스러움과 끔찍함을 맛봤다.

누군가 어느 날 이렇게 말했다. "당신이 실망스러웠던 이유는 당신에게 익숙한 페스토가 제노바의 페스토*pesto alla genovese*이기 때문이에요." "제노바 페스토는 최고의 페스토에요. 하지만 당신은 다른 지역에는 다른 페스토가 있다는 것을 이해하셔야 합니다!" 아니 그건 이해할 수 없다! 왜 그대들은 같은 요리법을 사용하지 못하는 건가? 왜 그 누구도 최고의 방법으로 페스토를 만들려고 하지 않는가? 그저 바질과 잣, 마늘, 파르미지아노 치즈, 올리브 오일로 된 것 말이다.

카르보나라도 마찬가지이다. 이탈리아에서도 온갖 종류의 이상한 방식으로 만든 카르보나라가 나올 수 있다. 어떤 경우에는 크림색 소스에서 수영하고 있는 파스타를 만날 수도 있다. 그렇지 않으면, 카르보나라를 만든다는 것이 얼마나 나쁜 생각이었는지 증명이라도 하듯, 마치 누군가가 악의로 만든 것처럼 건조하다 못해 거의 바스라질 지경에 이른 것도 있다.

만일 카르보나라가 구안치알레와 함께 너무 묵직한 느낌으로 나온다거나 달걀노른자나 과하게 숙성한 페코리노 치즈를 많이 넣으려는 '마을 최고의 카르보나라 요리사'의 희생물이 된다면 상황은 정말로 잘못될 수 있다. 당연히 누군가에겐 좋을 수도 있지만 요리사의 관대함이 결과적으로는 카르보나라를 다소 구역질나게 만들 수도 있는 것이다. 하지만 이곳 *라 카르보나라*에서는 절제와 진정성을 혼합하여 올바르게 카르보나라를 만든다. 최소 일주일 동안에도 수백, 수천 인분을 제공할 것이고 *라 카르보나라*의 카르보나라는 레스토랑이 가진 제2의 '천성'이기 때문에 그 결과는 언제나 비단처럼 부드럽고 또 부드럽다.

카르보나라 파스타는 이탈리아에서 가장 존경받는 비물리적인 구조의 기둥이다. '라 쿠치나 아우텐티카*la cucina autentica*': 이탈리아 요리를 구성하는, 다양한 이탈리아스러운 지역 특산물의 총합을 일컫는 말이다. 카르보나라 파스타는 로마에서 유래했고 구안치알레, 달걀, 후추, 파스타 및 페코리노 치즈가 들어가야 한다. 만약 당신이 이것 중 하나라도 빠뜨린다면 그것은 카르보나라 파스타가 아니다. 또한 당신이 무언가를 추가한다면 그것 또한 카르보나라 파스타가 아니다. 토론 끝!

카르보나라를 만들 때는 당신은 로마에서 가장 중요한 음식을 만들고 있는 것이므로 파르마*Parma* 주변의 에밀리아-로마냐 *Emilia-Romagna* 지역에서 생산되는 파르미지아노 치즈—파르미지아노 레지아노*parmeggiano reggiano*—를 사용하는 것은 잘못된 일일 수 있다. 로마에서는 카르보나라에 양젖으로 만든 치즈인 페코리노를 쓴다. 내가 로마 외곽에서 먹은 적이 있는 페스토 파스타에 의문스러울 정도로 날카로운 맛을 선사한 이 치즈가 카르보나라에는 추가적인 무언가를 부여해 준다.

카르보나라의 맛을 음미할 가치가 있는지 알기 위해 나는 파스타를 한 입 베어 문다. 어쩌다 로마인들이 카치오 페페*cacio pepe*—치즈와 후추로 맛을 낸 파스타—의 '하드코어' 버전을 한 접시 만들어 식탁에 올리면 살금살금 풍겨오는 양과 헛간의 냄새를 맡을 수 있다. 당신은 이 냄새에서 부드럽고 기름진 풍미 사이로 흘러나오는 어떤 강렬함을 느끼며 요리에 깊이가 더해졌다는 생각을 할 수 있지만 내가 만든 파스타에선 이러한 맛을 느낄 수 없다.

카르보나라에 판체타*pancetta*\* 또는 '신이 금지한' 베이컨을 사용하는 것도 죄악이다. 당신의 카르보나라에 가장 달콤하고 바삭한 지방을 안겨주는 것은 분명 구안치알레—돼지 뽈살—일 것이다. 내가 오후 4~5시 쯤 아파트 테라스에 서면 *라 카르보나라*의 요리사들이 튀겨내는 구안치알레 냄새가 난다. 몇 시간 동안 돼지고기 지방 냄새가 지붕 위를 지나 부드럽게 떠내려간다. 엉성한 요리사들처럼 쟁반에 얹어 오븐에 구워낸 염장 돼지고기는 속임수에 불과하며 이것으로는 절대 그 맛을 알 수 없을 것이다.

카르보나라의 기원에 대한 많은 이야기가 있다. 그중 하나가 실제로 페데리코와 도메니카가 석탄 판매와 식당 사업을 함께 운영할 때부터의 *라 카르보나라* 기원설이다. 이야기에 따르면 카

---

\*   돼지 뱃살을 염장하고 향신료로 풍미를 더해 바람에 말려 숙성한 것.

르보나라는 일반적으로 석탄 판매업자의 가족들에게 제공되는 요리였는데 이 파워 식단이 열심히 일하는 석탄 노동자들에게 특히 적합했기 때문이다. 그리고 그들이 음식을 먹는 동안 보통은 음식에 석탄 먼지가 내려앉는 경우가 흔했었기에 이에 대한 아련한 경의의 표시로 요리에 후추를 더했던 것이다.

카르보나라 파스타가 세계에서 가장 유명하고 인기 있는 요리 중 하나라고 주장하는 것은 과언이 아니다. 하지만 세계의 다양한 '카르보나라'는 엄격하게 구성된 로마 방식과는 거리가 멀다. 'La Academia Italiana della Cucina'는 '가장 흔하게 위조된(영문 혹은 원문)' 이탈리아 요리법의 목록을 발표했고 최고의 챔피언은 카르보나라 파스타였다.

이탈리아 한 웹사이트의 조언 중 하나는, "만약 당신의 남자친구가 구안치알레 대신 판체타나 베이컨으로 카르보나라를 만든다면 헤어져라."이다. 이탈리아적인 맥락에서 바라본다면 논란의 여지가 없을 만한 시작점으로 이후 조언은 계속된다: "만약 당신의 남자친구가 마늘로 카르보나라를 만든다면 헤어져라. 만약 당신의 남자친구가 파슬리로 카르보나라를 만든다면 헤어져라. 만약 당신의 남자친구가 양파로 카르보나라를 만든다면 헤어져라. 만일 당신의 남자친구가 상자나 봉지로 카르보나라를 만든다면 접근 금지 명령을 수용하라."

카르보나라 파스타는 영국을 거쳐 유럽의 나머지 지역으로 퍼져나갔다. 제이미 올리버(Jamie Oliver)가 수련을 했으며 그가 발탁된 식당인 런던의 '더 리버 카페(The River Cafe)'는 이탈리아 요리를 널리 알린 여러 이탈리안 레스토랑 중 하나이다. 또한 피아스코 병에 튀어나오게 꽂힌 양초와 빨간 체크무늬가 있는 식탁보를 깔고 토마토 소스를 곁들인 스파게티를 파는 기존의 레스토랑들을 넘어서는 이탈리아 요리를 선보인 최초의 식당 중 하나이기도 하다.

템즈 강둑에서 그들은 이상적인 이탈리아 음식을 소개했는데 음식은 장작불 오븐에서 만들었고 올리브 오일은 늘 '엑스트라 버진'으로 순정 버전이었다. 100파운드짜리 와인은 심플하지만 완벽하여 그저 오만하게 준비된 농부의 음식이 아니었다. 이 레스토랑의 카르보나라 파스타는 맛있었고 또한 이 파스타 레시피는 식당이 내놓은 획기적인 파란색 요리책을 구매한 수십만 명의 사람들에게 파스타 세계로의 새로운 문을 열어주었다. 비록 논란이 있기는 하지만 좋은 레시피였다.

일부에서는 심지어 이단으로 간주되기도 하는데 그 이유는 구안치알레 대신 판체타를 쓰고 페코리노 대신 파르미지아노 치즈를 사용하기 때문이다. 그러나 가장 중요한 것은―그리고 아마도 가장 나쁜 점 중에서도 중요한 것은―카르보나라에 '크림'을 사용하고 있다는 것이다. 맛은 있지만 그렇게 해서는 안 되는 것이다. 더 리버 카페는 대부분의 레시피를 토스카나*Toscana*에서 가져왔고 그 외 나머지는 북부 이탈리아에서 가져왔다. 로마인들이라면 더 리버 카페가 쓰는 카르보나라의 레시피는 옳지 않다고 말할 것이 분명하다. 그 요리법은 진짜가 아니다.

이탈리아 사람들이 음식에 얼마나 관심이 많은지 과장하기는 쉽다. 그렇다고 모든 이탈리아 사람들이 그러한지는 또 확실치 않다. 로마를 처음 방문했을 때 나는 '현지인들이 먹는 음식'에 집착했었다. 나는 현지 음식에 대해 꽤 많이 알고 있었기에 모퉁이에 있던 어떤 멋진 트라토리아trattoria*에서는 메뉴가 이탈리아어와 영어로 된 것을 본 후에 그냥 걸어 나오기도 했다. 주요 관광지에서 약간 떨어진 마을 외곽의 식당으로 점심을 먹으러 가는 직장인들의 행렬을 따라갔었다. 그곳에서의 나는 유일한 외국인이며 이런 형광등 조명과 아주 복잡한 주문 시스템이 딸린, 드문드문 꾸며진 공간에 있다는 것에 만족스러운 기분을 느꼈다.

하지만 잠깐. 이게 뭐지? 눅눅한 천으로 만든 것 같은 피자를 대접받은 나의 충격은 주방에서 특유의 '땡' 소리가 나면서 더욱 커졌다. 왜냐하면 그 소리는 전자레인지가 가진 편리함이 승리를 연호하는 벨소리였기 때문이었다. 회전교차로에 있던 트라토리아가 아니라 이곳에서 점심을 먹기로 결정한 사람들은 이 식당이 숨겨진 보석이라서가 아니라 싸고 빠른 무언가를 바랐기 때문에 그렇게 한 것이었다.

이런 상황은 모든 곳에서 동일하다. 수백 가지의 다양한 올리브 오일, 풍성한 채소 코너, 그리고 한 마리의 온전한 토끼, 오리, 돼지고기 등의 인상적인 식료품을 판매하는 이탈리아의 슈퍼마켓들은 앞서 말한 식재료들과 마찬가지로 인상적인 가공식품들

---

\* 격식을 갖춘 정찬이 아닌 간단한 음식을 제공하는 식당.

도 판매한다. 세상에서 가장 큰 치즈 퍼프가 들어있는 봉지, 코카콜라를 건강 음료처럼 보이게 만드는 야광 녹색 소다, 그리고 카르보나라 소스 패키지들. 많은 이탈리아인은 이러한 식품들에 대한 선호를 가지고 있거나 오히려 더 잘 알지 못한다. 그러나 이런 것에 신경 쓰지 않는 사람을 대신해 무언가가 잘못되었을 때 그 잘못에 관해 항의하면서 전통을 고수하는 사람들에게 보상을 안겨주는 누군가가 또 충분히 있다.

바로 옆 테이블에서 한 어머니가 내 아이들과 나이가 비슷해 보이는 세 자녀와 식사 중이었다. 두 남자아이와 한 소녀는 멋지게 앉아 식사를 하는데 내 아이들이 늘 그렇듯이 이 아이들 또한 자리에서 꿈틀거리지 않기에 나는 그 모습에 매료되었다. 그들은 소리도 지르지 않고 사용법을 마스터한 도구처럼 유용하게 칼과 포크를 다루고 있었다. 그들은 여느 아이들처럼 '야생 동물'이 아니라 작은 어른과도 같았다.

온 가족이 카르보나라를 주문해 정성껏 먹고 있는 중이었다. 이토록 예의 바른 아이 중 막내가 칼과 포크를 내려놓고 엄숙한 목소리로 테이블에 있는 모든 사람에게 "라 베라 카르보나라!*La vera carbonara!*" 즉 "진짜 카르보나라!"라고 규칙적 간격을 두고 몇 번을 말하고 나서는 식기를 집어들고 계속 식사를 이어간다. 알고 보니 이 가족은 원래 로마 출신이지만 현재 이탈리아 동부에 살고 있었다. "우리는 최근에 뉴욕에서 휴가를 보낸 적이 있어요."라고 어머니는 설명했다. "그리고 뉴욕에서 소위 이탈리안 레스토랑이라 불리는 곳에서 카르보나라 파스타를 먹게 되었는데, 정말 끔찍했지요. 심지어 아이들을 울게 만들었어요. 우리 막내가 특히 화가 난 상태여서 우리는 아이들을 데리고 식당에서 나와 버렸어요." "왜 그들이 카르보나라를 그렇게 만든다고 생각하세요?" 나는 물었다. 어머니는 "전혀 모르겠어요."라고 대답했다. 이 때 큰아들이 대답했다. "제 생각에는 그 사람들이 이탈리아 사람들의 감정을 가지고 노는 것을 좋아하기 때문인 것 같아요."라고.

무엇보다도, 이탈리아 요리는 이것에 관한 것이다: 진본성(authenticity). 프랑스 미식은 전통뿐만 아니라 혁명과도 관련이 있다. "오늘 저는 세상이 전에 본 적이 없는 요리를 만들러 갑니다." 프랑스의 마스터 셰프인 알랭 파사르(Alain Passard)가 매일 일하러 가기 전에 혼자 하는 말이다. 프랑스에서 사람들은 주저하지 않고 최고의 요리사들을 '예술가'라고 부른다. 프랑스의 요리사들은 놀라움과 충격을 안겨주는 존재가 되어달라는 요구를 받는 것과 동시에 그 대가로 천국을 누릴 기회를 갖는다.

이탈리아 요리사들은 그 어떤 것도 발명한 것처럼 하지 않는다. 그들은 전통과 그 전통이 고스란히 보존되던 시대에 그들의 요리가 뿌리를 두고 있다고 공언한다. '라 쿠치나 아우텐티카*la cucina autentica*(요리의 진본성)'는 '라 쿠치나 디 논나*la cucina di nonna*' 즉, 할머니의 부엌이다. 그리고 할머니의 부엌은 음식 트렌드와 외부의 영향을 받지 않아야 한다.

파올로 페트리니Paolo Petrini는 요리 학교의 성경과도 같은 책 『라 쿠치나La Cucina』 서문에 "오직 이탈리아에 살면서 전통을 알고, 일상생활과 지속적으로 접촉하는 것만이 진정한 이탈리아 가정식을 구성하는 요리들을 이해하고, 평가하고, 선택하는 것을 가능하게 하는 방식이다."라고 쓰고 있다. 그리고 덧붙여 이 책은 "이탈리아 전역에서 온 2,000개 이상의 정통성 있는 요리법의 컬렉션이다."라고 썼다.

이탈리아 음식은 아마도 세계에서 가장 성공적인 음식임에 틀림없다. 당신은 피자, 파스타, 발사믹 식초, 그리고 파르미지아노 치즈를 전 세계 어디에서나 쉽게 접할 수 있다. 하지만 이탈리아 음식을 더욱 성공적으로 만드는 것은 접근의 용이성뿐 아니라 요리의 영혼을 잘 보존했다는 점이다.

이탈리아 음식을 통해 "여러분이 우리를 방문해 우리의 음식과 와인을 구입하면서 환대를 경험할 수는 있지만, 우리를 사들이거나 여러분이 가진 취향이 우리의 문화에 영향을 미칠 수는 없습니다."라고 이탈리아 사람들이 당신에게 말하고 있는 것 같지 않은가. 이탈리아 사람들은 세상이 그들의 음식을 사먹음으로써 세상을 살아 나간다.

이 나라가 관광지로 가장 두드러진 측면 중에는 바로 '음식과 요리'가 있다. 물론 이렇다 할지라도 이탈리아인들은 계속해서 그들의 음식이 '올바르게' 이루어져야 한다고 주장한다: 말하자면 이들에게 올바른 것은 '할머니의 방식'이다.

해산물 파스타에 파르미지아노 치즈를 뿌리려는 손님을 본

웨이터가 그러한 비극을 막기 위해 달려드는 장면을 본 것은 나 뿐만이 아닐 것이다. 더불어 이탈리아인이 아닌 사람들도 진정한 이탈리아 음식을 만들려는 희망으로 요리학교에서나 불법한 거대한 요리책을 계속해서 구매한다. 책의 서문에서 그것이 꽤 불가능한 일일 것이라 분명 언급하고 있음에도 불구하고 말이다.

내가 만드는 카르보나라는 꽤 맛있다. 나는 분명히 카르보나라를 만드는데 더 많은 시간을 소비하지만 라 카르보나라*La Carbonara*보다는 재료에 관대한 편이다. *라 카르보나라*에서 카르보나라를 먹을 때마다 느끼는 점은 여전히 내 것보다 훨씬 낫다는 점이다. 카르보나라를 만드는데 필요한 모든 것을 이탈리아에서 샀음에도 불구하고 여전히 내 카르보나라는 *라 카르보나라*의 것에 비하면 탐탁치 않다. *라 카르보나라*에서의 카르보나라는 진짜다.

이탈리아 요리의 진본성*la cucina autentica*은 이탈리아 음식이 종종 나를 미치게 만드는 이유 중 하나이다. 이것은 너무나 확연하다! 정말 이어나가기 힘든 것이기도 하다! 최고라고 아주 고집스럽게 말할 수 있다! 하지만 동시에 또 다른 이유 중 하나는 절대로 이 요리가 싫증나지 않는다는 것이다. 나는 이탈리아 음식이 그토록 아름답기도 하면서 모든 단순함 안에서 세련미를 만드는 것이 무엇인지를 계속 상기하게 된다. 이를테면 발렌티나*Valentina* 셰프가 토끼 스튜에 살리나*Salina*\*의 캐이퍼만을 사용한다는 것,

---

\* 이탈리아 남부 시칠리아 북쪽의 에올리에 제도(Isole Eolie) 군도에서 두 번째로 큰 섬.

캐이퍼를 세척할 때 움직이는 손의 방식 그리고 토마토, 마늘, 올리브 오일과 바질만으로 구성된 토마토 소스의 진한 맛을 내기 위해 하는 부수적인 작업 같은 것이리라. 완벽한 카르보나라를 만드는 데에는 어쩌면 파올로 페트리니의 말이 맞을 수도 있다. 당신이 완벽한 카르보나라를 성공적으로 만들기 위해서는 이탈리아에 살아야 하고 이탈리아 사람이 되어야만 하는 일종의 '음악성(musicality)'[*]과 같은 것이 필요하다.

하지만 이 모든 것이 얼마나 '진품'일까? 로마의 가장 중요한 요리 중 하나인 카르보나라는 역사가 말해주듯 *라 카르보나라*의 현재 소유주인 마리아의 할머니이자 석탄 판매자의 아내였던 도메니카에 의해 만들어진 걸까? 내가 마리아의 남편인 다리오 마르텔리에게 이 질문을 했을 때 그는 고려할 가치도 없는 생각이라고 전면적으로 일축했다.

그는 "카르보나라 파스타의 발명이라구요? 그 질문은 누가 침대를 발명했는지를 묻는 것과 같아요"라고 답했다. 그가 보았듯 카르보나라는 일종의 '플라톤의 이데아' 같은 것이며 이탈리아 요리가 가진 DNA의 영원한 부분인 것이다. 다양한 가지를 수없이 많이 뻗고 있는 고목과 같은 이탈리아 음식이라는 개념과 어찌 보면 양립할 수 없는 것처럼 들린다. 문제는 어떤 오래된

---

[*] musicality. 음악을 듣고 그 음악을 이해하며 아름다움에 감동할 수 있는 것. 그리고 음악적인 표현도 가능한 것과 더불어 그것이 그 사람의 인격 구조에 있어 중요한 일부를 이루는 것. 이 모든 것을 종합한 것.

요리책에도 카르보나라에 대한 언급이 전혀 없다는 것이다. 예를 들어, 로마 요리에 관한 가장 크고 가장 중요한 책인 1930년의 아다 보니*Ada Boni*\*의 요리책에도 언급이 되어 있지 않다. 그렇다면 카르보나라는 어디서 온 것일까? 그리고 어떻게 그토록 중요해져서 남자친구를 버리거나 이 요리를 보호하기 위한 '성명서'까지 쓰게 만들 정도 가치 있게 되었을까?

카르보나라의 기원에 대한 또 다른 설명은 다음과 같다: 1944년 연합군에 의해 로마가 해방되었을 때 당시 전쟁으로 황폐해진 로마는 다른 도시에 비해 상태가 꽤 좋았다. 1943년 로마에는 약간의 폭격이 있었지만 바티칸의 본거지였기 때문에 – 그리고 그 누구든 가톨릭교회의 최고 정신적 지도자에 대한 공격으로 보일 수 있는 일을 하기는커녕 중요한 역사적 기념물들을 파괴한 것에 대한 책임을 지고 싶어 하지 않았으므로 – 로마는 큰 파괴나 인명 손실을 피할 수 있었다. 그럼에도 불구하고 이탈리아는 비상사태에 놓여 있었다. 전 국민은 수년간의 오랜 전쟁 후 가난에 찌들었고 항상 외부로부터의 식량 공급에 의존했던 로마는 식량이 부족했다.

1944년 6월 4일 수천 명의 연합군 측 미군이 거리에서 환영

---

\*    이탈리아 요리사, 잡지 편집자, 요리책 작가. 1928년에 출판된 그의 가장 유명한 책 『Il talismano della felicità(행복의 부적)』은 고전 이탈리아 요리책 중 하나로 간주되며 여전히 인기가 높다. 그는 또한 사라져가는 전통 요리를 보존하겠다는 목표를 가지고 『La cucina romana(로마의 부엌)』를 썼다.

을 받으며 로마에 도착했다. 그리고 파리와 다른 해방된 도시들에서 그랬던 것처럼 이 군인들은 지역 식당과 카페의 중요한 고객이 되었다. 그들은 달러, 나일론 스타킹, 담배뿐만 아니라 들판이 무성하고 헛간이 꽉 들어찬 미국의 풍성한 농경 지역에서 온 음식도 가지고 들어왔다.

그러나 미국인들은 그들이 보기에 이국적이고 기름지고 이상한 이탈리아 음식에 대한 관심이 전혀 없었다. 이탈리아 음식에 대한 '낭만화'는 그로부터 수십 년이 지나서야 시작되었다. 옥수수를 먹은 미국 중서부 병사들인 빌리, 알버트 그리고 제이크에게 앤초비와 마늘이 들어간 음식은 그저 그것을 먹는다는 생각만으로도 혐오스러웠을 것이다. 아티초크나 동물의 내장같은 로마의 특산품은 말할 것도 없었다.

음식 역사학자인 알랭 데이비슨(Alan Davidson)에 따르면 이러한 상황이 카르보나라 파스타의 발전에 꽤 중대한 영향을 미쳤다. 카르보나라 파스타가 생겨난 것은 바로 그 시기, 전쟁 중과 전쟁 직후였다. 군인들의 배급은 베이컨과 달걀 그리고 때때로 통조림으로 된 크림과 같은 이탈리아에서는 보기 드문 재료들이 포함되어 있었다. 하지만 군인들은 직접 요리하거나 군대 막사 안에서 이 배급품들을 먹는 것에 전혀 관심이 없었다. 결국 이 재료들을 이탈리아의 레스토랑으로 가져가는 결과를 낳았다.

군인들은 지역 요리사들에게 미국인이 가진 제한적이고 나름대로 민감한 미각에 도전적이지 않은 요리를 준비해 달라고 요청했다. 그러니 이러한 '대체 기원설'에 따르면 최초의 진짜 카르보나라는 미국산이거나 일종의 이탈리아계 미국산인 잡종이었던 것이다. 풍요의 땅에서 나온 베이컨, 달걀, 크림을 곁들인 이탈리아 파스타!

미군들이 떠난 뒤 평화가 찾아왔다. 미군들이 떠나자마자 이 요리의 조리법은 유행을 타기 시작했다. 외국 기원의 흔적은 숨겨졌고 카르보나라는 이탈리아의 문화유산에서 떼어낼 수 없는 이탈리아의 것이 되었다.

우리가 식당에 앉아있는 동안 여러 명의 잘 차려입은 사람들과 예의 바른 아이들이 계몽된 대화를 하면서 지역의 특산물을 즐기는 것을 보면 'La Academia Italiana della Cucina'가 의미하는 "식탁의 문명"이라는 말이 무엇을 의미하는지 이해하기 쉬워진다. 이러한 식탁들과 로마와 이탈리아 주변의 수천 개의 다른 레스토랑들에서 일어난 대화를 상상해 보라. 냅킨에 그려진 스케치들과 흥얼거리는 멜로디와 연애가 시작되었던 시간을 상상해 보라. 그리고 부엌에서 흐르듯이 나와 우리에게 만족과 포만감을 남겨준 모든 음식을 상상해 보라. 하지만 이 "식탁의 문명"을 더 자세히 들여다보면 'La Academia Italiana della Cucina'가 의미하는 것보다 더 멀리 나아갈 수도 있다. 그렇다. 심지어 "식탁의 문명"과 "문명"이 같은 것이라고 주장할 수도 있을 것이다.

오늘날 문명에 대해 이야기하는 것은 진부하고 구식이며 어쩌면 인종차별적인 것으로 비춰지고 있다. 지금껏 문명은 종종 '덜' 문명화되었다고 여겨지는 사회에 대개는 서유럽의 문명을 강요하려는 시도와 관련이 있어 왔다. 이러한 사회들이 무작위적인 성향이나 편견을 가졌다는 이유로 말이다.

100년 전쯤 스칸디나비아 연합선교회를 대표하여 쓴 내 증조할아버지의 여행기인 『Among Blacks and Whites in South Africa(남아공의 흑인들과 백인들 사이)』에 실린 사진 중 하나의 제목이 '문명의 영향을 약간 받은 두 명의 줄루족'이라고 되어 있다. 이 두 명의 줄루족은 부분적으로 옷을 입고 있었다. 그 때문에 선교사들 눈에는 문명화되지 않은 벌거벗은 원주민들과는 대조적으로 '약간' 문명화된 것으로 여겨진 것이다. 하지만 문명은 사람이 입는 옷의 양에 따라 결정되는 것이 아니다. '문명'이라는 단어는 라틴어인 civilis에서 유래했다. 이 단어는 사람들의 합이 전체를 구성하며, 다양하고도 전문화된 임무를 수행하는 도시나 도시국가를 나타낸다. 또한 그 밖의 밀집된 모임들이 가지는 사회조직과 관련이 있다.

고대 유적이 모든 건축물 아래에 놓여있는 이곳 로마에서는 인류 역사 중 소위 '문명화'되었다는 부분이 얼마나 짧은지를 잊어버리기 쉽다. 겨우 1만 4,000년 전으로만 거슬러 올라가도 수렵채집으로 삶을 지탱하던 유목민족이 모여 사는 세상이 전부였다. 제임스 C. 스콧(James C. Scott)*은 그의 책 『Against the Grain(곡물에 반대하며)』에서 초기 인류사회의 고고학적 발견에

---

\* 예일대학교 정치학 스털링 석좌교수이자 농경연구프로그램(Agrarian Studies Program) 공동책임자. 관습적 역사의 서사에서 간과되는 이슈나 정치경제학적 체제 속에 통합되기 거부하는 사람들에 관해 일관되게 저술해왔다.

대해 이야기하는데, 한 집단의 식단이 어떻게 20종에 달하는 포유류와 16종의 조류 그리고 140종이 넘는 식물과 씨앗, 콩류, 견과류로 이루어져 있는지를 보여준다. 미국의 인류학자 마셜 살린(Marshall Sahlin)*은 수렵채집 사회를 "근본이 풍요로운 사회(original affluent society)"라 부르는데 당시 대부분의 사람들은 다양한 식단을 통해 충분한 식량을 공급받았으며 사회적 상호작용을 위해 매일 많은 시간의 자유시간을 가졌던 것으로 보여진다고 쓰고 있다.

약 1만 4,000년 전에 우리가 지금 알고 있는 문명이라는 것으로 향하는 개발이 시작되었다. 오늘날은 현재의 이집트만큼 비옥하진 않으나 이스라엘, 시리아의 일부 지역, 튀르키예, 이라크, 이란을 아우르는 '비옥한 초승달 지대(the Fertile Crescent)'로 알려진 지역에서는 여러 종류의 풀들이 퍼지기 시작했고 그중에서 오늘날 밀의 조상이라 할 수 있는 에머(emmer)**와 외알밀(einkorn)***도 있었다. 이 풀들은 아마도 항상 그 장소에 있었겠지만 자연이 만든 기후 변화로 인해 갑자기 더 나은 생육 조건을 갖게 되었다.

---

\*    시카고대학의 인류학 및 사회과학 명예교수를 역임했으며 태평양지역의 민족지학 연구와 인류학 이론에 기여했다.

\*\*   수확량이 적고 까끄라기가 있는 밀. 극동지역에서 처음 재배하기 시작한 작물로 신석기 시대 이후 널리 재배되었으나 현재는 유럽과 아시아의 산악 지역에만 잔존한다. 이탈리아에서는 파로(farro)라 불린다.

\*\*\*  밀의 일종으로 벼과의 한해살이풀. 일립소맥(一粒小麥), 일립계밀 등으로도 불린다.

비가 오고 온화한 겨울과 덥고 건조한 여름은 빠르게 자라는 한해살이 식물들이 다년생 식물들에 비해 유리한 점을 지니게 만들었다. 애초에는 사람들이 이 풀들을 별다르게 활용하지 않은 채 씨앗을 그저 거두어들여 식량으로 썼음이 분명했다. 이 곡물은 단지 140개의 식물로 이루어진 식단에 추가된 보충제였을 것이다. 그러나 다른 작물들보다 훨씬 더 많은 영양분을 함유하고 있었기 때문에 중요성이 점차 증대되었다. 더 많은 식량을 제공하는 곡물을 수확할 수 있는데 왜 시큼한 베리와 쓴 잎을 위해 바위에서 바위로 뛰어다니겠는가?

다양한 야생 밀의 단점 중 하나는 스스로를 '음식'으로 보지 않았다는 것이다. 식물에게 있어서 이 곡물은 열매이고 번식의 기회였다. 이 열매들이 익었을 때 식물이 가장 먼저 하는 일은 그것들을 흩뿌리는 것이다. 때가 되면 곡물(열매)은 머리에서 분리되어 돌풍에 날아갈 준비가 되고 결국 해당 종의 생존을 보장하게 된다. 이러한 생태적 현상은 식물에게는 편리하지만 새, 동물, 곤충과 경쟁하며 땅에서 한 알씩 열매들을 주워야 했던 인간에게는 덜 편리하였다.

인간은 영양분이 많은 곡물을 찾던 중 어떤 특정 풀머리들은 성숙한 후에 곡물을 흩뿌리지 않는다는 것을 발견했다. 이것은 보통 다윈의 막다른 골목(Darwinian cul-de sac)*으로 이어질 수 있

---

\* 더이상의 생존이나 번식이 어려워진 환경을 극복하기 직전의 단계를 이르는 말.

는 유전적 결함 때문이었겠으나 실제로는 인간이 밀을 수확하는 것을 더 쉽게 만들어 준 셈이다. 어쩌면 이러한 유전적 결함이 오히려 생존 성공의 기준이 된 것이라고 볼 수 있다. 결함이 있는 일부 곡물을 돌본 뒤 이를 밭에 뿌려주면 수확량을 높일 수 있다는 사실을 인류가 점차 깨달으면서 점점 더 많은 곡물이 머리에 붙어있게 되었다.

여러 세대가 지나 인간이 재배한 곡물은 야생 품종과 달라졌다. 성숙해지면 더이상 씨를 떨어뜨리지 않았고 생명주기를 완성하기 위해 인간에게 의존하게 되었다. 이 이야기는 농경 시대 내내 반복됐다: 우리 인간은 자연적으로 발생하는 식물이나 동물을 포획해 수 세대에 걸친 '조작'으로 우리에게 이익이 될 자질을 부여해 왔다. 그러나 곡물의 '재배'만이 유일한 변화는 아니었다.

우리 인간이 파종과 심지어 물주기를 통해 수확량을 극대화하는 방법을 찾아내면서 재배할 수 있는 토양이 있는 지역에 너무 많은 투자를 하게 되었다. 생존에 있어 경쟁적인 집단이나 별 가치 없는 동물은 더이상 주목할 대상이 아니었다. 파종을 한 사람들이 농작물을 수확할 수 있도록 하는 것이 더욱 중요해졌다. 다시 말해 우리는 곡물 근처에 머물러야만 했다. 결국 우리는 정착했고 더이상 이곳저곳을 여행하지 않았기 때문에 집을 짓기 시작했다.

생산성의 증가는 더 많은 사람이 같은 지역에서 살 수 있다는 것을 의미했다. 또한 생산자원에 대한 경쟁과 갈등으로 이어졌다. 경쟁 집단들의 공격으로부터 자신을 방어하기 위해 사람들은 더 가까이에 살기 시작했다. 그리고 예상치 못한 수확량의 변동을 막기 위해 수확한 곡물들은 중앙저장고에 모았다. 곡물 저장고가 늘어나면서 누군가는 이 곡물저장고들을 돌봐야 했고 이러한 시스템을 공정하게 만들기 위해 각각의 사람들이 얼마나 기여했는지 확인할 수 있는 방법들을 개발했다. 곡물저장고뿐 아니라 마을 역시 보호할 필요가 있었다.

이스라엘의 역사학자 유발 하라리(Noah Yuval Harari)*가 지적했듯이 이러한 발전은 몇 가지 분명한 긍정적인 측면들뿐만 아니라 단점들도 있었다. 우리의 몸은 바위를 치우거나 양동이를 나르는 것보다는 나무를 기어오르고 가젤을 사냥하는 데 적합했다. 농사는 이러한 이유로 인해 다양한 새로운 질병들을 가져왔다. 하라리와 스콧 그리고 많은 다른 학자들은 어떻게 농업으로의 전환이 더 많은 질병과 더 짧은 수명, 그리고 이전보다 덜 다양한 식단으로 이어졌는지에 대해 지적한다. 하지만 농경은 또한 우리에게 새로운 것을 주었다: 처음으로 우리는 식량의 잉여를 경험하게 된 것이다.

물론, 우리는 수천 년의 역사를 질주하고 있다. 이러한 변화가 어떻게 그리고, 얼마나 빨리 일어났는가에 대해서는 역사학자들과 고고학자들 그리고 생물학자들 사이에 열띤 논쟁이 벌어지고 있다. 변화의 방식과 속도의 측면이 아니라면 미국의 지리학

---

\* 이스라엘의 역사학자로 세계적인 베스트셀러인 『사피엔스: 유인원에서 사이보그까지』를 썼다.

자이자 생물학자인 재러드 다이아몬드(Jared Diamond)가 말한 것처럼 농경의 도입이 '한걸음의 진보' 혹은 '우리의 가장 큰 실수' 중 어느 것에 해당하는가에 대해서도 마찬가지이다. 어쩌면 내가 믿기로는 이러한 변화들이 우리의 많은 기쁨과 역경들의 필수조건이었는지도 모른다. 수백 세대가 지난 지금 우리에게 눈의 피로감과 아이스크림, 텔레마케팅과 크래프트 에일, 가짜 뉴스와 불꽃놀이, 전염병과 파스타 등 바로 우리가 사랑하고 싫어하는 모든 것들에 대해서도 그렇지 않을까.

어쨌든 주요 사항에 대해서는 의견이 일치하는 것 같다. 곡물은 우리가 한곳에 정착하고 우리 자신을 더 큰 정착지에 머물도록 조직화시킨 이유이며 체계화된 종교와 문자 언어를 발전시킨 이유이기도 하다. 더불어 우리에게 지배계급, 법과 세금, 성직자, 전사, 그리고 식량 생산에 기여조차 하지 못하는 직업을 가져다준 이유이기도 하다.

우리는 곡물을 길들였다. 하지만 마찬가지로 중요한 것은 유발 하라리가 지적하듯 곡물이 우리를 길들이고 '문명화'했다는 점이다. 이런 의미에서 모든 문명은, 실제로는 '식탁의 문명(the civilization of the table)'이다.

# Pepe

## 후추

# Pepper

Dinner
in
Rome

공상과학 영화 〈데몰리션 맨(Demolition Man)〉*에서 경찰관 존 스파르탄(실베스타 스텔론 역)은 수십 년 동안 냉동 상태로 있다가 미래에서 깨어난다. 그는 생전 처음 보는 사회—사람들이 재활용된 음식을 먹는—인 첨단 디스토피아를 보게 되고 화장실을 갈 때는 화장지가 아니라 조개껍데기를 사용해야 하는 세상에서 살게 되었다.

만일 로마 시대의 시간 여행자가 현재의 로마를 방문한다면 아마도 이보다 더한 소외감을 느낄 것이다. 전화, 전기, 인터넷은 도저히 이해할 수 없는 것으로 보이고 노예가 없다는 것은 그에게 정말 이상하고 비현실적으로 느껴질 것이 분명하다. 이 시간 여행자는 우리가 현재 먹고 있는 음식 대부분 또한 알아볼 수 없을 것이다. 현대의 이탈리아와 고대 로마의 시간을 초월한 음식의 일부로 당연하게 받아들여지고 있는 많은 요리는 사실 훨씬 최근에 만들어진 것이다.

* 이탈리아 출신의 마르코 브람빌라 감독의 영화 데뷔작으로 1993년에 개봉했다.

Pepe

고대 로마인들에게는 파스타, 피자, 커피, 쌀이 없었고 티라미수*tiramisu*는 무려 2,000년이나 시간 차이가 난다. 시간 여행을 하는 로마인은 포크 때문에 당황할 것이고 토마토, 오이, 고추, 감자를 보는 것만으로도 놀라고 의심하는 표정을 지으리라.

이곳에서 북쪽으로 몇 블록 떨어진 곳인 리오네 폰테*Rione Ponte*─라 카르보나라*La Carbonara*가 최초로 석탄 판매와 소박한 식당 운영을 시작했던 곳─에 있는 레스토랑 라 캄파나*La Campana*는 로마에서 가장 오래된 식당임을 자랑한다. 최근에 레스토랑 오픈 500주년을 기념하였는데 천년의 반이나 되는 오랜 시간 동안 멈추지 않은 채 거의 지속적으로 영업을 해왔다.

비콜로*vicolo*라 부르는 좁은 골목길에 있는 수수해 보이는 이 레스토랑에는 작가, 사업가, 정치인 등 사회의 상류층이 자주 방문한다. 전 대통령이었던 조르지오 나폴리타노*Giorgio Napolitano*[**]는 페데리코 펠리니*Pederico Fellini*[***]와 마찬가지로 이곳의 단골이었고 만일 우리가 *라 캄파나*의 마케팅을 사실이라 믿는다면 괴테(Goethe)와 카라바조(Caravaggio) 역시 *라 캄파나*의 단골이었다.

*라 캄파나*의 메뉴 대부분은 다른 로마 레스토랑들과 비슷한데 아주 오래된 요리는 아니지만 그렇다고 특별히 모던하지도

---

[*] 현대 이탈리아를 대표하는 디저트이다.
[**] 이탈리아 최초의 공산당원 출신 대통령으로 2006년 당선되었다.
[***] 1920년에 출생한 이탈리아의 영화감독으로 〈길〉이라는 영화로 세계적인 주목을 받았다.

않은 채 계속 인기를 누려왔다. 안티파스토_antipasto_*로는 익히거나 튀긴 채소들을 그리고 프리모_primo_**로 가장 흔한 파스타 요리들을 내는데 그 중에는 어쩌면 세상에서 가장 '지루한' 파스타 요리일 수도 있는 알프레도 소스의 페투치네_fettucine Alfredo_가 있다. 알프레도 소스의 페투치네는 버터, 크림 그리고 파르미지아노 치즈만으로 만든다. 카르보나라의 친척뻘로 창백한 색의 다소 맛이 떨어지는 파스타이다.

요리가 만들어진 것은 1920년 무성영화 배우 더글러스 페어뱅크스(Douglas Fairbanks)***와 메리 픽포드(Mary Pickford)****가 신혼여행 중에 들른 알프레도 알라 스크로파_Alfredo alla Scrofa_라는 로마의 레스토랑에서 처음 만들어진 것으로 추정된다. 이 점에서 지역 특산물의 일종이라 할 수 있다. 그들 역시 제2차 세계대전 당시의 미군들처럼 이탈리아 음식이 이상하고 특이한 맛일 거라 생각했기에 생겨난 요리일 것이다. 그리고 세콘도_secondo_*****로 라 캄파나는 단순하지만 푸짐한 고기 요리를 제공한다.

\*       전채요리를 일컫는다.
\*\*     코스요리 중 첫 번째를 일컫는다.
\*\*\*   무성영화 배우, 감독, 제작자, 시나리오 작가. 작은 체형, 트레이드마크인 콧수염, 민속의상과 망토 착용으로 찰리 채플린과 함께 무성영화 시대를 풍미했던 영화인.
\*\*\*\* 무성영화 배우. 찰리 채플린이나 루돌프 발렌티노 같은 아이콘들과 함께 무성영화의 신전에 자리 잡고 있다. '미국의 애인'이라는 별명, 유나이티드 아티스트의 주요 설립자.
\*\*\*\*\* 코스요리 중 두 번째를 뜻하며 주로 고기나 생선으로 만든 메인요리가 나온다.

Pepe

*라 캄파나*의 로고인 '일 리스토란테 피우 안티코 디 로마*Il ristorante più antico di Roma*(로마에서 가장 오래된 레스토랑)'라는 문구를 계속해서 떠올리게 만드는 이 레스토랑의 500년 역사가 없었더라면 당신은 이곳이 그저 로마의 고전적인 식당 중 하나라고 생각할지도 모른다.

무엇보다 *라 캄파나*의 대표적인 요리로는 넙적 콩과 베이컨, 완두콩으로 이루어진 스튜인 비냐롤라 디 베르두레*vignarola di verdure*를 꼽을 수 있다. 이 레스토랑이 처음 문을 연 이후 이 대표 메뉴는 거의 변하지 않았다. 내가 지난 번 로마를 방문해 *라 캄파나*에서 이 음식을 먹을 때 "이 요리는 500년 전부터 있었습니다. 어쩌면 2,000년 전부터 일 수도 있죠."라고 주인인 파올로 트란카시니*Paolo Trancassini*가 말했다. "우리는 이 요리에 오랫동안 어떤 변화도 주지 않았고 현대화를 고려해 본 적도 없습니다." 보통 레스토랑 주인들이 판매 포인트로 사용하는 이야기들을 경계할 만한 충분한 이유가 여기에 있다.

트란카시니는 레스토랑 경영자이자 *라 카르보나라*를 운영하는 가문의 먼 친척일 뿐만 아니라 '프라텔리 디탈리아*Fratelli d'Italia*(포스트-포스트-파시스트 당)'\*의 정치인이기도 하다. 이런 의미에서 보면 그의 말들은 자신을 전통과 영원한 로마 가치에 대한 관리자로 묘사하려는 정치적 동기를 가지고 있다. 그러나 이들

---

\*  '이탈리아 형제당'이라는 이름의 대표적인 우파정당으로 2022년 총선에서도 승리한 바가 있다.

의 *비냐롤라 디 베르두레*는 매우 간단하고 구성 요소가 상당히 기본적이어서 조리법이 실제로 로마 시대의 것과 정확하게 같을 가능성이 꽤 있다. 이 요리는 '오래전부터' 있어왔던 채소들을 '오래된' 방식으로 함께 끓여 채소가 원래의 색을 잃고 녹갈색을 띠게 만들어 가장 그들다운 맛이 나게 한다.

고대 로마에서 온 방문객이 알아차릴만한 또 하나의 요리는 *비냐롤라 디 베르두레*뿐 아니라 내장을 이용한 메뉴이다. 오늘날의 로마인들도 이른바 '4등분의 다섯 번째*Quint Quarto*'*라고 부르는 내장 등의 육류부산물에 대한 사랑을 간직하고 있다. 대부분의 로마 레스토랑은 트리파*trippa*(내장요리)를 제공한다. 내장들은 여전히 레스토랑의 창문에 진열되어 있는데 마치 수영모를 연상케 한다. 오늘날의 올림픽 수영선수들이 사용하는 콘돔 같은 느낌의 현대식이 아니라 우리 할머니가 시립 풀장에서 쓰시던 것처럼 주름이 잡힌 채 진열되어 있다.

로마 남부 테스타치오*Testaccio*에 있는 레스토랑 케키노 달 1887*Checchino dal 1887*은 도시의 성벽과 가까운 곳에 위치하고 있는데 내장을 사용한 요리가 거의 유일한 메뉴이다. 이 레스토랑 벽에 역사가 있다는 말은 그저 절제된 표현일 뿐이다: 그 역사는 오래전 로마로부터 쌓아 올려진 올리브 오일 저장 항아리의 무

---

\* 영어로는 fifth quarter. 이탈리아에서 사용되는 요리 용어로 육류 주로 소나 돼지 같은 고기의 부산물을 일컫는다. 내장, 뼈, 지방 등 추가 가공이나 손질을 거쳐 사람이 먹을 수 있는 부분을 말한다.

덤격인 '몬테 테스타치오*Monte Testaccio*' 속으로 들어가 있다. 이 레스토랑은 *트리파*와 같은 고전적인 요리 외에도 돼지 족발, 소꼬리, *파야타pajata*, 혀, 간, 뇌, 췌장, 고환 등 각종 내장에 기초한 여러 가지 특선 요리를 제공한다. 내가 처음 이 레스토랑을 방문해 메뉴판을 봤을 때 '고환' 정도가 당신이 누군가를 대접할 때 내어놓을 수 있는 가장 충격적인 것들 중 하나임에 틀림없다라는 생각이 들었다. 하지만 이 생각은 누군가가 *파야타*가 무엇인지 말해주기 전이었다.

파야타는 세척하지 않은 송아지 내장으로 송아지를 도살했을 때 내장에 있던 것이 그대로 가득 차 있다. 우리가 주목해야 할 것은 그저 어떤 송아지에 대해서 말하는 것이 아니라 살찐 송아지이면서 아직도 우유만을 먹는 어린 동물이라는 점이다. 송아지의 내장 안에서 부분적으로만 소화된 그 우유는 위에 있는 효소의 도움을 받아 일종의 자연적인 치즈 제조 과정을 거친다. 이 요리는 놀랍게도 현대 윤리나 미학과는 맞지 않는다: 씻어내지 않은 내장! 아직 모유를 먹고 있는 송아지라니! 그러나 *파야타*는 고대 로마인들이 사랑했던 종류의 요리이다. 그리고 그들은 거기서 멈추지 않았다: 로마 시대에 동물의 유방은 진미로 여겨졌고 태반 또한 가끔 먹는 재료였다.

나는 *파야타*를 입에 넣기 전에는 어느 정도의 회의감을 극복해야 했지만 이 요리의 맛이 얼마나 순하고 기분 좋은지에 정말 놀랐다. 나는 가끔 위장에서 올라올 수 있는 구역질나는 맛이 두려웠다. 그리고 가능하면 내장요리를 멀리하는 축이기도 했다.

하지만 *파야타*는 사실 신선한 맛이 났고 거의 크림치즈 같았다. 동시에 이 음식이 현재까지 보존되어 있음이 다행스러웠다. 무엇보다 역사적 호기심보다 남아있는 과거의 음식을 먹고 있다는 뚜렷한 느낌이 가장 컸다.

오늘날 할아버지, 할머니들은 자신들의 할아버지, 할머니들이 먹곤 했던 음식이 무엇인지 보여주기 위해 손자들을 데리고 *케키노 달 1887*에 간다. 식사 후에 나를 주방으로 데리고 가 셰프인 형을 만나게 해주었던 이 레스토랑의 주인인 프란체스코 마리아니*Francesco Mariani*에 따르면 불행히도 이러한 내장요리의 전통을 이어가는 사람들의 수가 점점 더 줄어들고 있다고 한다.

내가 주방의 뒤편을 돌아보는 동안 그는 와인저장고를 보여주었고 그곳에선 2,000년 된 도자기 조각들 사이로 시원한 바람이 불어오고 바닥은 발 아래에서 파사삭거리는 소리를 내었다. 프란체스코의 아들은 음식점을 인수하는 중이었다. 하지만 그는 나이트클럽을 시작하고 싶어하며 이미 레스토랑의 일부를 리노베이션하겠다고 당국에 신청해 놓은 상태였다.

로마에서 훌륭하다는 가문들은 자신들의 핏속에 천한 농민의 피가 한 방울도 섞이지 않은 채 핏줄이 이어지고 있다는 것에 자부심을 느낀다. 시대를 초월했다고 여겨지는 고전들 중 많은 것들은 비교적 현 시대에 들어와 만들어졌기에 이것은 당연히 환상에 불과하다. 마찬가지로 오늘날의 로마 음식들을 먼 과거로 거슬러 올라가 찾으려다가는 결국 길을 잃게 되는 것이 인지상정일 것이다.

카르보나라*carbonara*가 제2차 세계대전 바로 직후에 '발명'되었다는 "미국 원조 가설"이 사실이라면 카르보나라는 영원한 도시인 로마를 더럽히고 있는 악명 높은 파시스트의 기념비주의보다 사실 더 젊다고 볼 수 있다. 무솔리니와 그의 건축가들은 로마 시대의 위대함을 재현하려고 시도하는 동안에 가장 근본적인 오류들 즉 용서할 수 없는 로마에 대한 죄를 범했다: 그들은 로마제국의 전통을 이은 것이 아니다. 반박할 수 없을 정도로 명백하게 말하건데 그저 '새로운' 것들을 만들었을 따름이었다.

시간 여행 중인 우리의 고대 로마인은 그에게 익숙했던 방식대로 먹을 것 앞에 눕지 못하고, 허름한 현대식 레스토랑 의자에 앉은 채 앞에 놓인 테이블 위에 올리브 오일과 빵이 있다는 것을 알아차렸을 것이다. 와인은 그가 먹어왔던 것보다 더 진하고, 더 농축되고, 덜 퀴퀴한 맛이 날 것이다. 그는 아마 와인을 물로 희석시키고 나서야 비로소 알맞다는 의미로 고개를 끄덕였을 것이다. "그래! 이래야지!" 또한 크림색 파스타 요리 역시 음식이 갖춰야하는 면모에 대한 그의 이해와는 반대로 보였을 것이다. 그러나 시간여행자는 핵심적이고 시대를 초월한 로마의 맛 중 하나인 후추의 따스한 강렬함은 최소한 알아차렸을 것이다 : 이것이 아마 가장 중요한 점이지 않을까.

토스카나*Toscana*의 가장 결정적인 맛은 펜넬*fennel*\*이다. 당신이 "아, 토스카나!"라고 생각하게 만드는 바로 그 맛이다. 제노바*Genova*에서의 그 맛은 바질이다. 사르데냐*Sardegna*에서 그 맛은 보타르가*bottarga*-생선알을 소금에 절인 것-일 것이다. 나폴리 외곽에서는 그들의 토마토를 당연히 자랑스럽게 여기고 거의 모든 요리에 토마토가 들어간다. 그리고 로마에서의 그 맛은 '후추'이다. 후추는 카르보나라뿐만 아니라 카치오 에 페페*cacio e pepe*(후추와 치즈로 만든 파스타)의 중요한 부분이다: 후추는 소금에 절인 소시지에 톡 쏘는 맛을 안겨주는 놀라움을 자아내기 위해 쓰고 그밖에 약간의 매큼함이 더 필요한 요리에도 사용한다.

나는 내가 받아든 카르보나라에 후추가 충분하지 않다는 것을 알게 되었을 때조차 이미 그 파스타를 입에 넣고 있었다. 나는 요리를 만드는 이들의 정통성을 존중하고 그들이 잊지 않았을 거라고 확신하지만 여전히 카르보나라는 *라 카르보나라*에서 사용하는 것보다 후추를 약간 더 넣는 것이 가장 좋다고 생각한다.

나는 안젤로(앞서 나왔던 *라 카르보나라*의 연륜 있는 웨이터)에게 손을 흔든다. 세 번째로 손을 흔든 다음에야 나는 그의 주의를 끌수 있었다. 엄숙하게 아니면 아마도 레스토랑이 지금 가장 바쁘기 때문에 약간의 짜증이 났거나 단순히 스트레스를 받은 듯한 모습으로 안젤로는 반쯤 먹은 내 파스타 위에 후추를 갈아 넣

---

\* 우리에게는 '회향'으로 알려져 있는 허브이자 향신료이다. 이탈리아어로는 피노키오*finocchio*이다.

어준다. 하나, 둘, 셋. 그리고 나서 그는 후추 통을 내려놓고 급히 뛰어간다. 후추를 씹는다는 것은 카르보나라에 약간의 '요점'을 더하는 것이다. 진한 소스를 묻힌 파스타부터 세계 최고의 요리인 카르보나라까지 이 작은 검은 알갱이들이 요리를 변형시키는 데 얼마나 많은 힘을 가지고 있는지는 항상 놀랍다.

요리란 때로는 마지막까지 따라야 하는 고유의 의례를 가질 수 있다—재료를 추가하는 순서에서부터 스튜의 종류에 따라 다르게 사용해야 하는 여러 가지 올리브, 리조토에 넣을 버터와 파르미지아노 치즈를 젓는 방식, 또는 카르보나라에 약간의 후추를 더하는 방식일 수 있다. 후추는 구안치알레*guanciale**의 맛을 더 도드라지게 해준다. 달걀과 치즈의 크림 같은 조합에도 갈아 넣어야 할 무언가가 있다. 후추는 카르보나라의 신성한 영혼이다.

또한 후추의 맛은 더 훌륭한 존재의 맛이라고 할 수 있다. 후추는 넓은 세상이며 돈과 문명이다. 칠리와 토마토 같은 다른 미국의 재료들은 이탈리아에서 꽤 자연스럽게 자라온 잘 보전된 이민자들이지만 후추는 항상 저 먼 곳, 언덕 너머 그보다 더 멀리 있는 어떤 곳에서부터 왔다. 그 누구도 이 도시에서 또는 그 근처에서 후추를 키울 수 없었다. 심지어 로마제국이 가장 융성했을 때조차도 이 문제에 관해서는 어찌할 바가 없었다. 그럼에도 불구하고, 후추는 로마의 맛이 되었다.

---

\*    돼지의 볼살을 날 것 그대로 염장하여 만든 것. 카르보나라 파스타의 맛을 내는 핵심 재료이다.

기원전 2세기에 정치가이자 작가인 장로 카토(Cato the Elder)는 농업에 관한 책 『데 아그리 쿨투라 De Agri Cultura』를 출판했다. 이 책은 오늘날 우리가 타프나드(tapenade)로 분류하는 올리브 퓌레의 초기 버전인 에피튀룸 epityrum의 레시피가 기록되어 있는 가장 오래된 요리책 중 하나로 여겨진다. 또한 여러 겹의 반죽과 꿀을 토핑하여 만드는 크림치즈케이크 종류의 레시피도 책 속에 있다. 카토가 살던 시대의 이상적인 도시 사람들이란 단순하고 소박하게 사는 전원풍의 생활에 익숙하고 무역과 돈이 부패하는 것을 경계하는 부류였다. 그러니 그들의 음식 또한 전원 느낌의 '시골 스타일'이어야만 했다.

카토 시대로부터 200년이 지난 뒤 상황은 완전히 바뀌었다. 제국이 공화국을 대체했고 과도한 면죄부는 흔한 일이 되어 버렸으며 황제들은 망연자실하기 시작했다. 칼리굴라(Caligula)는 자신이 키우는 말을 상원의원으로 임명하기까지 했다. 네로(Nero)는 어머니와 이복형제 그리고 부인을 죽였다. 그가 로마에 불을 붙이고 도시가 불타는 것을 보면서 리라(lyre)*를 연주함으로써 자신의 결정적 이미지를 후대에게 각인시키지 않았다면 그는 신부 복장을 입고 동성결혼을 한 최초의 국가원수로 기억되었을 것이 확실하다.

금욕적인 환경과는 아주 거리가 멀었던 이 시기에 세계 최초의 요리책으로 종종 꼽히는 책이 출판되었다. 바로 『데 레 코

---

\* **고대 로마 현악기의 일종.**

퀴나리아*De re coquinaria*』 또는 『아피키우스*Apicius*』로 불리는 책이다. 이 책은 로마인들이 시골 사람들처럼 살고 싶어 하지 않았다는 구체적인 증거이다. 그들은 자신들이 먹을 음식 재료를 재배하고 싶어 하지 않았고 전 세계로부터 사치스러운 농산물을 얻어 올 생각으로 가득했다. 직접 집필 했는지는 의심스럽긴하지만 10개의 원고를 모은 이 책은 종종 마르쿠스 가비우스 아피키우스(Marcus Gavius Apicius)\*가 쓴 것으로 여겨진다.

아피키우스는 당대 로마제국의 과도함을 무시하면서까지 제국의 가치를 진정으로 받아들인 사람이었다. 음식 애호가들 사이에서 그는 어느 정도 비극적인 영웅이자 부유하면서 쾌락을 추구하는 인물로 여겨진다. 그는 플라밍고의 혀와 오늘날 우리가 푸아그라(foie gras)라고 부르는 강제로 부풀려진 거위의 지방간을 먹었다. 아피키우스는 심지어 돼지의 간을 크게 만들기 위해 살을 찌우는 방법을 개발했고 돼지를 수장시켜 도살하거나 꿀이 첨가된 물숨(mulsum)\*\*을 죽을 때까지 먹이기도 했다.

한번은 아피키우스가 '지중해 반대편에서 잡히는 새우가 멀리 북쪽에서 발견된 새우보다 더 크고 더 맛있으며, 아마도 세계 최고일 것이다'라는 말을 들었다. 그에게 있어 이 별미에 접근

---

\*　　서기 1세기에 살았던 로마의 미식가이자 사치를 추구했던 것으로 유명한 인물. 로마 요리책인 『아피키우스Apicius』는 그의 작품으로 종종 여겨지지만 연관성을 증명하는 것은 불가능했다.

\*\*　　로마인들이 마셨던 고대 술이며 주요 성분은 와인과 꿀이다. 보통 식전주로 많이 마셨다.

할 수 없는 현실은 참을 수 없는 일이었고 곧 집착이 되었다. 그는 그저 그 새우를 먹을 수 있으면 되었으므로 너무나 단순하게도 이민을 가기로 결정했다. 작은 새우가 사는 이곳에 내가 있는 것은 의미가 없다! 아피키우스는 그의 소지품들을 두 척의 배에 싣고 남쪽으로 향했는데 그러던 중 그의 호위대는 해안 바로 앞에서 리비아 어선들과 마주쳤다. 리비아의 바다에서 잡은 새우가 고향에 있는 그것들보다 더 크지도 않고, 더 나을 것도 없다는 것을 알게 되자 그는 육지에 발을 들여놓지도 않은 채 바로 배를 돌려 다시 항해했다.

오늘날의 미식 관광객들은 새로운 맛을 찾아 코펜하겐, 리마, 방콕을 여행하는 등의 소비 행태로 종종 비난을 받는다. 이러한 여정이 더 긴 경우는 많지만 '세계 최고의 새우'를 찾기 위해 아피키우스가 들인 노력과 자원에는 감히 어깨를 나란히 할 수 없다. 이처럼 아피키우스의 바람둥이 같은 생활방식은 지속 가능하지 않았고 결국 음식과 쾌락에 돈을 다 탕진하고는 스스로 목숨을 끊었다. 집안의 예산을 절감하느니 목숨을 끊는 편이 더 낫다고 생각한 것이다.

『드 레 코퀴나리아』는 종종 그저 '아피키우스'라 불리며 고대 로마 요리에 대한 주요한 정보원천 중 하나로 남아있다. 이 컬렉션은 피클링과 주스 만들기부터 파티 음식 조리법까지 다양한 조리법과 더불어 배변 속도를 높이기 위해 기꺼이 설사약을 즐겨 먹는, 더 많이 먹고 싶어하는 사람들을 위해 그리고 부유한 가족이 비만인 채로 만족감을 유지하기 위해 필요한 거의 모든 과정을 설명하고 있다.

이 책에서 내가 아주 좋아하는 레시피 중 하나는 '매일 먹는 요리'로 나오는 파티나 쿠오티디아나*patina quotidiana*이다. 삶은 생선과 닭고기, 후추, 달콤한 와인, 달걀과 소렐(sorrel)\*로 만드는 요리는 로마식 식료품 저장고와 맛의 독특한 조합을 느껴보고자 하는 로마인의 전형적인 미각 이 두가지가 필수이다.

『아피키우스』에서 선택한 식재료들은 세계의 외딴 지역에서 조차 여러 상품이 광범위하게 거래되었으며, 이국적이고 배타적인 것들에 대해 만족할 줄 모르는 수요 또한 존재했음을 보여준다. 『아피키우스』에는 플라밍고(홍학), 비둘기, 두루미(학), 꿩, 타조 등의 조류는 물론이며 두말할필요 없이 트러플(송로버섯), 새끼 돼지, 가젤, 굴, 가오리, 성게, 다람쥐와 땃쥐의 잡종처럼 보이는 작은 설치류인 동면쥐를 위한 레시피까지 있다.

이러한 재료로 만드는 요리들의 공통점은 태국의 피시소스와 크게 다르지 않은, 생선 내장을 발효해 만든 로마인들의 보편적인 소스인 가룸*garum*이 들어간다는 것이다. 그리고 또 다른 중심에는 거의 모든 요리에 사용된 후추가 있다. 후추는 약용 와인, 소시지, 조개 소스, 뇌로 만든 푸딩, 가리비, 호박, 양상추, 디저트 및 생선 완자에 약간의 포인트를 더했다.

셀 수 없이 많지만 프로젝트 구텐베르크(Project Gutenberg, PG)가 『아피키우스』를 전자 번역하여 검색해보니 '후추'라는 단

---

\*   우리나라에서는 '수영'이라 부른다.

어가 468번 언급되었다. 그에 비해 마늘은 4번만 언급된다. 그러나 『아피키우스』가 다루었던 세계는 상류층이었으므로 모든 사람들에게 후추가 마늘보다 더 흔했다고 판단할 이유는 없다고 본다. 당신은 아마도 이렇게 말할 수도 있을 것이다. 후추는 '상류층의 마늘'이었다고.

이국적인 향신료들이 기원전 500년경 유럽에 나타나기 시작했고, 우리가 처음으로 얻은 향신료의 출처는 그리스의 도시국가들이다. 향신료는 우리가 자연에서 경험했던 그 어떤 것과도 닮은 점이 없는 맛과 향을 제공했다. 그리고 이러한 신비로움은 향신료에 다른 가치를 부여했다. 그것들은 무엇이었을까?

처음에 사람들은 향신료가 실제로는 지구에서 나온 것이 아니라 천국의 조각들, 즉 신들의 세계에서 온 작은 알갱이들이라고 믿었다. 기니 페퍼(Guinea pepper)는 오랫동안 여러 경쟁적인 후추 품종들 중 하나였으며(실제로 후추와는 관련성이 없다) 아직도 영어로는 '낙원의 곡물들(grains of paradise)'이라고 불리며, 몇몇 다른 언어에서는 '낙원의 씨앗들'이라는 변형된 이름으로 불리기도 한다.

지중해를 따라 여행을 하며 타임(thyme)과 오레가노(oregano) 향이 풍기는 땅을 하이킹 해본 적이 있다면 요리에 사용할 수 있는 향기로운 식물이 부족하지는 않다는 것을 알게 된다. 이러한 이국적인 향신료가 없었다면 그리스나 이탈리아 음식이 오히려 더 발전하지 않았을까라고 생각하기 쉽다. 마늘과 허브, 올리브를 곁들인 양고기의 다리 한 쪽에 후추나 계피, 정향을 첨가한다고 반드시 풍미가 좋아지는 것은 아니다. 향신료의 도래가 우리의 세계관이나 심리학, 미식에 얼마나 큰 영향을 미쳤는지에 대해 과대평가하는 것은 여전히 시기상조이다.

2,500년 전 그리스에 또는 2,000년 전 로마제국 시기에 살고 있던 사람이라면 시골이나 도시, 계곡 너머에 또 다른 무언가가 있다는 것을 알았을 것이다. 시골 농장과 도시의 집들은 하나같이 최근에 정복된 지역에서 온 노예들로 인해 북적거렸다. 로마가 중요한 전투에서 승리를 거두며 약탈한 귀중품들, 이국적인 동물들, 노예들, 그리고 그 외 다른 전리품들을 전시하면서 먼 곳에서 거둔 승리를 기념하는 행렬이 열리곤 했다.

당시의 학자들은 대체로 북부는 춥고 남부는 건조하고 덥다고 이해하고 있었다. 그러나 그들은 사실 제국의 국경 너머 세상에 대해 아는 것이 거의 없었다. 지도는 드물었고 학자들이 이룩했던 것들은 어느새 백지화되어 사라지고 제국 너머는 신화 속의 짐승들과 신들로 가득 차 있을 뿐이었다.

후추를 비롯한 이국적 향신료들은 다른 세상에서 온 엽서와 같았고 실제로 저 밖에 무언가가 있다는 향기로운 증거였다. 후추 알갱이나 시나몬 한 조각을 난생 처음으로 손에 들고 있다고 상상해보라! 코페르니쿠스(Nicolaus Copernicus)와 브루노(Giordano Bruno)의 이론이 인간이 스스로를 달리 보아야 하는 새로운 사고방식의 토대를 마련했듯 우주의 한 부분으로서 후추는 세상은 더 넓은 곳이라는 생각을 심어주는 씨앗이었다. 소금은 인류의 첫 필수품이었으며 여러 지역들을 연결해주는 고리였지만 후추는 '세계적인' 첫 번째 상품이었다. 후추는 세상의 확장에 기여했다.

후추 그라인더를 두세 번 돌리는 것은 여전히 작은 기적이다. 좋은 것을 골라내고, 건조시키고, 보관하여 운반한 후, 식료품점이나 부엌 찬장에 몇 주, 몇 달, 심지어 몇 년 동안 방치한 후에도 그저 약간의 움직임만으로 그 안에 밀봉되었던 맛이 방출되고 폭발하게 만들 수 있다. 소금은 음식의 기본적인 맛을 끌어내지만 후추는 음식에 활기를 불어넣는다.

2,000여 년 전 향신료 무역은 이미 광범위했다. 향신료는 처음에는 인도의 원산지로부터 이후 다른 동부 지역에서까지 현지의 무역업자들에게 팔렸다. 향신료는 긴 여행을 하고 도중에 수차례 손을 바꾸며-각각의 거래소에서 가격이 상당히 상승했다. 향신료에는 관세 또는 보호금이 붙었고 다양한 무역업자들 또한 수익을 내야 했다. 수톤 다음에 또 수톤이 인도로부터 운송되었고 로마인, 그리스인, 그리고 나중에는 유럽의 또 다른 엘리트들에게로 팔려 나갔다. 위험하고 힘겨웠으며 수익성이 좋았다.

향신료를 서방으로 가져오는 무역로는 길었고 많은 상인들이 관련되어 있었기 때문에 각 향신료의 원산지는 상인들 사이에서조차도 불분명했다. 만일 당신이 지금의 요르단 지역을 책임지고 있다면 당신은 아마도 당신의 손에 있는 향신료가 예언자

무하마드 부인의 유력한 가문과 같은 메카 출신의 다른 상인들에게서 왔다는 것을 알 수 있을 것이다. 하지만 그 상인들이 실제로 향신료를 어디에서 획득했는지는 당신에게도 미스테리였을 것이다.

상인들은 그들의 고객들과 다른 상인들로부터 향신료의 원산지를 보호하는 것에 관한 기득권을 가지고 있었다. 하지만 어디로부터 왔는지 알 수 없다는 이유로-원산지를 전혀 모르기 때문에-오히려 사람들의 호기심을 채워주었다. 이러한 향신료 원산지에 대한 이야기는 높은 가격을 정당화하는 데 도움이 되었으므로 다른 어떤 이야기들보다 더 환상적으로 전달되었을 것이다.

향신료 거래 초기에 관한 가장 중요한 자료를 기술한 이들 중 한 명이 기원전 5세기경에 살았는데 '역사의 아버지'라 불리는 그리스의 역사가 헤로도토스(Herodotus)이다. 그의 책 『역사(The Histories)』는 역사적 사건들에 대한 설명과 '다른' 사람들에 관한 이야기 그리고 지리적이고 자연적인 현상들에 대한 설명의 멋진 혼합물이다. 소문과 편견으로 불리는 편이 가장 잘 어울리던 그 시대의 과학에 대한 이야기들도 포함되어 있다. 이 책에 가득 찬 너무나 경이로운 이야기들과 지극히 의심스러운 진실성 때문에 헤로도토스는 '거짓말의 아버지'라 불리기도 한다.

오늘날은 같은 품목으로 판매되고 있는 시나몬(cinnamon)-진짜 시나몬-과 약간 더 거칠며 친척뻘인 시나몬 카시아(cinnamon cassia)에 대해 다음과 같이 쓰고 있다. "아라비아 사람들은 눈으로 내다 볼 수 있는 구멍만을 뚫어놓은 소가죽 또는 다른 가죽들을 몸과 얼굴에 뒤집어쓰고 자신들을 보호하면서 그다지 깊지 않은 호수에서 자라나는 카시아를 찾으러 간다. 물가의 여기저기와 호수 안에는 박쥐와 매우 닮은 날개 달린 동물들이 많이 살고 있는데 이 동물들은 무서운 비명을 지르기도 하고 아주 용맹하다. 이 생명체들이 카시아를 모으는 동안 내내 그들의 눈을 피해야만 한다. 그리고 놀라운 것은 이것들이 카시아를 모으는 방식이다. 어디에 카시아 나무가 자라고 어떤 지역에서 카시아를 만들어내는지에 대해서 아라비아인들은 말하지 못한다(중략…) 단지 몇몇 개연성에 따라 카시아가 바커스(Bacchus)*가 키워진 지역 어딘가에서 왔다는 것만 말할 수 있다. 이 위대한 새들은 페니키아인들이 '시나몬'이라고 부르는 나무 조각들을 물고 와 공중으로 운반하여 둥지를 만든다. 둥지는 사람이 발을 올릴 수 없는 일종의 진흙과 같은 바위 표면에 고정되어 있다. 그래서 아랍 사람들은 카시아를 얻기 위해 다음과 같은 책략을 사용한다. 그들은 땅에서 죽는 모든 소와 당나귀와 짐승들을 큰 조각으로 잘라 그 지역으로 옮기고 둥지 근처에 둔다. 그런 후 멀리 물러나 기다리면 늙은 새들이 그 고기 조각들을 잡아채 둥지로 날아간다. 둥지는 그 무게를 지탱할 수 없어서 무너져 내린다. 그러면 아라비아 사람들은 돌아와 떨어진 둥지에서 카시아를 모아 다른 나라로 운반한다."

\* 그리스 신화에 나오는 술의 신(디오니소스).

후추와 함께 카시아, 그리고 '진짜' 시나몬은 대륙 간 향신료 무역의 대상이 된 최초의 향신료 중 하나였다. 물론 헤로도토스의 이야기 자체에 자유로운 상상력과 여행자들의 이야기가 가미되었다고 의심하는 사람들도 있었다. 500년 후 이러한 신화 같은 이야기들을 헤로도토스의 로마식 버전인 대 플리니우스(Pliny the Elder)가 슬그머니 찾아내어 언급했다.

플리니우스는 이 신화들이 아랍상인들이 자신들의 상품 가격을 부풀리기 위해 만든 창작물이라고 주장했다. 그는 이 끔찍한 박쥐들과 거대한 새들은 순전히 환상이라는 것을 분별 있는 사람이라면 누구나 이해할 수 있다는 주장도 했다. 기록을 올바르게 만들기 위해 플리니우스는 시나몬이 사실은 에티오피아에서 온 것이라고 설명했다. 시나몬은 내륙에서 구입되어 해안으로 운송되었고 방향타나 돛 없이 원시적인 뗏목을 타고 바다를 가로질러 예멘의 항구에서 거래되었다. 이 여행은 5년이라는 시간, 많은 인명과 비용이 들어 결국 아랍상인들이 시나몬을 모두 구매했다고 말했다.

이렇듯 신화 같은 이야기를 박살내는 선동가조차도 말이 안 되는 소리를 내뱉으니 당시 사람들은 무엇을 믿어야 할지 알기 어려웠을 것이다. 시나몬이 예멘의 항구를 거쳐 온 것은 사실이지만 플리니우스가 묘사한 이야기가 제대로 된 것은 사실상 그 하나뿐이었다. 향신료가 어디에서 유래했는지에 대한 정보는 실제로 일어난 일 만큼이나 많은 유사 정보를 밀어내며 파도처럼 밀려들어왔다.

오래되고 다소 덜 완성된 '사실인 이야기'가 더 새롭고 더 알 수 없는 이야기로 대체되는 것은 꽤나 정상적인 일이었다. 역사가들도 상인들도 진실의 제단에 자신들의 '수익성 있는' 이야기를 희생시키고 싶지 않았기 때문에 우리 모두가 세상에 대해 더 많이 알게 되었을 때조차도 이러한 공상적인 이야기들은 계속되었다.

적어도 사람들이 들려준 이야기와 비교했을 때 시나몬과 카시아의 실제 이야기는 약간 실망스러운 면이 있다. 두 가지 모두 그다지 희귀하지도 않으며 특별히 키우기도 어렵지 않은 건조된 나무껍질이 원료이다. 하지만 향과 맛은 둘 다 환상적이다. 공급이 제한되어 있고 그 기원에 대한 이야기가 충분히 모험적이라는 두 가지 특성 때문에 높은 가격을 매길 수 있지 않았을까.

그로부터 1,000년 후 유럽의 학자들은 다양한 향신료의 기원에 대해 상당히 정확한 생각을 해냈다: 시나몬은 스리랑카에서 왔다. 약간 더 거친 카시아는 먼 동쪽 인도네시아와 중국에서 왔다. 후추는 남인도에서 왔다. 그러나 향신료의 가치와 거의 마법과 같은 효과에 대한 이야기들이 여전히 존재했던 것처럼 지도의 가장자리 어딘가에는 여전히 신화적인 생명체들이 살고 있었다.

검은 후추는 인도 남부의 산악 지대에서 유래한 덩굴식물의 익지 않은 열매이다. 지금도 2,000년 전과 거의 같은 방식으로 재배되는 곳도 있다. 이 식물은 독자적으로 자라기는 힘들고 주변의 지원이 필요하기 때문에 종종 다른 관목이나 나무 사이에서 키우기도 한다. 후추의 원산지이자 최고의 후추로 여겨지는 것들을 재배하는 인도 케랄라 주(Kerala)에서는 대부분의 사람들이 소규모 재배를 계속해오고 있다.

2000년대 초반에 향신료에 관한 책을 쓰기 위해 인도를 여행했을 때 나의 계획 중 하나는 후추 농장을 방문하는 것이었다. 예로부터 후추가 재배되어온 산을 방문했지만 후추 농장을 찾을 수는 없었다. 후추를 재배하는 농부는 밝혀진 바에 따르면 보통 1년에 몇 킬로그램밖에 생산해 낼 수 없으며 단순자급 농장 외에는 그저 약간의 추가 수입을 올릴 수 있을 정도였다.

후추 열매는 연중 여러 번 익는다. 따라서 후추 수확 작업이란 농장의 어머니와 아버지가 작은 정원을 사다리 위로 계속 돌아다니며 적절한 수준의 후추 열매를 찾는 거의 연속적인 일이다. 정원 한 바퀴를 돌기도 전에 다음 '라운드'를 시작해야 한다. 내가 방문한 집 밖에는 갓 딴 후추 열매를 말리기 위한 카펫이 펼쳐져 있었다. 이 소규모 농부들은 탐욕스러운 구매자들의 속임수에 취약하기 때문에 이들을 보호하기 위해 케랄라의 공산정부는 시장 경제의 도구를 사용하여 후추 가격이 공정한 매매를 통해 결정되는 국제후추거래소를 설립했다. 농부들에게 현재의 후추 가격을 계속 알려주기 위해 매일 밤 라디오를 통해 가격을 발표했다.

후추 농장을 둘러보는 동안 나는 넝쿨 위에 매달려 있는 검은 후추가 전혀 보이지 않는다는 것을 알아차렸다. 농부들은 열매가 가장 커졌을 때 그러나 그 열매들이 아직 녹색일 때 수확했다. 후추 열매가 매트나 격자로 된 깔개 위에서 천천히 건조되는 동안—케랄라의 큰 농장이든 어느 작은 농장에서든 이것은 같은 과정이다—껍질 아래에서 자연적인 발효 과정이 일어난다. 이 과정 중에 열매의 색깔은 녹색에서 검은색으로 변하고 피망과 비슷한 맛에서 검은 후추만의 복잡하고 향긋한 맛으로 변한다. 당신이 가게에서 구입하는 녹색의 후추열매는 보통 화학적 처리를 통해 숙성을 멈추게 하였다는 것만 제외하면 앞서 말한 후추들과 같은 열매이다. 흰 후추는 익었을 때 수확하여 껍질을 제거한 열매이다.

항구도시 코친(Cochin)*에서 일어나는 대부분의 일들은 2,000년 전에 일어난 일들과 거의 비슷한 상황일 것이다. 무역업자들이 게슴츠레한 눈으로 컴퓨터 화면을 통해 후추의 가격을 주시하는 공식적 후추거래소를 제외하고는 옛날처럼 모든 과정이 느리고 수동적이었다. 바로 이곳 항구의 분류소에서 후추포대를 열고 열매를 분류하고 등급을 매긴다. 분류소 중 한 곳에 들어가기 위해서는 신발을 벗고 발바닥을 간지럽히는 2미터 높이의 후추열매 산을 넘어야 했다. 분류소 내부에서는 후추먼지로 자욱한 공기 속에 남녀가 앉아 후추 열매를 일일이 손으로 분류했다. 손상된 흰 후추 또는 검은 후추 열매에서 떨어진 오그라진 껍질도 모두 따로 보관되어 있다는 것을 알아차릴 수 있다. 이렇게 손상

---

\*　　인도 서남부 케랄라 주의 항구 도시. 향신료 무역의 중심지로써 아랍 상인들이 드나들다가 16세기부터 포르투갈, 네덜란드, 영국 등 서구 세력의 지배를 받았다.

된 재료들은 향신료와는 거리가 먼 먼지 같은 맛이 나는 작은 후추팩으로 만들어질 게 확실하다. 비행기에서 기내식과 함께 제공되는.

우리 대부분은 후추의 역사와 기원에 대해 두 가지를 배운다: 그 첫 번째는 후추가 한때 금만큼 비쌌다는 것이다. 두 번째는 후추와 그 외 향신료들이 고기나 썩은 음식의 맛을 감추기 위해 사용되었다는 것이다. 확실하면서도 역사적인 가치가 있는 오래된 요리책을 보지 않고도 확인할 수 있는 사실은 앞의 두 주장이 모두 옳을 수는 없다는 점이다.

만약 향신료가 그렇게 가치가 있었다면—아마도 거의 금만큼—상태가 좋지 않은 고기는 고사하고 고기처럼 하찮은 것에 사용되었다는 것은 말이 되지 않는다. 당신은 헤진 신발을 고치기 위해 금을 사용하거나 신 우유의 맛을 더 좋게 만들기 위해 샴페인을 사용하지는 않을 것이다. 확실한 것은 고기를 새로 사는 값이 금과 같은 가치를 지닌 후추로 오래된 고기를 구제하려는 시도보다는 저렴했을 것이라는 점이다. 게다가 후추의 사용은 그런 상황에 도움이 되지 않았다. 후추뿐 아니라 그 어떤 것도, 그것이 고추든 술이 되었든 썩은 고기를 맛있게 만들 수 없었다.

과연 고추와 향신료는 도대체 얼마나 비쌌을까? 오늘날 석유를 포함한 여러 상품의 가격이 달라지듯이 향신료의 가격도 수급 상황이나 교역 과정에서의 어떤 갈등이나 문제에 따라 달라졌을 것이다. 물론 가장 간단하게 표현할 수 있는 방법은 그저 향신료는 '비쌌다'고 말하는 것이다. 동시에 비싸거나 싸다는 말은

2,000년 전에는 전혀 다른 어떤 의미를 가졌다.

예전 대다수의 사람들은 너무나 가난하였다. 시골의 경우는 겨우 자급자족할 수 있는 농장에 의존했고, 도시에서는 자선 단체가 나누어주거나 남는 식량에 의존해 살았다. 오늘날 우리는 유기농 닭과 대량 생산된 육계 또는 일반 맥주와 수제 맥주 사이의 가격 차이에 주저할 수 있지만 로마 시대의 식료품 가격에 대한 위계는 훨씬 더 많은 단계를 가지고 있었다.

곡물과 양배추는 이 계층 구조의 가장 밑바닥에 있었으므로 저렴했고 때로는 공짜였다. 로마제국의 역사 중 많은 부분에서 로마의 가난한 주민들은 일정량의 공짜 또는 국가에서 보조하는 곡물이나 빵을 얻을 권리가 있었다. 이보다는 한 단계 더 비싸지만 여전히 꽤 저렴했던 것은 콩류였다. 몇몇 운이 좋은 지역에서는 청어와 같은 값싼 물고기를 다량으로 만날 수도 있었다.

도시에 살던 가난한 사람들에게 달걀과 유제품은 매우 귀했던 사치품이었다. 고기와 물고기는 대체로 귀했지만 값싼 내장류, 늙은 닭이나 염소고기 같은 것들과 송아지고기의 고급 부위, 품질 좋은 양고기, 거세한 수탉 같은 재료 사이에는 커다란 값 차이가 있었다. 이보다 더 상위에는 거위, 공작, 백조와 같이 '지위'가 높은 고기들도 있었다. 그리고 계층의 맨 꼭대기에는 외국에서 온 희귀한 동물들과 대량 생산을 위해서는 막대한 자원이 필요했던 플라밍고 혀와 같은 특별히 더 지위가 높은 상품들도 있었다.

향신료도 계층목록의 거의 맨 위에 있었지만 음식에 뚜렷한 특징을 주기 위해 많은 양의 정향이나 후추가 필요한 것은 아니었기에 이러한 향신료들이 공작새보다 더 비쌌는지 아니면 플라밍고보다 더 비싸 보였는지를 말하는 것은 거의 불가능하다. 확실한 것은 향신료들은 가난하고 평범한 로마인들의 손이 닿지 않는 곳에 있었다는 것이다. 그러나 향신료가 금만큼의 가치가 있다는 생각은—내가 지금 시도해서 보여주겠지만—신화였다. 향신료는 이국적이고 희귀했으며 귀금속처럼 교환의 수단으로 사용될 수 있었다. 그러나 금은 아니었다.

향신료 가격이 과장되었다는 사례 중 내가 제일 좋아하는 하나는 1998년에 재능있는 작가 찰스 콘(Charles Corn)이 자신의 저서 『에덴의 향기(The Scents of Eden)』에서 했던 이야기이다. 그는 "보수적으로 추산하면 '그 향신료'는 손을 거칠 때마다 100퍼센트씩 가치가 상승했고 이러한 경로는 수백 번 다른 손을 거치게 했다."고 쓰고 있다. 향신료가 원산지에서 시장으로 가는 길고 위험한 여정을 거쳤을 것이라는 점을 고려해 대략적으로 요약해보면—100퍼센트나 100배 또는 그 이상으로—의미있는 진술인 것으로 보인다.

실제로 계산을 해보기 전까지는 그렇다. 왜냐하면 숫자 1에 100퍼센트를 하면 2가 나오고 여기에 다시 100퍼센트를 하면 4가 나오기 때문이다. 하지만 만약 여기에 100배가 된다면 가격은 당신이 계산을 시작한 이래로 633 825 300 114 700 748 351 602 688배가 상승했을 것이다(수백의 손을 거치는 동안). 나는 이 숫자를 어떻게 읽어야 할지조차 모르겠다.

콘은 자신도 모르게, 체스판을 발명한 이븐 할리칸(Ibn Khallikan)*의 이야기와 비슷한 점을 만들어냈던 것인데 할리칸이 어떤 일의 대가로 무엇을 원하는지 질문을 받고서 첫 번째 정사각형에는 쌀 한 알 두 번째 정사각형에는 쌀 두 알만 있으면 된다고 대답했던 것과 같은 이치인 것이다. 겉보기에는 합리적인 정도의 대가로 보였으나 사실은 인도 전체보다 쌀이 더 많아 질 수도 있는 요구였다. 찰스 콘의 설명이 옳았다면 전 세계의 모든 금조차도 당신에게 후추 한 알을 사주지 못했을 것이다. 비록 그의 이야기가 '보수적인 추정치'였을지는 확신할 수 없지만 그가 가격을 그저 100배라고 말했었더라면 아마도 사실에 더 가까워지지 않았을까.

우리는 지금의 후추 가격을 알고 있는데 과거의 가격이 어땠는지를 기록한 수많은 자료들이 있다. 서기 1세기 후반 플리니우스의 책 『자연사(Natural History)』에서 그가 언급한 가장 유명한 진술은 그외 다른 진술들과 대응된다. 시나몬에 관해 그저 작-지-만-은-않-은 터무니없는 이야기를 한 플리니우스는 엄청난 창의력을 지닌 로마의 정치가이자 지식인이었다.

50권에 달하는 역사적인 그의 작품들은 사라졌지만 37권으로 구성된 그의 『자연사』는 보존되었고 세상이 어떻게 생겼는지에 대한, 특히 그와 동시대 사람들이 세상을 어떻게 보았는지에

---

\* 13세기 이집트 아이유브 왕조와 맘루크 왕조시대에 활동한 이슬람의 저명한 신학자·문학가·사학자로 샤피학파의 대표학자.

대한 중요한 지식의 원천이다. 플리니우스는 서기 79년의 그 유명한 베수비오_Monte Vesuvio_ 화산 폭발로 죽은 사람 중 하나였다. 그가 폼페이_Pompei_나 헤르쿨라네움_Herculaneum_에 있을 정도로 운이 없어서가 아니라 순수한 호기심으로 폭발 지역으로 여행을 갔기 때문이었다. 그 매혹적인 화산 폭발 현상을 조사하기 위해서였다.

플리니우스가 언급한 검은 후추의 가격은 로마식 파운드(약 328g) 당 4데나리온(denarius)* 다시 말해 1kg 당 12데나리온 정도였다. 데나리온은 원래 대략 7g정도였던 은화지만 점차 더 얇게 만들어졌다. 플리니우스 시대의 데나리온은 약 3.5g의 무게가 나갔고 이것은 후추 가격이 1kg 당 약 42그램의 은과 맞먹는 가치가 있었다는 것이다. 금은 은보다 약 10배의 가치가 있었다. 따라서 내 대략적인 계산이 맞는다면 플리니우스의 시대에 후추 가격은 실제로 1kg 당 금으로는 4.2그램, 즉 금 가격의 약 200분의 1이었다.

모든 소문과 수학적인 오류들이 잘 드러나지 않는데 있어서의 요점은 향신료가 일반 사람들에게는 엄청나게 비싸서 근처에 가기도 힘들었지만 그러한 사치품들을 살 여유가 있을 만큼 충분히 부유한 사람들에게는 그저 '진정한 비용'을 나타낼 수 있을 만큼의 가치였던 것이다. 후추를 사용했던 사람들은 오늘날 샴페인을 마시고 캐비어를 먹는 사람들과 같았다. 여기서 샴페인이란 슈퍼마켓 샴페인을 의미하는 것이 아니라 아름다운 나무 상자에

---

\*     로마시대의 은화.

싸여 순간을 반짝이게 만드는 빈티지 샴페인을 의미한다.

※

역사가들과 작가들이 역사적 기록에서 향신료가 정기적으로 언급되는 것을 어떻게 바라보았는지에 대한 시선에 함께 서서 터무니없는 계산과 가십이 왜 그렇게 오래 버텼는지에 대한 나만의 가설이 있다. 향신료는 『아피키우스』와 같은 요리책에서뿐만 아니라 정복과 국정에 관한 더 명망있는 이야기로 여겨지는 책에서도 언급된다. 이를 바탕으로 역사가들은 후추를 비롯한 여러 향신료가 왜 그렇게 중요하게 되었는지 이해하기 위해 고군분투했던 것으로 보인다.

그들은 "향신료는 오늘날 우리가 알고 있으며 사용하는 것 이상의 기능을 가지고 있었을 것이며 당신이 단지 음식에 이용하는 것 이상의 어떤 것"이라고 생각했을 것이다. 어떻게 향신료가 중요하게 되었는지를 설명하기 위해 그들은 가격을 과장했고 고칠 수 없는 것조차도 고칠 수 있는 기능을 지닌 것으로 포장해 향신료 열매를 높은 지위에 올리면서 약용으로 또는 기적의 치료제로서의 역할을 강조했다.

고대의 이국적 향신료에 대한 갈망을 비판하는 사람들도 있었다. 그 예로 아우구스투스 황제(Emperor Augustus)의 딸이었던 율리아(Julia)가 일련의 추문과 공개적으로 알려진 성적 일탈로 유배되고 난 후 사람들은 마치 그녀의 '성적인 식욕'을 설명할 수 있는 것처럼 율리아가 '후추를 극렬히 좋아하는' 것과 같은 상태라 계속 말했다.

"왜 우리는 후추를 그렇게 좋아하는 걸까?" 플리니(Pliny)가 그의 『자연사』에서 묻는다. 그는 향신료를 사용하는 것에 대해 부정적이었다. 그의 의견에 의하면 값이 비싸기도 할 뿐더러 특별히 좋아하기도 쉽지 않은 무언가를 우리가 그토록 좋아할 수 있다는 것은 놀라운 일이었다. 그는 "후추 외의 다른 음식들은 그 달콤한 맛이나 매력적인 외관으로 인기가 많아졌지만 후추는 그러한 특징이 없으며 그저 당신의 식욕을 돋우는 향일 뿐이다."라고 말했다.

후추는 과일이나 베리류 중 어느 부류에도 들어갈 만한 데가 없다. 후추의 유일하게 기분 좋은 품질이라고 여기는 것은 톡 쏘는 맛이고 우리는 그저 이것을 얻기 위해 인도까지 가겠다는 생각을 하는 것이다! 대체 후추를 그의 만찬에 기꺼이 시도했던 최초의 사람은 누구란 말인가? 혹은 식욕을 부풀리고자한 욕심에서 그것을 시도했던 사람은 또 누구인가? 후추와 생강은 모두 '그들'의 나라에서는 그저 야생적으로 자람에도 불구하고 금이나 은과 같은 무게로 구매된다.

플리니는 그의 타당한 질문에 대한 답을 주지는 않으나 향신료의 성공 이유가 어디에 있는지는 정확하게 확인 시켜준다: 그것은 바로 입안과 식탁이다. 후추는 물론 꽤나 쓸모없는 존재이긴 하다. 후추에는 비타민이나 영양소가 전혀 포함되어 있지 않다. 심지어 재료를 변화시키고 보존하는 소금과 같은 능력도 부족하다. 그러나 후추는 오늘날과 같은 이유로 인기가 있었다: 맛이 좋았기 때문에 그리하여 우리가 좋아했기 때문에 그리고 '감각적 경험'이 늘 우리 삶의 중심부에 있었기 때문이었다.

내가 아는 한 우리는 플리니의 약간은 위험한 관찰 중에서 향신료가 금과 은으로 비교되는 첫 번째 사례를 발견할 수 있다. 이것은 수사학적으로 분명하게 의미하는 바, 한 가지를 강조해 보자면: 후추와 생강은 그저 식물일 뿐인데, 대체 우리는 왜 이를 가지고 이렇게 큰 일을 벌이는 걸까? 플리니는 후추의 실제 가격이 얼마인지 잘 알고 있었지만 금이나 은과의 비교를 계속해왔고 지금까지도 그 비교는 여전히 이어지고 있다. 그 역시도 같은 문장 안에서 금과 후추를 언급함으로써 후추가 금과 같은 가격에 팔린다는 2,000년의 오랜 오해를 시작했었다.

서고트족의 왕인 알라릭 1세(Alaric the First)가 408년에 로마의 문 앞에 섰을 때* 로마제국은 오랫동안 쇠락의 길을 걷던 상태였다. 당시 알라릭은 로마를 포위하였고 로마를 정복하지 않는 대가를 분명하게 요구했다: 당연히 금과 은을 원했지만 1,300킬로그램의 후추도 원했다. 그의 요구는 로마의 상인들을 겁먹게 했다. '만약 우리가 당신의 요구에 굴복한다면 우리에게 남는 것은 무엇인가?'라고 로마상인들이 물었다. 연간 세금으로 130킬

---

\* 당시 로마의 황제였던 테오도시우스 1세가 사망하면서 두 아들에게 로마를 동과 서로 나누어 통치하게 하였다. 게르만족의 일파였던 서고트족의 왕인 알라릭 1세가 그 이후 로마로부터 받았던 급료문제로 로마를 침략하여 3일 동안 로마를 피로 물들인 사건이 있었다.

로그램의 후추를 요구했던 알라릭의 답은 '생명'이었다. 그러나 금, 은, 후추가 없는 로마의 삶은 무엇이란 말인가? 그것은 부와 위대함이 동시에 없어지는 것이었다. 후추가 없는 로마의 음식은 다른 곳의 음식과 별 다를 바가 없었으며 로마 음식만의 특별함을 잃는 것이었다.

로마의 점진적 쇠락은 어느덧 가속화되었다. 그후 몇 년 동안 로마는 약탈의 물결을 겪었다: 가치 있는 조각상들이 녹아내렸고 장식물들은 건물로부터 뜯겨졌다. 로마는 영광스러웠던 예전 자신에 대한 그림자가 되어 버렸고 유럽은 일부 사람들이 '암흑의 시대'라고 부르는 시기로 접어들었다. 로마 국가기구들은 망가졌고 오랫동안 두려움과 상품의 조합으로 지탱되어 왔던 그 광대한 제국은 분열되었다. 또한 로마만의 문자와 언어가 사라지기 시작했다. 그리고 유럽의 일부 지역에서는 후추가 식탁으로 돌아오기까지 수세기가 걸렸다.

향신료 무역은 10세기가 되어서야 그 기세를 회복했고 이러한 회복의 동력은 이탈리아의 베네치아*Venezia*였다. 아드리아해(the Adriatic) 연안에 위치한 이 상대적으로 작은 상업 도시국가는 해상에서 강력한 힘을 발휘했다. 가장 중요한 무역로의 여러 곳을 지배했고 따라서 향신료와 기타 다양한 상품을 서유럽으로 수입하는 독점권을 가지고 있었다. 만일 병행수입을 시도하는 사람이 있다면 단호하고 잔인하게 탄압받았을 것이다.

인도를 비롯한 그 외 동양의 원산지로부터 인도양을 가로질러 홍해를 따라 시나이(Sinai)까지 몬순바람을 타고 향신료를 가져왔다. 홍해에서 지중해까지의 비교적 짧은 구간만 육지로 이동하였다. 수퍼 엘리트들의 전유물로만 여겨지던 후추가 이제는 유럽의 상류층 전체와 대규모 부유층 성직자들이 소비할 수 있을 만큼 충분히 확보되었다. 이것은 베네치아가 향신료를 마치 굶주린 듯 받아들인 역할을 했기 때문이었다.

향신료와 관련된 그 모든 수익은 그야말로 '환상적'이었고 수입 독점에 기반한 베네치아의 부는 상당한 정도에 이르렀다. 작가 알렉상드르 뒤마(Alexandre Dumas)는 『몬테크리스토 백작(The Count of Monte Cristo)』과 『삼총사(Three Musketeers)』와 같은 모험 소설을 쓴 것 외에도 앞선 작품들에 못지않게 멋진 책이었던 『미식 대사전(Grand Dictionnaire de Cuisine)』을 집필했다. 그는 『미식 대사전』에서 베네치아의 전성기에 대해 다음과 같이 묘사한다. "베네치아 거주민들의 지적 능력은 향신료의 영향 아래에서 지속적으로 향상되어 온 것 같다. 우리에게 아리오스토(Ludovico Ariosto)[*], 타소(Torquato Tasso)[**], 보카치오(Giovanni Boccaccio)[***]를 선사한 것이 향신료인가? 향신료가 우리에게 티치아노(Tiziano Vecellio)[****]의 걸작을 주었단 말인가? 나는 그것을 믿고 싶은 강한

---

[*] 당시 이탈리아에서 가장 유명하고 영향력 있는 인물 중 하나로 시인, 극작가, 외교관.
[**] 16세기 이탈리아의 유명 시인.
[***] 『데카메론(Decameron)』의 저자로 A.단테, F.페트라르카와 함께 이탈리아 최고의 문학자로 꼽힌다.
[****] 베네치아 화파의 뛰어난 이탈리아 르네상스 화가.

유혹을 느낀다." 향신료 거래의 수익은 수많은 예술작품의 지원금으로 쓰였고 부유한 기부자들에게는 그들의 관대함을 보여줄 기회를 주었다.

중세 말에서 르네상스 시대에 이르는 레시피들은 간혹 아피키우스를 향신료에 관해서만큼은 온건한 사람으로 보일 수 있게 만들었다. 적어도 플라밍고의 혀와 대하에 대한 그의 열정만 없었다면. 당시의 모든 요리에는 절대적으로 향신료가 사용되었다. 시나몬과 육두구(nutmeg)는 케이크와 디저트처럼 달콤한 음식뿐 아니라 오늘날 우리가 짜다고 여길만한 요리에서도 흔한 재료였다. 향신료는 또한 유럽의 뒷마당으로도 퍼져나갔다.

내가 수년 전 스칸디나비아 음식에 관한 책을 쓰면서 발견한 가장 오래된 레시피는 14세기까지 거슬러 올라가는데 사프란과 시나몬을 사용한 닭요리였다. 이것은 향신료가 세상의 먼 구석에까지 닿았기 때문에 가능했던 레시피였다. 그리고 후추는 여전히 '향신료의 왕'으로서의 역할을 유지했다.

그후 로마 제국의 잔재로 동쪽 부분에 남아있던 콘스탄티노플(Constantinople)과 비잔티움 제국(Byzantine Empire)이 멸망했고 신생 오스만제국(Ottoman Empire)은 동쪽으로 향하는 주요 무역로를 장악했다. 베네치아의 독점은 결코 인기가 없었지만 이 도시국가는 적어도 유럽의 같은 종교와 문화권의 일부였다. 당시의 무역은 유럽의 기독교 국가들이 십자군전쟁과 종교전쟁을 통해 수세기 동안 싸워온 상대였던 이슬람교도들에 의해 통제되기에 이르렀다. 이슬람교는 어떤 면에서 보면 향신료에 대단히 고마운 마음을 지니고 있었다. 일예로 예언자 무함마드(Muhammad)의 첫 정복 자금은 향신료 무역에서 그의 아내가 얻어낸 수익으로 조달했다.

후추 알갱이는 비록 당신이 그것을 독차지하는 여행을 가능하게 하거나 그럴 필요가 없다 할지라도 항상 어딘가에 존재했던 다른 세계로 가는 약속이었다. 하지만 드디어-향신료를 찾아- 인도로 가는 바닷길을 찾아야겠다는 생각은 단지 꿈이었던 것에서 '위태로운 필요 가치'로 변모했다. 만약 무슬림인 '이방인들'을 통하지 않고 그냥 그곳으로 도달할 수 있었다면, 무슬림들이 기독교 세계의 목을 조르는 것을 끝낼 수 있을 것이었다. 함께 가져올 엄청난 부는 말할 것도 없이. 그곳에는 정복될 세계가 분명 존재했고 후추 알갱이가 바로 그 증거였다.

크리스토퍼 콜럼버스(Christopher Columbus)가 1494년 미지의 세계를 찾아 대서양을 횡단하는 위험한 여정을 시작했을 때는 진정 '미지의 세상'으로 가는 탐험가로서가 아니었다. 그의 목표는 아주 구체적이었는데 바로 인도의 후추, 향신료, 금과 비단을 찾는 것이었다. 콜럼버스의 공약은 후원자들로 하여금 그의 사업에 자금을 대도록 설득시켰으며 그 이면에는 전례 없는 부를 가지고 돌아오겠다는 약속이 있었다. 그를 기다리고 있는 것이 무엇인지에 대한 구체적인 생각이 없었다면 떠나는 것에 대해 그렇게나 열광적이진 못했을 것이다. 그리고 그가 투자자들을 향해 내었던 강한 목소리가 아무도 들어보지 못한 새로운 대륙을 '제공'하는 것 뿐이었다면 훨씬 덜 매력적이었을 것이다.

우리가 오늘날 알고 있는 바와 같이 콜럼버스는 결코 인도에 다다르지 못했다. 오늘날의 우리가 그 일을 상상해 보는 것은 이상한 일일 수 있지만 자신이 발견한 대륙이 인도가 아니라는 것을 콜럼버스가 알게 되었을 때 그는 약간의 실망 그 이상의 어떤 것을 느꼈을 것이다. 지금의 미국은 그가 상상했던 장소도 아니었으며 분명 그가 투자자들에게 묘사했던 곳도 아니었다.

콜럼버스는 자신이 먼 인도의 어떤 해안에 도달했으며 그곳에서 발견한 모든 향신료는 지금까지 알려지지 않은 후추의 친척들처럼 보였다고 오랫동안 주장했다. 예를 들어, 그가 발견했던 '올스파이스(All spice)'[*]는 '자메이카 고추(Jamaica pepper)'로 알려져 있으며 이 명칭은 그 이후 유행이 지난 지금도 존재하지만 고추(chili)와 그 밖의 캡시쿰(Capsicum)[**]의 아종들은 아직도 스페인어, 영어 및 기타 여러 언어들에서 '후추, 고추(pepper)'라는 단어의 변종으로 분류한다.

1494년 콜럼버스와 히스파뇰라 섬(Hispaniola)을 동행했던 의사이자 모험가였던 디에고 알바레즈 챈카(Diego Alvarez Chanca)는 "이곳에는 내 생각에 육두구(nutmeg)를 생산하는 것으로 여겨

---

[*] '포스파이스'라고도 불리는 향신료의 일종으로 고추도 후추도 아니다. 자메이카 고추라는 뜻의 이 향신료는 중미 지역의 머틀나무에서 얻는다. 말린 알갱이에서 정향, 넛멕, 계피, 후추의 향이 강하게 난다.

[**] 가짓과의 한해살이풀인 캅시쿰속(Capsicum)의 열매로 아메리카가 원산지이다. 미국과 캐나다에서는 고추, 영국에서는 칠리페퍼 또는 붉은 또는 녹색 고추, 호주와 인도에서는 캡시쿰이라고 한다.

지는 나무들이 몇 그루가 있다."라고 기록했다. 그리고 "나무껍질의 냄새와 맛이 육두구를 연상시키기 때문에 이것이 육두구라는 것을 믿는다. 또한 목에 생강 뿌리를 두른 인도인을 보기도 했다."라고도 썼다. 하지만 이 모든 것은 복합적인 희망사항일 뿐이었다.

당시의 또 다른 위대한 탐험가는 바스코 다 가마(Vasco Da Gama)였는데 그는 콜럼버스가 이루지 못한 것을 해냈다: 아프리카 해안을 돌아 인도로 가는 바닷길을 발견한 것이었다. "우리는 향신료와 기독교인을 찾고 있다."라고 말한 것이 1498년 인도에 도착했을 당시 그의 메시지였다. 귀중한 향신료 외에도 아대륙(subcontinent)* 어딘가에 살고 있는 잃어버린 기독교 종파에 대한 이야기도 있었다. 문제는 다 가마가 오늘날 우리가 '문화적 민감성'이라고 부르는 것을 비롯하여 심지어 그가 도착한 땅에 대한 가장 기본적인 이해조차도 부족했다는 점이다. 그는 힌두교의 우상들이 예수와 성모마리아를 상징한다고 믿고 그 앞에 무릎을 꿇었던 그의 실수를 깨닫고는 화를 낸 적도 있었다.

심지어 다 가마와 그의 부하들은 당시의 기준으로 보더라도 나쁜 행동을 했다. 그들은 배를 약탈하고 보기에도 우호적인 듯한 도시들에 대포를 쏘아대고 지역 고위 관리들을 포로로 잡았으며 이슬람교도들과 종교전쟁을 시작하려고 시도하여 진부하고도 새로운 방식으로 캘리컷(Calicut)의 힌두 왕과의 관계를 껄

---

\* 대륙보다는 작고 섬보다는 큰 땅을 이르는 용어.

끄럽게 만들었다.

당시 모든 문화에서 흔히 볼 수 있었던 것처럼 왕에게 하는 선물에 어울리는 귀중한 암석들과 금 그리고 다른 물건들을 가지고 가는 대신에 다 가마는 모자 여섯 개와 직물들, 구리 그리고 약간의 설탕을 선물했는데 이 모든 것들은 인도에서 쉽게 구할 수 있었고 특별한 점이 없는 흔한 것들이었다. 그리고나서 그들은 캘리컷을 폭격했다. 관계가 완전히 불쾌한 수준으로 악화되었을 때 다 가마는 지역 상인들을 납치함으로써 사태를 더욱 악화시켰고 그들의 귀와 코를 잘라내어 모욕적인 편지와 함께 왕에게 보냈다. 다 가마가 어딘가를 방문해서 하는 이러한 행동들이 제대로 된 방식이 아니라는 것을 이해했다면 아마도 발견의 시대는 조금이라도 더 나은 시작을 할 수 있지 않았을까.

향신료 무역은 이 사업에서 자리를 잡은 몇몇 나라에게 향후 수 세기 동안 유럽을 지배하며, 번영할 수 있다는 징조를 보여주었다. 그 중심에는 세계 상업을 지배하는 무역회사들이었던 최초의 다국적기업들이 있었다. 이 기업들은 전쟁에 참전했고 국가들을 정복했으며 새로운 법을 제정했다. 자국의 주주들과는 별개로 누구나가 책임이 다르지 않는 이윤을 추구할 수 있었다. 다국적기업의 사업체계는 마치 '유사 국가'처럼 운영되었다. 또한 무역회사들로부터 생긴 수익으로 도시들을 건설하게 했고 예술과 혁신에 자금을 댔다.

점점 새롭게 축적되는 부가 향신료와는 전혀 관련이 없는 것처럼 보이는 다른 발전의 길을 열었다: 약탈, 속임수, 군사력, 분열과 정복 전술에 의해. 작은 유럽 국가들의 집단은 결국 세계의 넓은 부분을 지배했던 로마제국의 모습을 닮아 있었다.

사람들은 즐거움을 사랑한다. 달고 기름진 모든 것에 대한 우리의 사랑은 지방과 비교적 쉽게 구할 수 있었던 탄수화물이 생존을 위한 지름길이었던 때부터 우리에게 깊이 뿌리 박혀 있었다. 그러나 앞서 언급된 바와 같이 후추는 이러한 영양적 가치가 없다. 그리고 후추의 맛은 우리가 좋아하는 다른 어떤 것과도 거의 닮아 있지 않다. 과일은 씨앗을 퍼뜨려주는 동물들에게 먹히기를 원했다. 그러다보니 달콤해지는 것이 해당 종의 확산을 보장하는 방식이 되었던 반면 허브와 향신료에 있는 방향유는 이와는 정반대의 목적을 가지고 있었다. 오히려 포식자들에게 겁을 주기 위한 것이었다.

후추의 가장 나쁜 적은 곤충과 작은 설치류인데 이 동물들은 후추의 강렬한 맛에 의해 그 열매를 먹는 것을 단념한다. 반면에 인간은 이 동물들에 비해 훨씬 큰 덩치를 가지고 있다. 쥐는 생명을 위협하는 공격으로 받아들일만한 것이 인간의 감각으로는 그저 작은 핀으로 찌르는 정도일 뿐이다. 처음에는 약간 불편하지만 조금 지나면 이상하고 흥미로운 일이 일어난다: 고통이 유쾌한 어떤 것으로 변하는 것이다. 우리는 그 가벼운 불편함을 물리치지 않았고 실제로 그것이 꽤 즐겁다는 것을 알게 되었다. 일단 우리에게 별다른 해 없이 후추를 먹을 수 있다는 것을 깨달았을 때 그 저항력-잠깐의 고통-은 우리의 미뢰에 대한 도전처럼 보였다.

우리가 어떤 고통 안에서 즐거움을 발견하고, 강하면서 쓰고 신맛을 느낄 수 있는 상태로 변할 수 있게 해준 이러한 발전은 우리의 아이들에게서도 볼 수 있다. 새로운 맛이건 우리에게 익숙한 맛이건 어떤 것을 처음으로 맛 볼 때의 아기가 가지는 자연스러운 반응은 얼굴을 찡그려 그것을 뱉아내는 것이다. 그러나 이러한 최초의 거절은 최종적 반응이 아닐 것이라는 점을 모든 부모는 알고 있다. 만약 당신이 몇 초 후에 다시 이 맛에 대해 시도하기 시작하고 그렇게 몇 번의 시도를 해보면 처음의 혐오 이후에 찾아오는 새로움을 알게 될 것이다. 때로는 그것은 받아들임이고 때로는 호기심이다. 그리고나서 잠시 후에 다가오는 즐거움과 탐욕으로 이렇게 외칠 것이다. '더!'라고.

자연은 우리가 어렸을 때 이미 가장 날카로운 미각과 후각을 선사해 주었다. 혀는 뇌로 지속적인 신호 흐름을 보내는 거의 백만 개의 미각 세포로 덮여있다. 우리는 어떤 식물, 씨앗, 뿌리를 피하는 것이 현명한지를 알아차리기 전에 이미 해로운 맛을 감지하기 위해 특별히 진화된 생존 도구로 설계되어 있다. 그것은 지금도 마찬가지이다.

어린 시절 우리의 미각은 예민하고 매우 민감하다. 그리고 16살이 되면서 미각은 약해지기 시작한다. 이 과정은 너무 느리게 진행되기 때문에 그닥 눈에 띄지 않는다. 또한 이러한 일이 일어나는 동안 우리는 25세에서 40세 사이의 어딘가에서 미각 훈련이 끝날 때까지 맛에 대한 신호를 해석하는 것에 점점 더 능숙해진다. 이때 쯤이 되면 우리의 미각이 가진 민감성은 눈에 띄게 줄어들지만 운 좋게도 우리에게는 작은 감각 충격을 줄 수 있는 후추가 있다.

2000년대 초 분자미식이 절정에 다다르고 카탈루냐(Catalonia)의 '엘 불리(El Bulli)'와 런던 외곽의 '더 팻 덕(The Fat Duck)'과 같은 레스토랑들은 세계 최고를 향해 경쟁하고 있었다. 이 초첨단 주방들의 최우선 목표는 '완벽'이었다.

고기 한 조각을 요리하기 위한 이상적인 온도는 몇 도인가? 만일 섭씨 56.4도가 부드러움과 육즙의 올바른 균형을 제공하는 것처럼 보인다면 고기를 56.4도에서 꾸준히 요리하는 것은 어떨까? 이것을 달성하기 위해 특별한 장비가 개발되었고 고기를 비닐로 감싸 정확한 온도를 유지하는 수조가 생겼다. 이 과정이 끝나고 몇 초 동안 고기를 구워서 좋은 맛을 낼 수 있었다. 수프와 소스도 마찬가지였다. 부드러운 맛을 내거나 거품으로 변형시킬 수 있는 기계들이 만들어졌다.

새로운 최전선에 선 요리사들은 과학과 기술의 조합에 정복당했다. 그리고 그들은 이미 잘 알려진 기존의 요리들로도 멋진 성취를 일구어냈다. 가장 부드러운 스테이크. 가장 부드러운 소스. 완벽함이 손에 닿을 수 있었다. 유일한 문제는… 지루해졌다는 것이다. 완벽한 스테이크의 첫 한입은 마치 신의 계시 같다. 이것은 불가능해 보였다. 스테이크가 정말 이렇게 부드러울 수 있을까?

이렇게 육즙이 많을까? 그다음 한입도 맛있지만 세 번째와 네 번째 입에서는 스릴과 즐거움이 조금은 덜 강렬해졌다. 그렇다. 스테이크는 맛있었다. 하지만 아마도 너무 완벽했던 것일까?

왜 이토록 '완벽한' 스테이크가 완벽하지 않았는지에 대해서 그리고 전용 원심분리기를 통해 만들어진 수프는 인간에게 알려진 어떤 수프보다도 부드러워 마치 벨벳을 먹는 듯한 식감을 가졌음에도 불구하고 사람들이 왜 그 수프에 열광하지 않았는지에 대해 알기 위해, 다시 말해 대체 무엇이 잘못되었는지를 알아 내기 위해 연구자들은 실험 대상자들이 요리를 먹는 동안 그들에게 특별한 측정 장비를 연결했다. 그리고 이 음식들이 실험 대상자들에게 미치는 영향이 길게 지속되지 않는다는 사실이 밝혀졌다. 처음에는 그들 뇌의 감각 중심으로부터 측정된 수치는 컸다. 이후 정확히 같은 음식을 몇 입 베어 문 후 이 수치는 물속으로 가라앉았다. 수프는 모든 과학 규칙에 따라 만들어졌지만 실험 대상자들은 어쨌든 흥미를 잃었다. 아무리 완벽했다 할지라도. 또한 너무 완벽했기 때문에.

사람들이 싫어하는 것이 있다면 그것은 아마 단조로움일 것이다. 우리의 긴장은 풀어지고 곧 지루함을 느낀다. 그래서 분자 미식가들은 '불완전함과 개입-부드러운 수프 안의 바삭한 재료를 넣고, 소렐(sorrel) 가지를 퓨레에 남기거나, 보드라운 디저트에 셔벗 캡슐을 추가하는 것과 같은-'으로 이 문제를 해결했고 여기에서 그들은 새로운 차원의 관심을 만날 수 있었다. 요리들에 대한 이러한 연구가 비교적 새로운 것이기는 하였지만 새로운 무언가를 맞딱뜨리는 상황 자체가 새로운 것은 아니었다.

이것이 바로 후추가 인기를 얻게 된 정확한 이유이다. 후추는 미뢰를 공격하고 자극하여 우리에게 결코 지루함을 안겨주지 않는다. 후추는 우리가 동물이 아니라 인간이라는 증거이기도 하다. 오직 인간만이 그들 자신을 그렇게 가벼운 고통에 노출시킬 것이기 때문이다. 이것은 즐거움을 극대화하는 것을 제외하면 달리 좋을 것도 없다. 그러나 후추는 카르보나라 한 접시를 몽땅 먹을 수 있게 만들어주고 접시가 비었을 때 여전히 더 많은 것을 갈망하게 만든다.

# Vino

# 와인

# Wine

Dinner
in
Rome

의기양양한 일행이 레스토랑 2층에서 계단을 내려오고 있다. 가슴주머니에 꽂은 손수건과 넥타이에 어두운 색 정장을 흠잡을 데 없이 차려입은 한 노신사는 마지막 계단을 알아차리지 못한 듯 바닥에 이르자 비틀거린다. 그는 앞에 있는 젊은 남자의 어깨를 잡아 자신의 몸을 구하려 했고 앞선 일행 중 다른 사람이 웨이터를 밀치는 바람에 들고 있던 유리잔이 그만 깨져버리고 만다.

순간 모두의 시선이 일행에게 집중되는 가운데 약간 당황한 듯한 노인이 그의 발을 가다듬는다. 다리오와 앤은 바로 사고현장으로 와서 모든 것을 매끄럽게 정리하고 일행 모두가 성공적인 저녁 시간을 보냈는지를 확인한다. 그러나 레스토랑 안을 두텁게 메운 적막감, 바닥으로 가라앉은 어색한 분위기는 감출 수가 없다. 모두가 정말로 보지 말아야 할 것을 보았다고 느끼는 것을 알 수 있었다: '노인이 술에 취했다.'

이곳 레스토랑은 우리들, 즉 거의 모두 와인을 마시는 사람들로 들어차 있다. 그리고 와인을 너무 많이 마시도록 자신을 내버려 둔 한 노인을 거들먹거리며 혹은 비난하는 듯한 표정으로 바라보고 있다. 노인이 마신 와인은 한 병 가득 아니면 아마 두 병일 수도 있을 것이다.

레스토랑은 중립적인 공간이다. 레스토랑이란 곳은 그저 휴식을 취하고 즐거운 시간을 보낸 후 떠나기 전에 비용을 지불하는 장소에 지나지 않으며 그 외의 일들은 알아서 처리된다. 그럼에도 불구하고 당신은 레스토랑에 들어오는 순간 일종의 쇼에 출연하게 되는 것이나 마찬가지이다. 통제력의 결여는 때로 엄청난 비난을 초래할 수도 있다.

나는 언젠가 미슐랭 별을 받은 레스토랑에서 식사를 한 적이 있었다. 내 옆 테이블에는 이 고급스러운 환경에서 어머니에게 멋진 음식을 대접하는 가족이 앉아 식사를 하고 있었다. 식사에 참석한 주인공인 어머니는 그날 만큼은 요리와 청소에서 해방된 것이다. 어머니는 기쁨으로 미소를 지었고 두 뺨은 와인으로 인해 홍조를 띠며 긍정적인 관심을 받았다. 하지만 화장실을 다녀오면서 어머니는 긴 휴지 조각을 끌고 돌아왔다. 레스토랑 안에 있는 모든 사람에게 짧지만 어색한 침묵이 찾아왔다. 얼마 지나지 않아 옆 테이블의 가족들은 디저트를 먹기도 전에 마치 수치심의 구름이 드리워져 있는 것처럼 식탁을 떠났다.

당시 나는 로마에서 동쪽으로 60km 떨어진 곳인 '올레바노 로마노*Olevano Romano*'산 와인을 마시고 있었는데 매우 진하고 밀도가 높은 것이었다. 나는 이 와인에서 자두와 석류 그리고 야생 멧돼지를 섞은 듯한 향이 난다고 묘사한 것을 본 적이 있다. 이러한 이미지들은 자칫 당신의 상상력을 너무 자극하여 와인 자체의 느낌을 잊어버리게 할 위험이 있다. 와인에 여러 냄새가 복합적으로 작용한다는 것은 종종 '지옥에서 온 매춘부'처럼 들릴 수 있다. 하지만 올레바노 로마노의 경우에는 사실 완전히 잘못된 묘사는 아니었다. 와인의 풍미에는 약간은 사냥감에서 맡을만한 더러운 어떤 무언가가—야생 멧돼지 냄새 같은—있을 수 있다. 이 와인의 첫 모금에서는 약간은 케일(kale)을 연상케 하는 어떤 맛이 났고 그 가장자리에 조금의 쓴맛도 있었다. 조금은 불쾌하고 따끔한 방식으로. 와인의 맛이 '열리고' 나면서부터는 한 모금씩을 마실 때마다 그 풍미가 조금씩 좋아졌다.

좋은 와인은 이런 것이다. 품고 있는 꽃향기와 젖은 시멘트 향이 여러 다른 냄새와 섞인다 해도 갇히지 않는 와인. 햇볕에 그을린 피부, 나무 부스러기, 사과 심지와 땀. 반드시 이런저런 맛이 나야 하는 것은 아니다. 사실 좋은 와인의 맛은 포착할 수가 없다. 하늘의 구름처럼 끊임없이 달라지기 때문이다. 지금 내 잔에 담긴 와인은 라치오*Lazio* 주변 지역에서 겨우 살아남은 고대 포도인 체사네제 품종*Cesanese*으로 만들어진다. 많은 사람이 이것이 진짜 로마 와인의 맛에 가장 가까우며 해당 포도품종은 로마 시대부터 이곳에서 재배되었다고 믿는다.

체사네제 품종은 익는 시간이 아주 오래 걸리는 것으로 알려져 있다. 너무 일찍 수확하면 맛이 없고 즙만 가득한 와인을 얻을 수밖에 없다. 반대로 익기를 기다린 뒤에 수확한다면 지금 내가 마시는 와인처럼 치밀하면서도 간결한 맛을 지니게 된다. 그러나 가을비가 내려 해당 생산년도(vintage)의 포도에 곰팡이가 필 가능성도 있다. 와인 맛을 좌우하는 이러한 요인은 비록 실제로 로마 시대로 거슬러 올라가지 않더라도 예전 와인의 맛이 어떠했는지를 보여주는 좋은 예가 될 수 있다.

와인은 평범한 사람들에게는 그저 과일 주스처럼 보였겠지만 충분한 돈과 지식을 가진 사람들은 오늘날의 우리가 좋은 와인이라 여기는 것에 대해 가지는 생각과 꽤 비슷한 생각을 가졌을 것이다. 더불어 당시에는 어떻게 와인을 만들고 보관해야 하는지에 대해서도 꽤 특이한 방식들이 많았다. 스모키한 연기의 맛을 특히나 매력적이라고 여겼기 때문에 어떤 와인은 몇 년 동안 화로 위에 보관되기도 했었다. 그로테스크한 공포감을 안겨주기도 하며 오늘날 그리스에서 여전히 마시고 있는 송진이 함유된 레치나(Retsina)는 와인의 산화를 막는 것에서 유래된 화이트 와인이다.

성경에 따르면 노아(Noah)는 세계 최초의 와인 생산자였다. 창조물에 대한 하나님의 분노가 가라앉기 시작하고 홍수가 줄어들자 노아는 방주를 상륙시켜 정착한 아라라트 산(Mount Ararat)\* 에서 곧 포도 농사를 시작했다. 하나님은 노아가 다른 인간에 비해 유일하게 도덕적인 사람이었기 때문에 흠잡을 점이 없다 여겨 인류를 이어가기 위해 그를 선택했다. 그러나 그가 완전히 결함이 없는 것은 아니라는 것이 곧 밝혀졌다.

사실 그는 우리가 '술꾼'이라 부르는 부류의 사람이었다. 그에게 있어 술은 음식을 담는 작은 잔으로는 충분하지 않았다. 노아는 취한 채 망치로 자신을 때리고 나서야 이 점을 부끄러워했

---

\* 현재 튀르키예 북동부에 있는 사화산.

지만 어쨌든 계속해서 술을 마셨으며 이후로도 이러한 음주는 계속되었다.

    성경의 역사에 얼마나 많은 진리가 있는지는 믿음의 문제일 것이다. 그러나 현대 과학이 적어도 이 이야기의 작은 부분은 확인시켜 주었다: 와인이 처음 만들어진 것은 아마도 아라라트 산 주변이었을 가능성이 높다는 점이다. 오늘날에도 이 산 주변에는 야생 포도나무가 자라는데 현재는 튀르키예, 이란, 조지아 사이의 국경 지역 어디쯤이 된다.

    페르시아인들은 와인의 기원에 대한 또 다른 이야기를 가지고 있다. 포도 먹는 것을 너무나 좋아하여 한때는 포도를 병에 저장하여 나중에 먹을 수 있다는 생각을 가졌던 페르시아의 잠시드 왕(King Jamsheed)*에 대한 이야기이다. 대략 노아의 기원설과 비슷한 지역에서 일어난 일이었다.

    잠시드 왕이 포도를 병에 넣어 보관한 지 몇 달 후에 병을 다시 열었을 때 포도는 터져버렸고 과즙은 거품으로 넘쳐났다. 잠시드는 어떤 종류의 흑마법 즉 독이 작용했다고 의심했고 그는 병에 든 '포도 주스'를 마시면 안 된다고 명령했다. 그러나 잠시드의 궁정에 있던 젊은 여성은 그의 금지령을 무시했다. 그녀는 왕의 하렘(harem)**에서 쫓겨났고 스스로 목숨을 끊기로 결정했

---

\*    페르시아 신화에 등장하는 피슈다드 왕조의 전설적인 성군.
\*\*   이슬람에서는 주로 여자들이 생활하는 공간을 일컬으며 왕의 첩들이 기거하는 공간도 이렇게 부른다.

기 때문에 '독'이라고 표시된 액체의 일부를 마시기 시작했다. 그러나 죽기는 커녕 잠들기 전에 자신이 점차 덜 비참해지고 있다는 느낌을 발견했다. 다음날 그녀가 깨어났을 때 다시 그 액체를 마시기 시작했고 이런 일이 일어났음에 기뻐하면서 자신이 발견한 것을 왕에게 가져갔다. 왕은 그녀를 용서하였고, 왕도 이 음료를 마시기 시작했다.

    최초로 알코올 음료가 발견된 것은 사실 우연이었다. 폭풍이 몰아치는 동안 벌집이 물웅덩이에 떨어졌고 어느 정도의 시간 동안 그곳에 그대로 놓여 있었다. 시간이 지나 사람들이 그 웅덩이를 발견하고 마셨을 때 그들은 웅덩이에 무슨 일인가 일어났다는 것을 알아차리게 된다. 물은 달았지만 그 물에는 또 다른 무언가가 있었던 것이다. 며칠 동안 방치된 한 그릇의 곡물과 물도 비슷한 효과를 얻었다. 포도, 대추 그리고 당을 함유한 다른 과일들이 땅에 떨어져 스스로 발효하는 경우도 있었다. 인류가 포도를 재배하거나 와인을 만들기 시작했던 때는 정확히 알 수 없지만 무려 8,000년 전에도 와인 생산이 잘 진행되고 있었다고 추정된다.

    서부 이란에 있는 고대 메소포타미아의 무역 거점이었던 고딘 테페(Godin Tepe) 지역에서 고고학자들은 탄닌산(tannic acid)과 타르타르산(tartaric acid)*의 잔여물 흔적이 있는 점토 항아리를 발견했는데 이것은 와인 생산의 확실한 징후였다. 탄소 연대 측

---

\*     탄닌산과 타르타르산 모두 와인에 함유된 성분이다.

정법은 그 항아리가 7,000년이나 되었다는 것을 보여주었고 이러한 종류의 항아리 중 가장 오래된 것으로 여겨진다. 맥주를 양조한 흔적은 같은 지역에서 더 오래된 것으로 발견되었다.

✑

와인은 기껏해야 해롭지 않을 만큼의 기분전환용으로 또는 지루한 사람들이 친구들을 놀리는 재미를 느낄 수 있을 만큼 다시 말해, 작은 즐거움을 주는 정도로 여겨진다. 하지만 최악의 경우에는 속물과 부패한 힘으로 여겨지기도 한다. 그러나 알코올이 들어간 음료 그 자체는 이보다 더 많은 것을 나타내기도 한다.

폴 루카스(Paul Lukacs)는 그의 책 『와인의 발명(Inventing Wine)』에서 "와인이 제공하는 즐거움은 감각적일 뿐만 아니라 영적인 것이었다."라고 썼다. 와인 또는 적어도 '술'은 미묘한 점을 가지고 있었다. 그것은 하늘이 내린 선물이었다. 사람들은 와인을 마실 때면 하늘과 마법 같은 접촉을 했다. 나의 은사였던 노르웨이의 역사학자 비외른 큐빌러(Bjørn Qviller) 교수와 그 외 다수의 역사학자들은 다음과 같이 역설한다. 술—와인, 맥주 그리고 어떤 곳에서는 영혼—은 인류 초기 사회의 출현에 절대적인 중심에 서 있었다고.

아테네에서는 시민이 되려면 토지를 소유해야 했고 도시국가가 갖춘 계급 체계의 상당 부분은 각자가 소유하고 있는 포도밭의 크기를 중심으로 만들어졌었다. 그리스의 음주 길드—심포지온(symposion)*이라 불리는――는 사회적 음주가 정치적, 지적, 문화적 삶에 얼마나 중요했는지를 보여주는 많은 사례 중 하나일 뿐이다.

술 한 방울 없는 학술 심포지엄을 위해 모일 때, 술을 거의 입에 대지 않았던 플라톤이 쓴 책『심포지엄(Symposium)』을 읽을 때, 그리고 소크라테스가 그의 동료들과 사랑과 죽음에 대해 이야기를 나누던 곳을 생각할 때 우리가 잊어버리곤 하는 사실이 있다. 그것은 바로 그리스의 심포지엄은 철학적 논의를 위한 단순한 장이 아니라 제대로 취한 술 파티였다는 점이다.

대부분의 경우 시와 음악이 함께 했지만 더불어 모임의 주최자가 제안하는 거의 끝없는 건배가 이어졌으며 건배를 할 때마다 매번 모든 참가자들이 술잔을 완전히 비워야 했다. 사회를 이끌어가는 계층이 주축이 되어 10대들에게 음주 게임을 시키는 상상을 해보라. 숙취와 구토에 대한 설명은 오래전 문서들에 자주 등장하며 만취의 아지랑이는 우리가 이해하게 된 현명한 생각과 추론―모임의 주된 목적이었던―을 무색하게 만드는 경우가 많았다. 술에 취하는 고대 그리스의 이러한 모임은 지식과 통찰력을 제공하는 포털이었고 취하지 않으면 접할 수 없었던 어떤 것이었다.

향신료의 기원에 대해 가장 기발한 설명을 한 헤로도토스의

---

\* 오늘날 '심포지엄(symposium)'이라 부르는 회의나 좌담회를 의미하는 단어의 어원이라 할 수 있다.

기록에 따르면 페르시아인들은 술에 취한 상태에서 모든 주요 결정을 내렸다고 한다. 일단 취기가 가라앉으면 그들은 그 결정을 재고하곤 했었다. 만약 그들이 술을 마시지 않은 상태에서 술에 취했던 때와 같은 결론에 도달한다면 그 결정은 유효한 것으로 여겨졌다. 모든 법이 술에 취한 상원과 말짱한 하원을 모두 통과해야 하는 양원제와 거의 유사했다.

마크 포사이스(Mark Forsyth)는 그의 저서 『취중의 짧은 역사(A Short History of Drunkenness)』에서 현재 튀르키예에 있는 1만 2,000년 전의 고고학 유적지인 괴베클리 테페(Göbeckli Tepe)에 대해 이렇게 언급한다. 유적에서는 10톤에 달하는 거대한 건물과 돌덩이의 잔해가 발견되었다. 주변 지역에 사람이 살았다거나 그곳에서 곡물을 재배했다는 증거는 찾을 수 없다. 하지만 보리와 물이 섞일 때 발생하는 물질인 옥살산염의 흔적이 남은 100리터 이상을 담을 수 있는 큰 용기의 잔해를 발견했다. 역사적 가설은 괴베클리 테페가 사람들이 술에 취하기 위해 모이는 종교적인 모임 장소였다고 말한다.

농업의 도입에 대한 가장 일반적인 설명은 우리가 더 많은 식량을 안정적으로 확보하길 원했기 때문에 농업으로 눈을 돌렸다고 암시한다. 그러나 이러한 설명은 수렵 채집 생활에서 농업으로의 전환이 사실 영양실조의 증가로 이어진다는 것을 보여주는 연구 결과들에 의해 도전받고 있다.

인류는 농경 이전에 이미 식량을 충분히 먹을 수 있도록 보장하는 여러 방법들을 가지고 있었다. 사실 인류에게 부족했던 것은 '취기'였다. 재미있지 않은가! 그러니 농경기원의 또 다른 가설이 우리가 취하고 싶어서 곡물을 재배하기 시작했다는 점을 가리킬 수밖에 없다. 농경 초기에는 맥주에 취했지만 그 다음에는 최초로 종교의 도래를 말해주는 와인에 취했다. 그리고 이 취기는 최초의 불완전한 중앙집권화 사회의 구성원 사이에 접착제 역할을 하였다.

4,500년 전 수메르의 우루크(Uruk)라는 도시에서는 서로 다른 행사를 위해 무려 11가지의 다른 맥주를 개발했었다. 작가 이언 게이틀리(Iain Gately)는 우루크의 사교활동이라는 것이 주로 맥주와 맥주 서빙을 중심으로 이루어졌다는 점을 언급한다. 당시 우루크의 술집에 가는 목표는 그저 즐기는 것이 아니라 완전히 고주망태가 되는 것이었다. 이집트의 고문헌 어딘가에서 마크 포사이스는 다음과 같은 말을 인용해 보여준다. "나에게 18병의 와인을 주시오 … 나는 항상 취해 있고 싶소." 이집트의 무덤에 그려진 정교한 그림 하나는 한 여성이 하녀에게 토하는 장면을 보여주기도 한다. 술을 마시는 행위는 사회성과 종교를 결합한 문화적 힘이었다. "우리는 정기적으로 술에 취하기를 원했기 때문에 농업을 발명했다."라고 포사이스는 말한다.

철학자이자 발명가이면서 미국이라는 나라를 설립한 사람 중 한 명인 벤자민 프랭클린(Benjamin Franklin)은 이와 비슷한 주장을 했다. 그의 가장 큰 관심사 중 하나는 와인이었고 그는 이런 말을 한 적도 있다. "와인은 신이 우리를 사랑한다는 지속적인 증거다." 하지만 그는 이보다 더 나아갔다. "우리는 우리에 대한 신의 사랑을 우리에게 주어진 팔꿈치에서도 볼 수 있다. 땅에 흐르는 물을 마시려고 하는 동물들에게서 볼 수 있듯이 그들은 긴 다리를 가지고 있으며 목 또한 길어서 무릎을 꿇지 않고는 물을 마실 수 없다는 것을 알 수 있다. 하지만 와인을 마실 운명이었던 우리 인간은 와인 잔을 입으로 올릴 수 있는 방식으로 만들어졌다. 팔꿈치가 손에 더 가까이 있었다면 그 사이가 너무 짧아 잔을 입으로 올릴 수 없었을 것이다. 또한 만일 팔꿈치가 어깨에 더 가까웠다면 그 또한 같은 상황이었을 것이다."라고. 누구든 그가 이 글을 쓴 밤에 무엇을 마셨는지 상상할 수 있을 뿐이다.

애초에 로마제국은 엄격하고 금욕적이었다. 기원전 2세기 즈음에는 와인과 술의 신인 바쿠스(Bacchus)를 추종한다고 의심받거나 추종했던 7,000여 명이 처형될 정도였다. 그러나 200년이 지난 후 오히려 그 추종자들이 승리를 거두었는데 로마는 세계의 중심이 되었을 뿐만 아니라 사치스러운 파티가 일상화되고 음주가 밤늦게까지 계속되는 알코올 중독의 도시가 되었다.

일부 로마의 귀족들은 도시 외곽에 올레바노 로마노*Olevano Romano*와 같은 그들 소유의 포도밭을 가지고 있었고 그곳에서 자신들만의 와인을 만들었다. 더불어 와인은 그리스, 튀니스 등 로마의 여러 영토로부터 수입되기까지 했다. 로마 시대에 가장 유명한 와인 상인 중 한 명은 트리말키우스(Trimalchius)*이다. 그는 현존하는 가장 오래된 소설이라고 여겨지는 가이우스 페트로니우

---

\* 트리말키오(Trimalchio)라고도 불린다.

스(Gaius Petronius)의 『The Satyricon』에 등장하는 허구의 인물이다. 이 소설이 출간된 시기는 네로 황제의 통치 기간인 서기 1세기 경이였다. 이야기는 주인공들이 과음으로 인해 많은 것을 배우지 못한 채 계속해서 매우 불행한 상황에 처하게 되는 영원한 폭음을 다룬다. 그 폭음의 목적은 바로 도취, 즉 취한 상태로 계속 남기 위함이었다.

현재의 와인과 알코올의 관계는 인류가 처음 술을 마시기 시작했을 때와는 달라졌다. 하지만 여전히 도취된 취기는 중요한 요소이다. 우리는 단지 와인의 '맛' 때문에 술을 마시는 척 할 수 있다(취기를 위한 행동임을 숨긴 채). 사실 맛도 중요하다. 가장 저렴한 하우스 와인의 두 배가 넘는 가격이 매겨진 와인을 잔에 '쏟아붓는' 이유는 더 많은 즐거움, 더 복잡한 맛, 흥분시키는 향, 즉 아로마(aroma)에 대한 기대 때문이다. 항공 여행에서 와인을 마시는 것은 비즈니스 클래스로 업그레이드하여 목적지까지 더 편안한 여행을 하는 것과 같은 이치이다. 허나 와인의 본질은 미묘한 뉘앙스들 즉 가죽과 제비꽃, 멧돼지와 석류의 힌트 따위가 아니다. 와인의 본질은 알코올에 있다. 알코올이 들어있지 않는 한 와인은 와인이 아니다.

내 맞은편에 앉은 부부는 피에몬테*Piemonte*에 있는 컬트 와인

(cult wine)* 생산업체인 스카르파*Scarpa*\*\*의 와인 한 병을 주문했다. 와인 리스트에서 가장 비싼 와인 중 하나이다. 남자의 코가 그의 와인잔 속에 영원히 머물 것처럼 들어가서는 맛의 작은 뉘앙스를 찾고 있다. 그게 아니라면 맞은 편에 앉아 불만스럽게 휴대폰을 만지작거리는 아내와의 접촉을 피하고 있는 건지도 모른다. 옆 테이블에 앉은 세 아이를 제외하고는 이 레스토랑에 있는 모든 사람은 와인을 마시고 있다.

한 모금, 한 잔씩 마실 때마다 조금씩 늘어가는 '거센 움직임'을 경험하게 된다. 그건 우리가 값비싼 와인을 마시든 싸구려 와인을 마시든 아니면, 스쳐가는 향과 복잡하면서도 끊임없이 발전하는 맛을 구별할 수 있는지 없는지와는 전혀 상관없다. 이것은 우리가 와인을 마실 때 갈망하는 그것 바로 '취기'이다. 비록 우리 대부분은 확인하기 어려운 취기와 눈에 띄는 취기 사이의 경계선을 넘지 않기를 바라고 있지만 말이다.

술에는 부정적인 면이 많이 있고 그 때문에 술을 제한하려는 사람들이 항상 있어왔다. 유럽과 미국에서는 과도한 음주를 단속하기 위한 여러 시도가 있었고 그 끝에 1920년대에는 금주령이 내려졌는데 우리가 알다시피 그렇게 잘 통제되지는 않았다. 결국 '음주'라는 개념을 입법으로 다루는 것이 불가능한 것으로 판명

---

\* 고가의 소량 생산 와인을 통칭하는 용어. 원래 1980년대 미국 캘리포니아 지역의 와인생산업체들이 자신들이 생산하는 와인에 처음 붙였던 말이다.
\*\* 이탈리아 피에몬테지역에서 1850년대부터 와인을 생산하던 와이너리.

되었고 그 대신 범죄와의 연관성 같은 다른 다양한 문제들로 눈길을 돌렸다.

이슬람 지역에서는 6세기 이슬람교의 도래 이래로 시작된 술을 금지하는 압력이 여전히 계속되고 있다. 코란은 알코올을 금지한다. 그러면서 동시에 천국에 도착한 사람들에게는 '와인의 강'을 약속한다. "이것은 독실한 이슬람교도가 더 독실한 기독교인보다 종국에는 훨씬 더 많은 와인을 마시게 될 것이라는 이상한 결론에 이르게 한다."라고 마크 포사이스가 비꼬았다. "후자(기독교도)는 와인을 마실 수 있는 평생이라는 한정된 삶을 가지고 있고 전자(이슬람교도)는 그 시간이 영원하다."라고 덧붙이며.

초기 와인 생산의 가장 오래된 유적이 발견된 이란은 오랫동안 세계 최고의 와인 국가로 아니면 최소한 유럽 이외의 지역에서는 최고의 와인 국가 중 하나로 여겨졌다. 포도품종인 시라즈(Syrah, Shiraz)와는 무관한 이란의 시라즈(Shiraz)* 지역의 와인은 한때 수출되기도 했고 높은 평가를 받았었다. "와인을 마셔보라. 와인은 영원한 삶이다. 와인은 젊음이 당신에게 줄 수 있는 모든 것이다." 이 말은 이란의 수학자, 천문학자이자 국민시인이었던 우마르 하이얌(Omar Khayyam)이 쓴 시의 일부이다. 그는 시의 다음 행에서 '와인, 장미, 그리고 함께 술에 취한 친구들이 있는 계절'이라는 묘사를 보여준다.

---

\* 이란에서 5번째로 인구가 많은 도시로 1,000년 이상 교역의 중심이었고, 와인과 꽃의 도시로 알려져 있다.

1979년 이슬람 혁명 직전까지 이란을 방문한 이들은 퇴폐적인 상류층 파티, 주요 도시 곳곳에 있는 유럽 스타일의 카페 문화, 시골의 여유롭고 관대한 와인 전통에 대해 이야기하곤 했다. 사실 이란 사람들은 이슬람교도들이었지만 편안하고 실용적이었다. 그들은 삶이 주는 혜택을 누렸다. 아주 많은 혜택을. 1970년대 중반까지 이란은 호주, 뉴질랜드, 남아프리카 공화국을 합친 것보다 더 많은 와인을 생산했었다.

  이윽고 1979년에 일어난 이슬람혁명은 페르시아 문화의 7,000년이라는 긴 시간 아래에 확실한 선을 그었다. 술과 음주는 금지되었으며 포도밭은 문을 닫았고 혁명수비대는 와인, 맥주, 양주 생산에 사용되는 장비들을 파괴했다. 술 금지를 위반한 사람들에 대한 엄격한 처벌도 도입되었다. 2012년에 이란의 한 커플이 세 번이나 음주로 인한 유죄 판결을 받았다. 이전 두 번에 걸쳐 그들은 160대의 채찍형을 선고받은 적이 있었다. 세 번째의 유죄 판결은 그들에게 '알라에게 다시 불려'지는 형벌을 내렸다. 이 커플이 실제로 처형되었는지는 확인할 수 없지만 판결 자체는 와인에 목마른 이란 사람들에게 충격이자 경고였다.

  수천 년의 전통이 펜 한 자루로 지워질 수 있을까? 유럽과 미국의 금주 시대는 그다지 성공적이지 않았는데 이는 부분적으로라도 금주가 법제화될 수 없을 만큼 문화에 깊이 새겨져 있었기 때문이기도 하다. 최근에 술을 금지한 나라들은 어땠을까?

  몇 년 전 나는 와인 여행을 하는 중에 확인차 이란에 가보기로 했고, 평생 그렇게 와인을 많이 마셔보기는 처음이었다. 일단 당국의 감시를 피해 현관문을 닫고 나면 곧 반짝이는 술병들이 나타난다는 것을 알게 되었다. 어떻게든 그 루트를 알고 있는 소비자들이 위스키나 값싼 프랑스산 슈퍼마켓 와인을 더 많이 수입할수록—예전의 후추와 다르지 않게—이란으로 향하는 위험한 여정 속에서 그 가치는 배로 증가했다.

페르시아 와인 생산의 중심지 중 하나였던 시라즈 시에는 혁명수비대 본부 밖에서도 포도덩굴이 곳곳에서 자라나고 있었다. 나는 그곳에서 술에 대한 상당한 갈증과 술을 만드는데 엄청난 투지가 필요했던 사람들이 견디기 힘들 정도로 맛없는, 집에서 양조한 와인을 마시고 있다는 것을 알게 되었다. 그리고 마침내 나는 시라즈로부터 한 시간 정도 떨어진 곳에서 40년 동안 전통적인 시라즈 와인을 계속 생산해온 와인 제조업자들을 만날 수 있었다.

그들이 만든 와인은 프랑스 남부의 바뉼(Banyuls)*과 리브잘트(Rivesaltes)** 와인을 약간 연상시키는 달콤한 와인으로 강렬하고 농축된 맛을 지니고 있다(대중적인 시라즈 포도는 이름 외에는 이란과 아무 관련이 없다). 들키지 않기 위해 실제 생산 자체는 지하

---

\*     알코올을 첨가해 발효를 중단시킨 일종의 주정 강화 와인. 프랑스의 AOC 천연 감미 와인(뱅 두 나튀렐, Vin Doux Naturel) 중 하나로 이 와인이 생산되는 루시용(Roussillon) 지방의 네 개의 마을(Banyuls, Cerbère, Collioure, Port-Vendres) 중 하나의 이름을 땄다.

\*\*   프랑스의 바뉼과 같은 지역인 루시용(Roussillon) 지방의 또 다른 주정 강화 와인.

로 이동해 진행하고 있었다: 생산된 와인은 외부인들이 찾기 어렵게 만들기 위해 항아리나 암포라(amphora)에 보관된다.

나는 수천 년간 내려온 전통이 보존되고 있다는 사실에 기뻤고 장미로 덮인 정원의 높은 울타리 뒤에 앉아 우마르 하이얌이 쓴 시 속의 와인을 맛볼 수 있는 것은 정말 행운이라고 느꼈다. 하지만 나는 곧 안타까운 현실을 보게 되었다. 이 전통 와인이 보존은 되었지만 '마시는 전통'은 아마도 보존되지 않았을 것이라는 점을 알게 되었다. 그랬다. 와인을 만들어내는 집단 안에는 와인을 '마시는 것'과 관련된 냄새와 시식 의식이 전혀 없었다. 와인은 즐길 수 있는 것이 아니라 그저 마시기 위한 것이 되었다.

와인은 우유 잔에 가득 채워 제공한다. 아몬드 향과 깊고 농축된 과일 향을 감지하면서 내가 그것을 조금씩 홀짝이기 시작했을 때 놀란 눈들이 나를 뚫어질 듯 쳐다보는 것을 느꼈다. 놀란 눈들이 물었다. '와인을 좋아하지 않는가?' '아니요, 이 와인은 정말 멋집니다.' '그런데 왜 마시지 않는 거지?' 당시의 올바른 행동이라면 큰 잔을 들고 고개를 뒤로 젖혀 벌컥벌컥 들이켜 가급적 한 번에 잔 전체를 비우는 것이었다. 그다음엔 한 잔 더, 그리고 나서는 또 다음 잔을 들이키는 것이다. 마치 철학적 논의가 없는 그리스 심포지엄처럼. 이슬람 교리학자나 음주 단속 경찰에게 이따금씩 모욕감을 제대로 주겠다는 모양새로.

내가 도저히 마시는 속도를 따라갈 수 없을 때가 되자 그들은 나에게 바나나를 주었다. 바나나는 술을 더 쉽게 마실 수 있게 해주고 속 쓰림을 예방해 준다고 설명했다. 새 술병들이 등장할수록 더 오래된 술로 이어졌다. 그리고 나는 그곳에 앉아 달콤한 와인을 입에 문 채로 바나나를 먹으며 건배를 제안하는 것조차 힘들 때까지 마셨다. 어느 순간 우리는 어찌 된 건지 전혀 알지 못하는 노래를 다함께 부르기 시작했고 그 노래를 아는지 모르는지는 이미 중요치 않게 되었다.

모든 일이 끝나고 몸이 조금 불편한 것을 느끼며 자리에 앉아 있을 때 주인장인 카베(Kaveh)는 달 위에 서 있었다. "우리는 취했다. 우리는 자유다!"라고 카베가 외쳤다. 내가 바나나와 술에 압도되어 조금 쉬려고 누워있는 동안 이 폭음은 전에 마셔본 어떤 폭음과도 상당히 다르다는 생각이 이어졌다.

깨어났을 때, 나는 자그마치 7,000년을 묵어온 무겁고 보편적인 숙취가 무엇인지 절실히 알 수 있었다.

# Carne

---

# 고기

---

# Meat

Dinner
in
Rome

많은 사람들은 메인 코스에 다다르기 전에 포기한다. 라 카르보나라 La Carbonara에서 나는 홀 책임자인 안네가 손님들의 식욕이 전반적으로 감소하는 것에 대해 격앙된 한숨을 내쉬는 것을 자주 듣는다.

제대로 갖춘 이탈리아 요리의 순서는 안티파스토 antipasto, 프리모 primo, 그리고 포만감으로 숨조차 쉬기 힘들 때 찾아오는 세콘도 secondo로 구성되어야 하지만 30% 이상의 손님들이 모든 순서의 식사를 다 마치지 못하고 파스타에서 멈추거나 곧바로 디저트 dolce로 달려갈 생각을 한다. 하지만 나는 *세콘도*로 갈 것이다.

*라 카르보나라*에서 식사를 할 때면 약간의 노력이 필요하다는 것을 나는 익히 알고 있다. 저녁식사를 무사히 즐기기 위해 세 시간 동안 먹는 로마식 점심의 유혹을 물리치는 일종의 예방 조치를 취했다. 그리고 정확히 말하자면 나는 대식가는 아니지만 빵과 기름기 가득한 안티파스토, 그리고 적당한 파스타 요리를 조금 많이 먹은 후에도 배부름의 최종 단계까지는 도달하지는 않는다. 나는 포만감을 느끼고 있었지만 아직 절박할 만큼의 배부름은 아니었다.

*세콘도*는 주로 단백질 순서이다. 전통적인 레스토랑에서는 보통 생선이나 고기로 *세콘도*를 구성한다. 채식인이라면 보통 다양한 콘또르노Contorno*를 주문하는 경우가 일반적이다. 그리고 만약 이탈리아만의 식사 방식과 각 레스토랑이 콘또르노를 어떻게 취급하는지 모르고 주문한다면 그것은 실망으로 가는 지름길일 수 있다. 특히 탄수화물을 제한하고 싶다는 이유로 프리모를 먹지 않는 채식인들에게는 상당한 문제로 다가올 수 있다.

나는 안쓰러운 저탄수화물 채식인들 앞에 주요리의 존재감을 그대로 간직한 뒤긴 주키니 한 접시와 시금치 한 접시 그리고 격렬하게 쓴 치커리 한 그릇이 놓여져있는 로마의 멋진 식당에 앉아 있다. 대부분의 콘또르노는 허브나 향신료를 사용하지 않고 가능한 한 자연스럽게 요리하여 제공된다. 역설적이게도 채소는 가득하지만 허브나 향신료 없이 조리되니 채식인들이 원하는 맛의 요리가 될 수는 없다. 진정성을 원하는 관광객들은 식사 방식에 대한 이러한 엄격한 접근법을 높이 평가한다. 그러나 동시에 이탈리아의 젊은이들은 같은 이유로 해당 방식을 고집하는 고전적인 식당을 구식으로 간주한다.

나에게 있어 이탈리아는 여느 다른 대도시에서 유행하는 음식으로부터의 탈출구를 의미한다. 반면 젊은 이탈리아인들에게 이탈리아의 전통 식당은 똑딱거리는 것을 멈춘 시계에서 흘러나온 왜곡된 시간이 존재하는 공간일 뿐이다.

---

\* 고기나 생선이 나오는 메인 요리에 곁들여 먹는 채소 요리를 일컫는다.

세콘도(메인 요리)로 나는 따뜻하게 데운 접시 채로 식탁에 오르는 구운 양고기를 주문했다. 식당에서의 파스타 요리법은 매우 정형화되어 끝없이 반복되는 반면 식사의 하이라이트라 할 수 있는 *세콘도*는 그에 비하면 열과 단백질의 만남에 지나지 않는다. 해안가 쪽에서의 일반적인 *세콘도*는 생선인 경우가 많다. 하지만 지금 이곳에서의 전통은 고기이다.

소고기가 유명한 곳은 북부 이탈리아이다. 에밀리아-로마냐 *Emilia-Romagna*의 볼로네제*bolognese*, 피렌체*Firenze*의 두툼한 스테이크, 피에몬테*Piemonte*의 푸짐한 스튜 등을 예로 들 수 있다. 로마는 올리브, 포도, 그리고 풍성한 털을 가진 동물들에게 더 적합한 언덕과 높은 땅으로 둘러싸인 '양의 땅'에 위치해 있다. 전설에 따르면 최초의 로마인들은 양치기였지만 그 이후로 많은 것들이 변했다. 그럼에도 불구하고 로마의 가장 중요한 치즈는 여전히 양젖으로 만들어진 페코리노*pecorino*이며 동시에 양고기는 돼지고기 다음 가는 위치에 있다. 물론 로마에서도 많은 소고기가 유통되지만 거의 모든 소고기는 먼 지역으로부터 온다.

이탈리아의 유명 영화감독 페데리코 펠리니*Federico Fellini*\*의 오래된 단골 식사 장소이자 바티칸 근처에 있는 달 토스카노*Dal Toscano*에서 식사를 하던 나는 놀라움과 실망감을 동시에 느꼈다: 와인, 요리, 웨이터와 다른 거의 모든 것들이 토스카나의 것이며 심

---

\* 1920년에 출생한 이탈리아의 영화감독으로 〈길〉이라는 영화로 세계적인 주목을 받았다.

지어 그릴에 사용된 나무도 토스카나에서 온 것이라고 여길 정도여서 정말 '멋지다'라는 생각을 하고 있었다. 그러나 그토록 유명한 장소이건만 정작 고기는 덴마크에서 수입된 것을 쓰고 있었다.

로마 주변에서 양고기를 전문적으로 취급하는 몇몇 지역의 모든 사람은 양고기가 가장 맛있고, 가장 풍성하며, 가장 향기롭다고 주장한다. 캄포 데 피오리*Campo de' Fiori* 근처의 한 정육점 주인은 로마에서 북쪽으로 80킬로미터 떨어진 비테르보*Viterbo*의 고기를 팔고 다른 정육점은 남동쪽의 프로시노네*Frosinone*의 양고기를 판다.

나는 메인 코스로 코스톨레떼 다바키오 스코타디토*costolette d'abbachio scottadito*를 골랐다. 세 쪽으로 잘라 그릴 위에서 구워낸 양고기와 잘 튀긴 감자를 곁들인 요리이다. 마치 대충 만든듯하며 어찌 보면 촌스럽기도 하고 소박한 이 요리는 사실 미니멀리즘 요리의 한 단편이라 할 수 있다. 나는 구운 고기 냄새와 그에 더해진 우유 같은 달콤한 냄새에 작지 않은 충격을 받았다.

봄에서 여름으로 가는 길목에 놓인 도시는 '봄과 양의 광란'에 빠져든다. 시인 유베날리스(Juvenal)*가 묘사한 것처럼 로마의

---

\* 데키무스 유니우스 유베날리스(Decimus Iunius Iuvenalis)는 1세기 후반

시민들은 "풀을 먹음으로써 순결을 잃지 않은" 어린 동물들에 대한 호감을 갖고 있었다.

양을 기르는 좋은 방식은 사실 양들이 거의 자랄 때까지 풀을 뜯도록 하는 것이다. 이 방식은 더 많은 고기를 제공할 뿐만 아니라 풀과 관목 기반의 식단으로 인해 완전히 성숙한 양이 지닐 수 있는 발달된 맛이 나게 한다. 이에 비해 어미의 젖만 먹은 어린 양은 자연적으로 훨씬 더 작으며 그 고기는 완전히 다른 맛을 가지고 있다. 야생적이면서 복잡한 풍미는 없으나 달고 순한 맛을 지닌다. 또한 어린 양으로 만든 커틀릿은 크기가 작은 반면 바사삭거리는 지방의 함량이 더 높고 얇은 고기 조각이 붙어 있는 갈비뼈도 포함하고 있다. 다른 어떤 고기도 이렇게 은은하게 달콤한 맛과 압도적인 즐거움을 제공하지는 않을 것이다.

봄의 양고기는 맛있지만 이것이 진짜 양고기임을 암시하는 맛은 거의 느껴지지 않는다. 이것이 바로 봄 양고기가 그렇게 인기를 얻게 된 이유일까? 만약 당신이 봄 양고기의 맛을 본 적이 없고 먹는 동안 아주 작은 갈비뼈를 발견하지 못한다면, 로마에서 찾아보기 힘든 송아지나 한때 더 맛있는 것으로 여겨졌던 다른 고기로 양고기를 쉽게 착각할 수 있다.

봄 양고기는 그것이 양고기라는 아주 작은 힌트가 고기의 지

---

에서 2세기 초반에 활동한 고대 로마의 시인. 당시 사회상에 대한 통렬하지만 유쾌한 풍자시로 유명하며 라틴문학은 물론 후대의 풍자가들에게 많은 영향을 끼친 인물.

방에서 나타난다. 이러한 특징은 이 동물이 풀을 먹기 시작하기 전에 이미 지니고 있는 특성이기 때문이다. 사실 오늘날 우리가 먹는 동물들에 직접적 관여를 하는 유일한 사람들은 거의 전적으로 목장 노동자이다. 어쩌면 오늘날의 산업화된 고기 생산방식을 고려한다면 목장 노동자조차도 직접 관여하지 않을 가능성이 꽤 있다. 허나 과거에 동물들은 도시에서조차 우리의 일상생활에 자연스러운 부분이었다.

19세기 말까지 캄포 데 피오리에 서 있던 분수에는 일종의 뚜껑 같은 것으로 덮여 있었다. 이 분수의 재미있는 모습이 마치 거대한 수프 테린terrine\*과 너무나 닮아서 '라 폰타나 델라 테리나*La Fontana della Terrina*' 또는 줄여서 '라 테리나*La Terrina*'라는 이름으로 불리곤 했었다. 과하게 익살스럽고, 어울리지 않는 이름이 붙은 이 구조물을 당신이 '분수'라고 구분할 수 있는 유일한 방법은 양 끝에서 물이 나오다는 점이다.

분수에서 나오는 물은 광장에서 꽃이나 채소를 파는 상인들이 필요로 하는 만큼의 충분한 양이었다. 수프 테린 모양의 이 분수는 사실 조롱과 비웃음의 대상이었다. 도대체 왜 분수 위에 뚜껑을 덮었을까? 아름답고 웅장한 분수들로 장식된 보통의 도시에서 이런 모양은 그 즉시 끔찍한 것으로 여겨질 수 있었다. 이것은 그저 보통의 도시에서 볼 수 있는 그러한 종류의 분수가 아닌

---

\*  음식을 조리하는데 사용하는 뚜껑 있는 도기나 질그릇의 일종으로 이 용기로 만든 음식도 테린이라 부른다.

것은 확실했다.

　이 분수에 덮은 뚜껑은 그저 '분수성(fountaininess)'을 훼손하는 단순하고 기이한 디자인 그 이상의 것이었다. 무엇보다도 이것은 현실적인 문제에 대한 반응이었다. *라 테리나*는 원래 16세기경 로마의 아주 유명한 건축가 중 한 명인 자코모 델라 포르타*Giacomo della Porta*가 설계하고 건축했다. 그는 성 베드로 대성당*St. Peter's Basilica*과 가톨릭 수도회인 예수회의 어머니 성당이라 할 수 있는 게수 성당(Church of Gesu)의 정면건축을 위한 미켈란젤로 *Michelangelo*의 계획을 완성한 것으로도 매우 잘 알려져 있다.

　중세 시대에 캄포 데 피오리는 도시 외곽의 그저 그런 장소로 위축되었으나 16세기 말경에 이웃들이 다시 돌아올 기미를 보였다. 점차로 부유하고 힘 있는 가문들이 이곳으로 이사하기 시작했다. 당시 유명했던 파르네제 가문(Farnense family)*은 심지어 캄포 데 피오리에서 단지 몇 블록 떨어진 곳에 그들의 웅장한 궁전을 지었다. 그리고 당시 로마의 최신 유행을 이끄는 지역 중 하나로서 캄포 데 피오리의 새로운 위상을 기리기 위해 분수를 만들었다. 당시엔 뚜껑이 없었다. 자코모 델라 포르타가 직접 설계한 분수는 모던하고 우아했으며 무럭무럭 성장 중인 캄포 데 피오리의 위신에 대한 대단한 상징이었다.

---

\*　　이탈리아 북부의 파르마 지방을 다스리던 명문가로 르네상스 후기의 문예 옹호와 미술품 수집으로 유명했다. 알렉산드로 파르네제는 교황이 된 후 미켈란젤로를 로마로 초빙하여 시스티나 예배당에 '최후의 심판'을 그리게 했다.

*라 테리나*에서 행해진 한 가지 불편한 문제만 아니었더라면 그 위상을 그대로 지켜나갈 수 있었을 것이다. 문제는 분수가 가축을 도살하는 데 사용되는 것을 막을 길이 없었다는 점이었다. 도살의 결과로 분수는 로마인들은 절대 먹지 않을 양모, 잘려나간 부속들, 응고된 피, 힘줄과 내장들로 늘 막혀 있었다. 도살로 인해 발생하는 끔찍한 냄새는 말할 것도 없고 피와 부산물에 의한 주변의 흥건함도 문제였다.

바로 그 해결책이 수프 테린 뚜껑이었다. 이 뚜껑은 건축가의 양식적 비전을 무색하게 만들었고 분수는 우아한 무언가로 존재해야 한다는 생각도 망가뜨렸다. 그러나 적어도 이 뚜껑은 악취를 억제하는 데에는 효과가 있었다.

1889년에 조르다노 브루노(Giordano Bruno)의 동상을 세우기 위해 로마의 파리오네 구역(Pairone district)의 북서쪽에 있는 키에사 누오바*Chiesa Nuova** 근처로 분수가 옮겨졌고 그곳에서 *라 테리나*는 여전히 조롱과 화려함을 함께 끌어안은 채 우리를 맞이한다.

분수대에서 동물을 도살한다는 것은 기괴한 장난이거나 당신이 정말 위급한 상황에서나 생각할 수 있는 완전히 미친 행위처럼 들린다. 하지만 몇백 년 전의 거의 모든 고기는 로마 같은 도시 내의 소비하는 곳 바로 근처에서 도살된 동물들로부터 얻었

---

\* 키에사 누오바는 여러모로 쓰이는 말인데, 여기에서는 로마에 있는 발리첼라 산타 마리아(Vallicella Santa Maria) 성당을 가리킨다.

다. 그렇다면 물이 나오는 분수대를 이용하지 않을 이유는 없지 않았을까?

기후가 따뜻한 나라에서 적절한 냉장 수단이 전혀 없던 시절 그리고 지금과 달리 위생에 대한 지식이 매우 부족했던 그때에도 고기의 신선도는 매우 중요했을 것이니까. 가축들을 시골의 목초지에서 도시 끝자락의 시장으로 옮겼을 것이고 또 그곳에서 도시 각 구역의 푸줏간으로 이동시켰을 것이다. 고기를 절대적으로 필요로 하는 곳으로부터 멀어지지 않게 만들기 위해.

나는 잔지바르(Zanzibar)*에서 많은 시간을 보냈는데 옛 흔적이 꽤 묻어나는 수도인 스톤 타운(Stone Town)에서는 여전히 고기 거래가 일정한 거리 내에서 모두 이루어진다. 고기를 산다는 것은 종종 염소들이 밧줄에 묶인 채 그곳에 앉아 운명을 포기하는 동안 염소들의 생사를 결정해야 한다는 것을 의미한다. 도시의 정육점 주인들은 종종 조수를 두는데 조수의 유일한 임무는 이미 매달려 있는 고기에서 파리들을 떼어내는 것이다. 조수가 일을 잘 못하거나 다른 일을 하도록 소환된다면 고기는 그 즉시 빨간색에서 검은색으로 변한다. 고기 전체가 파리들로 뒤덮일 것이기 때문이다. 피와 내장의 냄새에 압도당하고 땅은 끈적거린다. 하지만 염소들은 쉽게 낙담하지 않으며 얼마 지나지 않아 지루해하며 먹이를 찾기 시작한다.

요즘의 소비자들—깔끔하게 포장한 육류제품이나 그정도로

---

\*       탄자니아 잔지바르주의 주도.

깔끔하게 처리된 육류를 구입하는 것에 익숙한─에게는 운명을 다해가는 염소가 자신의 바지 아랫단을 씹으며 우물거리는 것을 지켜보는 경험을 하기 쉽지 않다. 조금 전에 죽은 염소의 형제나 자매의 고기 한 조각을 선택하는 동안에 말이다. 하지만 이런 과정을 통해 먹을 고기를 선택하면 내 바짓단을 씹던 염소가 그 이전의 삶을 잃은 결과로써 내 손에 들려 있다는 것을 상기하게 된다. 그리고 거의 3,000년 전 설립된 로마의 새로운 중앙도축장이 1880년대에 완공될 때까지 로마의 일상은 이와 다르지 않았다. 당신이 저녁 식사로 먹은 동물은 그날 아침 도시를 통과해 도축장으로 인도되었고 당신이 살고 있는 거리에서 필사적인 마지막 울음을 터뜨리고 피 흘리며 죽어갔다.

혹자는 사람만이 자신의 먹이와 우호적인 관계를 맺고 있는 유일한 포식자라고 말한다. 사자는 기회가 생기면 항상 가젤을 죽이려 할 것이다. 하지만 인간은 가축들을 돌보고 보호한다. 우리가 동물들을 필요로 하는 그날이 될 때까지는. 그리고 그날이 되면 동물들의 생명을 빼앗는다. 그것이 우리의 권리라고 생각하기 때문이다. 어떤 동물들은 나이가 들어 더이상 우리에게 유용하지 않아서 또 다른 동물들은 어리기 때문에 그리고 또 어떤 동물들은 지금이 가장 맛있다고 여겨지기 때문에 죽임을 당한다.

우리는 로마나 잔지바르에 있는 고기 시장을 생각하면 경악을 금치 못하여 더 나은 농업 관행에 전념할 수도 있고 아니면 고기가 어디에서 왔는지에 대해 전혀 생각하고 싶지 않을 수도 있지만 가축들을 당연하게 생각하는 점은 여전하다. 그들은 우리 자신의 연장선 상에 여전히 존재한다.

　인류의 역사에서 동물들이 우리 삶의 연장선에 존재하며 그들을 당연하게 여기는 일이 늘 지속된 것만은 아니었다. 사실 가축들이 인간과 함께 존재해 온 것은 전체 인류의 역사를 볼 때 없어져도 될 만큼 짧은 시간이다. 오늘날 학명 상 호모(*homo*)로 분류되는 우리의 선조들 즉 초기 인류들의 기원은 150만 년 전쯤으로 거슬러 올라간다. 오늘날 지구상에 살고 있는 모든 사람이 속한 현대 인류의 종인 호모 사피엔스(*Homo Sapiens*)는 대략 30만 년 정도 존재해 왔다.

　인류가 지닌 독특한 적응 능력은 완전히 다른 식량원을 확보할 수 있는 지역으로 퍼져 나갈 수 있도록 우리를 이끌었다. 가축과 농업이 모습을 드러내기 훨씬 전인 1만5,000년 전의 세상에서조차도 우리는 지구에서 가장 성공적인 동물 종이었다. 인류는 적도의 정글 벨트, 고지대, 거대한 강가 전역과 남북의 사막에서는 물론이며 생존적응을 시작했던 대륙인 아프리카 전체에까지 존재했다. 인류는 시베리아와 인도 아대륙, 중국과 코카서스, 파푸아뉴기니와 호주, 태평양의 수많은 섬, 얼음으로 뒤덮이지 않은 유럽의 여러 지역, 그리고 아메리카 대륙의 북쪽과 남쪽 모든 지역에서 살았다.

　오늘날 인류가 살아가고 있는 지역과 같은 곳에서 오래 전에 살았던 인류의 숫자는 매우 적었다고 할 수 있다. 당시의 인구 추정치는 엄청나게 다양한데 그중 대부분은 1백만에서 1천만 명 사이라고 추정하며 이때는 인류 모두의 생존이 지역 동식물군에 달려있었다. 자연이 명령한 것에 비해 우리는 적응을 아주 잘했고 그로인해 승리를 얻었다.

인류의 긴 역사에서 동물들과 함께 '거주'해온 시간은 단지 1만년 정도에 불과했다. 농경의 시작과 더불어 일어난 다른 연관성 있는 변화는 인간에게 절대적으로 중요했다. 동물학자 제임스 서펠(James A. Serpell)은 『길들여진 동물들(Animals as Domesticates)』의 서문에서 "석기, 종교, 문자 언어, 수학의 발명과 더 최근의 산업 및 정보 기술 혁명만큼 동물의 가축화도 중요했다."고 썼다.

지난 1만 년 동안 인류의 진보 대부분과 그보다 더 많은 좌절을 우리 곁에 있던 동물들과 함께 겪었다. 그들이 없었다면 그 어떤 일도 일어날 수 없었을 것이다. 우리 스스로가 식량을 길러내고 가축을 키우면서—적어도 부분적으로는—자연의 질서와 단절되었다. 우리는 더이상 자연을 따르지 않았다. 우리는 자연을 통제하고 있었다.

우리 인간이 '식민지'로 삼은 각각의 새로운 지역은 '우리 소유의' 식물과 동물들로 채워졌다. 우리는 자연을 우리 자신이 필요로 하는 이미지로 바꿔 왔는데 이렇게 하는 데는 점점 더 많은 장비와 기술이 필요하게 되었다: 더 많은 건물, 도구, 배수로, 들판, 길, 그리고 결국 더 많은 마을과 마을. 오늘날 세계의 어떤 지역도 인간의 손에 의해 영향을 받지 않은 곳은 없다. 우리는 한때 건조했던 지역을 녹색 계곡으로, 무성했던 지역을 사막으로 만들었고 수십억 명의 굶주린 사람들과 250억 마리가 넘는 가축들로 지구를 채웠다.

어쩌다가 이런 일이 일어났을까? 자연과 조화를 이루었던 성공적인 삶에서 자연을 지배하는 것에 기반을 둔 완전히 다른 삶으로 나아가게 만들었던 것은 대체 무엇일까?

"1만 년 혹은 1만1,000년 전쯤 어느 사냥꾼 무리가 어떤 동물이 다쳐서 울고 있는 소리를 들었다."라고 브라이언 야르빈(Brian Yarvin)이 그의 책 『양의 역사(Lamb-Global History)』에 썼다. "사냥꾼들은 그 소리를 따라갔고 다리가 부러진 암양을 발견했다. 그들은 다친 암양을 죽이는 대신 캠프로 데리고 갔다. 그리고 곧 그들은 다친 암양이 두 마리의 아기 암양을 낳는 것을 보았다. 이 사냥꾼들은 아마도 길들여진 첫 번째 양의 자랑스러운 주인이었을 것이다. 일단 아기 양들이 태어나자 사냥꾼들은 그들이 생각했던 야생동물과 완전히 다른 동물을 보게 되었다. 유순하고 거의 순종적이며 키우기도 쉬웠다." 아직도 우리는 양을 비롯한 다른 가축들이 어떻게 길들여졌는지에 관해 자세히 알지 못하지만 한 가지 확실한 것은 이 과정이 그저 쉬운 일은 아니었다는 점이다. 일련의 모든 일이 인간과 동물 모두에게 느리고 힘겨운 과정이었을 것이다.

오늘날 우리가 가축이라고 부르는 동물들을 어떻게 길들였는지에 대한 많은 경쟁적 이론들이 있다. 리마스(Andrew Rimas)와 프레이저(Dr.Evan Fraser)는 소고기에 관한 그들의 저서 『Beef: The Untold Story of How Milk, Meat, and Muscle Shaped the World』에서 '거대 해충(humongous pest)' 이론을 설명한다. 인간이 땅을 경작하기 시작하고 수확기가 되자 곡식을 먹어 치우는 말

썽 많은 동물―저자들이 '해충'으로 칭한―들을 만나게 된다. 당시의 인간은 그들이 이룩하려는 새로운 번영을 이 동물들이 위협할 수 있다고 생각했다는 것이 저자들의 주장이다.

인간은 우여곡절 끝에 곡식을 경작하는 방법을 터득했지만 이 곡식들이 야생 염소나 양, 소 떼에게 먹힌다는 것을 알게 되었다. "아마도 처음에는 기분이 상한 농부들이 이 침입자들을 잡아서 볶고 끓였을 것이다."라고 언급한다. "결국 농부들은 침입자들을 죽이는 대신 가두어 두었다가 나중에 먹을 수 있다는 것을 깨달았다." 사육 중에 공격적인 동물들이 먼저 죽임을 당했을 것이고 이러한 환경이 점차 더 차분한 동물로의 발달로 이어졌을 것이다. 이런 식으로 새로운 세대로 이어지면서 마침내 야생종과는 다른 종이 될 때까지 점점 더 유순해지는 동물들을 낳게 되었을 것이다: 길들여지는 동물들의 시작이다.

리마스와 프레이저의 또 다른 가축 기원 이론은 기후 변화에 대한 우려를 꼽는다. 언젠가 기후 변화로 인해 비옥한 초승달 지대\*에 장기간의 가뭄이 찾아왔다. 곡물 재배가 비교적 최근의 일이었던 당시의 주민들은 농업과의 관계를 포기하거나 재고할 수밖에 없었다. 그러나 이미 해당 지역에는 이전보다 훨씬 많은 인구가 거주하고 있었기 때문에 그 모두가 수렵채집인의 삶으로 돌아가기에는 자원이 턱없이 부족했다. 그리하여 양치기들은 수

---

\* The Fertile Crescent. 오늘날 이라크와 시리아, 튀르키예 일부를 포함하는 지역.

렵채집 대신 그들의 양떼를 따라 근처에서 가장 비옥한 장소들로 이동했다.

곡물의 이삭은 움직임을 멈추고 비가 오지 않으면 죽을 것이 자명하지만 동물의 무리는 비가 내린 녹색지대나 계곡, 그리고 인간의 식량이 더 풍부한 곳으로 안내할 수 있었다. 게다가 많은 가축은 관목, 풀, 야생 식물이 있는 곳에서의 방목이 가능했다. 가축이 아니었다면 인간이 접근할이유조차 없는 지역들이었다. 이렇게 인간은 양떼를 고기와 우유로 바꿀 수 있게 되었다. 아프리카와 중동의 건조한 나라들을 여행해 본 사람은 누구나 느끼겠지만 양철통, 엉겅퀴 그리고 사막의 먼지로 이루어진 식단에 염소가 더해진다는 점이 얼마나 만족스러운지에 대해 깊은 인상을 받게 마련이다.

농부가 되거나 또는 양치기가 된다는 생각 즉, 농업이 되었든 그것이 축산업이든 거기엔 선택의 여지가 있을 수 있다는 생각이 중동과 아프리카 지역의 초기 신화에도 여러 번 등장한다. 이러한 신화의 가장 유명한 예는 아마도 농부였던 카인(Cain)과 목동이었던 아벨(Abel)의 이야기일 것이다. 구약성경의 창세기에는 "시간이 흐르는 동안 카인이 주님께 바치는 제물로 땅의 열매를 가져왔다."라고 쓰여 있다. "아벨은 또한 그의 가축 무리 중 첫 출산한 어린 가축의 일부로부터 가장 기름진 부분을 가져와 제물로 바쳤다. 주님은 아벨과 그의 제물은 호의적으로 보셨지만 카인과 그의 제물은 호의적으로 보시지 않았다." 카인은 이로 인한 분노와 질투로 그의 동생 아벨을 죽였다.

중동에서는 오늘날까지도 온전히 또는 부분적으로 유목민의 삶을 살고있는 많은 양치기 무리가 있고 농작물을 보호하기로 결심하여 정착한 농부의 무리가 있다. 농부들과 동물들이 자유롭게 풀을 뜯기를 원하는 양치기들 사이에는 갈등의 흔적이 여전히 남아 있다. 그러나 사실 전체적으로 이 두 무리가 갈라진 것은 아니었다. 본질적으로 농작물 재배와 동물 사육은 양립 가능한 삶의 방식이었기 때문이다.

1880년대 초 찰스 다윈(Charles Robert Darwin)은 야생 동물을 길들일 때 나타나는 변화에 대해 언급한 적이 있다. 길들여진 동물들은 그들의 야생 동족이 가지지 못한 외모적, 심리적, 생리적 특성을 가진다. 늑대가 개로 진화한 것을 생각해보자. 이빨의 크기는 작아졌고 머리도 작아졌으며 털의 색도 변했다. 또한, 성체가 된 후에도 약간의 유치한 특징을 종종 지니고 있다. 기질도 늑대일 때와는 크게 변했다. 야생에서의 생존을 위한 투쟁에 꼭 필요했던 공격성이나 '숨어있기' 보다는 인간의 선호에 적응하는 것이 더 중요해졌다. 길들이기로 비롯된 새로운 종의 생존을 보장하기 위해 개로 변한 늑대(ex-wolf)가 할 수 있는 가장 현명한 일은 까불고, 열심히 꼬리를 흔들고, 주인의 발에 헌신적으로 앉아 있으며, 어떤 훈육이든 저항이 아닌 순종의 표시로 대응하는 것이었다. 이 외 다른 동물들도 다양한 방식으로 이루어지는 같은 전략을 사용하지만 이 전략 중 대부분은 어리석고, 귀엽고, 위협적이지 않은 놀이를 포함한다.

동물을 길들이는 것에는 그저 한두 마리를 길들이는 것 이상의 더 많은 의미를 품고 있다. 이것에는 길들여진 채 대대로 남아 있는 동물을 만드는 일이 포함된다.

당신도 괴짜 귀족이자 동물학자인 리오넬 월터 로스차일드(Lionel Walter Rothschild)가 1800년대 후반에 했던 것처럼 여기서 얼룩말을 길들이고 또 저기서도 얼룩말을 길들일 수도 있다. 로스차일드는 자신의 업적을 과시하기 위해 네 마리의 얼룩말이 끄는 마차를 타고 런던 주변을 돌아다니곤 했다. 하지만 네 마리의 길들인 얼룩말은 아무것도 증명하지 못했고 그것은 그저 서커스 묘기에 지나지 않았다. 얼룩말이 제대로 길들여지지 않는 주된 이유를 간단히 말하자면 어쩌다 길들인 얼룩말은 인간에게 사교적인 후손들을 보장하지 못할 정돈되지 않은 유전자를 다량 가지고 있기 때문이다. 따라서 우연찮게 길들인 (암수)두 동물의 자손은 야생의 성향을 가질 수 있다. 당신이 한번쯤 보았을법한 '자신이 길들인 사자에게 먹힌 사육사'라는 기사를 생각해보자. 갑자기 주인을 공격하는 개는 자신의 본성에 반하는 행동을 하고있는 것이다. 그러나 사자의 경우는 이와는 정반대이다. 사육사를 잡아먹는 사자는 최면에 걸린 사람이 갑자기 깨어나 자신의 정상적인 모습으로 다시 되돌아오는 것에 가깝다.

애완동물로 길러진 동물들의 목록은 재규어, 스라소니, 표범, 나무늘보, 곰, 개코원숭이, 가젤, 하이에나, 영양 등도 포함하고 있다. 대부분의 사람은 이 동물들이 정확히 농업의 세계를 지배하는 것과는 관련이 없다는 사실에 동의할 것이다. 사실 존재하는 모든 다른 동물 중에서는 단지 소수의 종만이 완전히 길들여진 것으로 간주 된다: 양, 돼지, 염소, 소, 개, 고양이, 당나귀, 말, 순록, 물소, 야크, 토끼, 단봉낙타를 포함하는 모든 낙타, 그리고 그들의 친척인 라마와 알파카. 이 동물들은 우리가 우리만의 것으로 만드는데 완전히 성공한 동물들이다. 그럼에도 불구하고 정말 우리는 이 길들임이 과연 우리가 그 동물들에게 한 일이라고 확신할 수 있을까?

1992년 미국의 작가이자 저널리스트인 스티븐 부디안스키 (Stephen Budiansky)는 『야생의 계약:동물들이 길들기를 선택한 이유(The Covenant of the Wild: Why Animals Chose Domestication)』라는 책을 출판했다.

부디안스키는 이 책의 제목에서 알 수 있듯 야생동물의 가축화라는 결정적인 변화가 인간 관여의 결과가 아니라고 주장한다. 그 변화는 동물들이 단순히 그들 자신을 길들였기 때문에 일어났다고 언급한다. 그는 동물 길들이기는 숙련되고 지속적인 인간의 시행착오를 거친 것이 아니라 인간의 정착지 가까이에 머무는 것으로부터 얻는 다양한 이득을 깨달은 기회주의적인 동물이 후손을 남긴 결과라고 말한다.

개, 고양이, 돼지와 같은 축은 주로 남은 음식을 찾고 있었고 다른 동물들은 안전을 원했다. 처음에 인간은 이런 현상을 사냥하지 않고 식량을 획득할 수 있는 기회인 그저 순수한 행운으로 받아들였을 것이다. 그러나 마침내 우리는 동물들을 이용하는 다른 방법 즉, 그들을 그 자리에서 죽이는 대신 불공정하지만 공생적인 관계를 만들었다. '공존'의 방식을 발견한 것이다.

고기와 우유에 대한 대가로 우리는 다른 포식자들로부터 동물들을 보호했고 결국 그들에게 음식과 쉼터를 내어주게 되었다. 또한 순록과 같은 일부 동물들은 어쩌면 우리의 소변 속 영양소에 끌렸을지도 모른다. 예를 들어, 아마도 순록들은 천연 소금공급원이 부족했던 시베리아 같은 지역에서 살았기에 안정적으로 소금을 얻을 수 있는 인간의 정착지에 이끌렸을 것이다. 데이비드 셔먼(David Sherman)은 그의 책 『지구촌의 동물들(Animals in the Global Village)』에서 "순록은 염분이 부족한 식단으로 인해 소변을 갈망하고 특히 사람의 소변은 강력한 유인책으로 작용했다."라고 말한다. 염소, 양, 소와 같은 다른 몇몇 반추 동물들도 마찬가지였을지도 모른다. 이 이론들은 우리가 그들을 선택한 것이 아니라 그들이 우리를 선택한 것이라고 말한다.

우리가 동물을 지배할 수 있게 해준 근원은 어쩌면 우리의 눈부신 지능이 아니라 동물들이 거부하기 힘든 인간의 오줌과 같은 또 다른 특성들이었을 수도 있다는 것을 생각하면 사실 이상할 수도 있다.

동료 종들을 떠나 인간의 통치에 복종한다라는 결정은 물론 많은 결점을 가지고 있지만 최우선 전략이었을지도 모른다. 인간에게 굴복한 동물들은 누릴 수 있는 자유가 극도로 제한적일 수밖에 없었다. 이는 결국 어린 시절을 포함하여 번식에서 죽음에 이르기까지 삶의 거의 모든 측면에 영향을 미친 자유에 대한 박탈감을 발견하게 했을 것이다. 동물이 스스로 적합한 존재가 되었을 때 인간이 자신을 죽일 자격이 있다고 느끼는 것은—예를 들어 우리가 모유만 먹은 어린 양의 맛을 좋아하기 때문인 것과 같은—가축으로써 경험한 반복되는 충격과 실망에서 기인하는 게 틀림없다. 그럼에도 불구하고 인간과 함께 사는 것은 동물들에게 몇 가지의 분명한 이점들을 제공한다.

    우리는 새로운 지역으로 확산되고 증가하는 우리의 개체군이 가하는 압력이 점점 커짐에 따라 수많은 야생 동물을 의도적으로 또는 부주의로 전멸시켜왔다. 반면에 가축들은 이와 같은 위험에 노출될 위험이 없었다: 인간의 가축과 경쟁했던 동물들은 해당 가축을 위한 공간을 마련하기 위해 종종 박멸되곤 했다. 높이 뛰어올라 작물을 먹어대는 영양들은 처리의 대상이 되었고, 그 울타리 안에 머무는 유순한 양들은 인간과 함께 살아가는 존재로 남았다. 모든 포식자 중 가장 위험한 동물(인간)과 함께 생활함으로써 가축들이 발견한 것은 다른 포식자로부터 무작위의 공격을 받을 확률히 현저히 줄어든다는 점이었다.

    시간이 지나면서 가축들은 더 얌전해졌고 더 작은 뇌로 진화했고 훨씬 더 순종적으로 인간에게 의존하도록 스스로를 만들었다. 오늘날 가축들은 그 어느 때보다 더 많은 수로 존재하고 돼지, 염소, 양, 소, 개, 고양이와 같은 가장 흔한 여섯 종류의 동물들은 전 세계에서 발견된다. 모든 학자가 부디안스키의 생각에까지 이르지는 않지만 많은 생물학자는 여전히 인간과 동물의 관계가 지니는 공생적인 특성과 동물들의 일정한 협력 없이는 가축화가 이루어질 수 없었음을 강조한다.

그 누구도 사슴이나 엘크를 길들이지 못했다는 사실은 노력이 부족했던 탓이 아니라 그 동물들이 인간과의 장기적인 협력에 들어가기를 거절하거나 딱히 함께할 이유를 찾지 못했기 때문일 것이다.

전통적으로 인류가 수렵-채집 사회에서 곡물 재배업과 축산업으로 전환했던 것은 한 걸음 더 나아간 진보로 인식한다. 야만에서 문명으로, 우리가 동물이라는 시작점에서 거의 신과 필적할 정도로 지구를 다스리는 존재로의 진보이다. 결국 토양의 경작과 동물 길들이기는 뒤따라올 기존 인간 문화에 이어질 문화들과 앞으로 이룩할 많은 업적을 위한 토대를 닦아 놓은 것이나 마찬가지이다. 농업과 가축이 없었다면 우리는 원시 상태로 남아 지속적으로 도움이 필요했을 존재라고 말할 수 있다. 그러나 최근 수십 년 동안 이러한 개념에 도전이 가해졌다.

수렵-채집인들은 '집'이라는 곳에서 살아가고 있는 현재의 자손들만큼이나 매우 건강했다. 수렵-채집인들은 아마도 농부들이 농사를 짓기 위해 꼭 필요한 지루하고 단조로운 일을 하는데 들인 시간보다 사냥과 채집에 훨씬 더 적은 시간을 소비했을 것이다. 농업이 도입된 후 몇 세대 동안 인류의 평균 신장은 감소했고 영양실조는 증가했다. 밀집된 정착지와 가축의 조합은 때때로 재앙이 될 수 있는 요소들과 함께 새로운 질병으로 이어졌다. 농업으로의 전환을 인류의 커다란 실수 중 하나로 묘사하는 제러드 다이아몬드(Jared Diamond) 또는 제임스 C. 스콧(James C. Scott)과 같은 저자들의 책을 읽을 때면 당신은 대체 왜 인간이 흙으로 정착하는 단계를 밟았는지 궁금해할지도 모른다.

인간과 동물은 다르지만 서로 관계를 맺고자 하는 동기는 비슷하다. 대부분의 현대 인간이 프리랜서보다는 임금 노동의 노예제를 선호하는 것처럼 동물과 인간은 역사를 통틀어 자유보다 안전을 선택했다. 그리고 스스로 부과한 이 제약 안에서 발전의 씨앗이 만들어졌다. 운이 좋은 동물들에게 이것은 축사 내에서 가장 좋은 공간과 음식을 무료로 이용할 수 있다는 것을 의미했다. 이는 현대의 인간에게 1만 년 가치의 연간 보너스와 프로모션과 같은 것이라고 말할 수 있다. 인간에게 있어서 이것은 예측 가능성을 높이고 흑자를 창출할 수 있는 기회를 의미했다.

인간이 더이상 동물을 단순히 사냥해야 할 대상으로 여기지 않고 재산으로 여기기 시작한 이래로 동물은 마치 저축성 계좌처럼 걸어다니는 자본의 한 형태가 되었다. 아무리 숙련된 사냥꾼일지라도 지금의 사냥이 언제 다음 사냥으로 이어질지 알 수는 없었으나 걸어다니는 식료품의 안정성은 분명히 매력적이었을 것이다.

곡물 재고가 식량 안보와 자본의 한 가지 유형을 보여주는 것처럼 동물농장도 그만큼 중요한 다른 유형을 나타낸다. 동물이 곡물과 다른 장점은 그들은 스스로 시장에 걸어나갈 수 있다는 것이었다. 식량 걱정이 없는 시기에 집 앞에 양 떼가 자란다는 것은 양떼를 소유한 가족, 공동체 또는 씨족도 함께 자란다는 것을 의미했다. 또한 식량난에 대한 걱정이 쌓이는 시기에는 키우는 양떼는 먹거나 팔 수 있는 존재가 되었다.

2000년도에 짐바브웨의 수도 하라레(Harare)에서 6개월 정도 일을 했는데, 그때 내가 살고 있던 주택 단지의 정원사를 알게 되었다. 그 정원사는 "사업 계획"이라고 부르는 엄숙한 어떤 일을 어떻게 준비해야 하는지에 대한 조언을 달라고 내게 계속해서 물어왔다. 그의 계획에는 대출을 받아 송아지 두 마리를 사서 기르고 새끼를 치는 것이 포함되어 있었다. 사실 나는 그가 왜 그러한 계획을 실행하려는지 궁금했다. 그는 자신의 땅도 없고, 친척들의 소유인 목초지에 의존하여 살고 있었다. 그는 도시에서 일 하였는데 이것이 의미하는 바는 그가 소를 돌보기 위해 다른 누군가에게 돈을 지불해야 한다는 점(직접 돌볼 수가 없으니)이었다.

함께 앉아 소를 키우는데 필요한 사료, 의약품, 그리고 동물 보호 비용을 계산해 보니 수익은커녕 손익분기점에 도달하기도 힘들었다. "왜 이런 일을 하려고 하나요?" 친근하지만 비판적인 나의 질문에 대한 그의 반응도 똑같이 친절하였지만 머리를 흔들며 웃는 게 다였다. 결국 나는 그에게 이방인에 불과했던 걸까. "소가 없다면 당신과 우리는 아무것도 아닙니다." 라고 그가 말했다. 그리고나서 그는 더 나은 결과를 바라며 모든 것을 다시 계산하는 일을 도와달라고 부탁했다.

하지만 그즈음 짐바브웨는 정치적, 사회적 위기에 빠졌고 이로 인해 경제가 장기적이고 급격하게 쇠퇴했다. 내가 짐바브웨에 있는 동안 인플레이션, 정치적 폭력, 대량 실업 같은 사태가 발생했고 여러 면에서 모든 게 불확실했으며 연료 부족과 전력 공급 중단까지 있었다. 내가 떠난 후에는 인플레이션이 상승하고 또 상승하면서 최고치로 2,310억 퍼센트를 기록한데다가 대량 실업은 훨씬 더 악화되어 일자리를 가진 사람이 거의 없는 상황으로 이어졌다. 아프리카에서 가장 부유한 나라 중 하나였던 짐바브웨에 심지어 식량 부족 사태마저 벌어졌다. 멀리서 상황의 변화를 지켜보다가 그 정원사에 대해서 그리고 결국에는 소를 담보로 구입하는 것이 얼마나 현명하지 못한 계획이었는지에 대해 종종 생각했다.

가축들은 고기를 제공해왔지만 우리가 가축을 기르는 대부분의 시간을 전부 따져보면 가축의 고기는 그저 작은 혜택의 일부에 불과했다. 가축은 죽고 난 후에도 옷과 도구로 사용될 수 있는 가죽을 제공해 주었으며 뼈, 힘줄, 뿔도 유용했다. 중동에서는 물이나 와인을 염소가죽 주머니에 넣어 보관하고 운반하는 것이 흔했는데 구약성경에서도 와인 병(bottle)이 아니라 와인 주머니(bag)라는 기록을 찾아볼 수 있다.

하지만 그 무엇보다도 이 동물들은 살아있는 동안 정말 유용했다. 소는 강한 근육으로 밭의 흙을 갈고 더이상 일을 할 수 없게 되면 식량 상품으로 시장에 내놓아 팔 수 있는 가축이었다. 양은 털을 제공했다. 물론 여러 개의 젖을 가진 동물들―양, 염소, 소―은 하나같이 자신들의 젖을 제공했다. 이는 우리에게 끝없이 영양분을 공급해주는 것처럼 보였으며 게다가 우리가 금세 중독에 빠질 수 있는 맛을 가지고 있었다.

가축의 젖은 우리에게 다른 차원의 식량 안보를 제공해 주었고 유아 사망률을 크게 낮추기도 했다. 엄마들은 가축의 젖으로 모유를 보충할 수 있어서 더이상 오랫동안 모유를 먹이지 않아도 되었고 이것은 출산 후 여성들의 빠른 가임기로의 회복을 의미했다.

아! 우유 한 잔의, 치즈 한 조각의, 요거트 그리고 버터 한 덩어리의 즐거움이란! 이 모든 것들이 우리 삶에 거의 필수적인 부분들이 되고야 말았다. 사실 우리가 우유나 유제품과 맺은 인연에는 후추와의 인연만큼이나 설명할 수 없는 어떤 부분이 있다. 인간은 실제로 우유를 참지 않는다. 처음 우유를 소비하기 시작했을 때는 거의 모든 사람이 어른이 되고 나면 우유를 소화할 능력을 잃었다. 하지만 우리가 일단 우유를 마시고 맛을 보고 나면 우유를 포기한다는 것은 상상할 수 없는 일이 된다.

우유 소화 능력이 없었던 초기의 우유 소비자들은 우유를 마시고, 치즈를 먹고 나서 얼굴이나 몸이 얼마나 더 부었는지는 조금도 개의치 않았다. 더부룩한 속을 참지 못해 덤불 속에 들어가 토악질을 하고도 우리가 계속해서 마시고 싶을 만큼 충분히 맛있었기 때문이다. 그리고 얼마 지나지 않아 이렇게 우유를 마시는 사람들은 성인이 되어서도 유당에 내성이 있는 돌연변이를 낳기 시작했다.

2006년 메릴랜드 대학의 연구원들은 이 돌연변이 유전자를 발견했다. 연구원들은 유당에 내성이 생겨 우유를 먹을 수 있는 돌연변이가 유당내성이 없는 돌연변이보다 훨씬 더 많은 후손을 남길 수 있으며 따라서 전 세계 많은 지역에서 유당내성이 없는 개체들을 대체하거나 능가할 수 있었다고 주장한다. 오늘날 야생 동물보다 가축의 수가 훨씬 더 많듯, 우유나 유제품을 먹지 않는 사람보다 유제품을 먹는 사람의 후손이 훨씬 더 많다.

각 가축의 중요도에 따라 가축을 키우는 농장의 기여도 순위를 매기는 것은 어렵다. 하지만 자주 간과되는 한 가지 즉, 가난과 풍요의 차이였음이 분명한 '지저분함'에 관한 비밀이 가리키는 것은 어렵지 않다: 바로 가축의 배설물이다. 가축들 자체가 농경의 또 다른 분야였을 뿐만 아니라 대부분의 지역에서 가축 사육은 경작의 전체적인 과정에 필수적 요소였다.

메소포타미아와 같은 몇몇 장소, 즉 나일강 유역과 아시아의 거대한 강 유역에서 매년 발생하는 홍수는 토양에 풍부한 영양소를 보충해준다. 그러나 이렇게 스스로 비옥함을 만들어내므로써 농경에 최적화될 수 있는 곳은 예외이므로 가축의 배설물을 비료로 사용하기 시작한 곳은 이 외의 지역들이었다. 분뇨가 없었다면 사실 농업은 절반 정도만 강성했을 것이고 이후—다양한 지역에서—그렇게까지 발전하지도 못했을 것이다.

오세아니아에 있는 파푸아 섬에서의 농경은 비옥한 초승달 지대나 중국의 농경이 가축의 배설물을 이용했던 것과는 달리 완전히 독립적으로 발전했다. 불행하게도 한때 파푸아 섬에 존재했던 큰 동물들은 아주 오래 전에 멸종했기 때문에 섬의 농부들은 가축을 기르지 않으면서 분뇨 없이도 일을 해내야 했다. 유럽인들과 다른 식민주의자들이 20세기 중반에 이 섬의 내륙에 도달했을 때 그들이 석기시대로 묘사했던 사회가 있었다. 그리고 유럽인들은 그곳에서는 주로 고구마 재배를 중심으로 농경이 이루어지고 있다는 것을 발견했다.

2년 전 나는 파푸아의 저지대를 직접 방문한 적이 있었는데 늪 근처의 저지대 주민들은 단백질이 풍부한 유충을 사냥하고 수집하는 것뿐만 아니라 농지를 불로 개간하는 일종의 화전식 경작으로 살아가고 있었다. 주민들은 비료 부족으로 인해 같은 장소에서 몇 년 이상 사는 것이 불가능하였기에 땅에 영양분이 고갈되면 어딘가로 떠나야 했다. 어떤 면에서는 좋은 삶일 수도 있지만 어려움도 존재했다. 그리고 어떤 종류든지 식량을 비축한다는 것은 거의 불가능한 일이었다. 수렵-채집꾼이자 농부라는 복합적인 역할이 갖는 단점을 어느 정도 감당할 수밖에 없는 삶이었다.

인도에서 소들이 여전히 소중한 대우를 받는 이유 중에는 인구의 대부분이 채식을 하는 것도 있지만 예로부터 소는 토양을 비옥하게 만들기 위해 꼭 필요한 존재였기 때문이기도 하다.

인도를 여행하던 중 수도 델리(Delhi)로부터 몇 시간 떨어진 라자스탄(Rajasthan)의 유기농 농장을 운영하는 농부를 찾아간 적이 있었다. 대부분의 인도인들처럼 그녀도 채식인이였지만 요거트와 정제된 버터인 기(ghee)\*를 만드는데 사용되는 우유를 제공

---

\* 고대 인도에서 유래된 것으로 요리뿐 아니라 치료 목적과 종교의식에도 사용한다. 버터를 천천히 오래 끓여서 만든다.

하는 소들을 키우고 있었다. 그러나 그녀의 설명에 따르면 이 소들이 내어주는 가장 중요한 것은 그들의 소변과 같은 배설물이었다. 윤작(돌려짓기)에 사용되는 소들의 배설물은 매년 비옥한 토양을 보장한다. 또한, 소똥 중 일부는 곤충과 해충을 물리치기 위해 건조시킨 다음 태우기도 한다.

소들을 이용한 이러한 경작 방식은 합성비료와 살충제의 도입이 이루어지기 전까지는 일종의 규칙 같은 것이었다. 소들은 여전히 신성하게 여겨지지만 그중 많은 수가 이제 더이상 유용하지 않기 때문에 그저 거리를 떠돈다. 갈 곳을 잃어 길을 헤매는 마른 신들처럼.

☙

동물들을 길들인 후 우리의 식단은 다소 역설적인 변화를 겪었다: 오히려 우리는 고기를 훨씬 적게 먹기 시작했다. 대다수 수렵-채집인들의 주요 식량원이었던 고기가 희귀한 식단이 된 것이다. 식단의 주요 영양공급원이 아닌 나중 언젠가 먹을 수 있는 것으로 바뀌었다. 야생 동물의 고기는 우리에게 아무런 비용도 들지 않았다. 우리가 그들을 잡고 죽이는 한 그것은 순수한 이득이었다. 그러나 우리는 가축들을 보호하고 먹이를 공급했으며 그 대부분은 또한 우리를 위해 중요하고 다양한 일들을 수행했다. 그러다보니 고기는 파티나 종교적인 휴일 같은 특별한 행사에 먹는 것이 되었다. 부유한 로마인들의 식단에서조차 채식이 압도적이었다.

프랑스의 역사학자 플로렌스 듀퐁(Florence Dupont)은 대부분의 지중해 문화는 고기를 둘러싼 희생 전통을 가지고 있었다ㅡ고기를 제물로 바치는 것과 같은ㅡ고 말하면서 고기가 허락받은 식재료로 간주되기 위해 의식적으로 동물들을 죽여야만 했던 이슬람과 유대교에서는 오늘날에도 여전히 그 전통을 볼 수 있다고 언급한다. 이것은 로마에서도 마찬가지였다.

고기가 식탁 위에 올려진다면 그것은 신들을 위해 만들어진 희생의 결과였다. 반면에 가난한 사람들은 고기를 먹을 여유가 없었다. 그들은 고기를 나누어주던 크고 공개적인 파티가 열릴 때에만 맛보는 것을 희망할 수 있었다. 그렇지만 당신이 상상할 수 있듯, 가장 좋은 부위들은 결코 가난한 식탁에 오르지 않았다. 로마의 시인이자 풍자가인 유베날리스는 한 로마 노예에 관하여 쓴 적이 있는데 그 노예가 한 때 어느 여관에서 맛본 암소의 자궁에 대해 오래도록 생각했다는 내용의 글이었다. 그러니 아마도 봄의 양고기는 그 노예의 가장 야성적인 꿈을 뛰어넘는 맛이지 않았을까.

"200만 년 동안 우리는 사냥꾼이었고, 1만 년 동안은 농부였으며, 지난 100년 동안 우리는 그 모든 것을 부정하려고 노력했다."라고 스티븐 부디안스키는 말한다.

우리는 이전부터 아주 오랫동안 고기를 먹어왔지만 지금 먹고 있는 고기가 어디에서 왔는지에 대해 이토록 몰랐던 적은 없었을 것이다. 이미 번영을 누리는 소위 '선진국'에서는 대체 얼마나 많은 사람이 닭을 잡거나 갓 도살된 닭의 내장을 잘라내는 것에 관한 경험을 가지고 있는가? 인류의 역사로 볼 때 이러한 도살행위는 불과 얼마 전까지만 해도 고기를 식탁에 올리기 위한 필수조건이었다. 오늘날 식탁에서 닭 한 마리를 통째로 먹어본 사람은 거의 없을 것이다. 우리는 동물로써의 소고기가 무엇인지 알고 있지만 여전히 소고기를 소의 일부로 보지 않고 그저 '소고기'로 바라볼 뿐이다. 유럽과 북미에서는 인구의 2% 미만만이 현재 가축 농장에서 살고 있기 때문에 어쩌면 당연한 일일 것이다.

이처럼 동물에 대해 친숙하지 않다는 것의 역설은 육류 소비가 동시에 폭발적으로 증가했다는 것이다. 지금 *라 카르보나라*의 식탁에 앉아 있는 내 앞에 놓인 구운 봄 양갈비(*costolette d'abbachio scottadito*)는 2,000년 전에는 로마 상류층을 위한 메뉴였을 수도 있다. 내가 늘 봄 양갈비를 먹을 수 있는 것은 아니지만 단순히 고기를 먹는 것은 일상적이다. 고기는 더이상 특별한 행사를 위해 준비되는 것이 아닌 많은 사람이 매일, 심지어 하루에도 몇 번씩 먹는 일상의 식단이 되었다.

지금 고기는 어디에나 있다. 아침 식사로 먹는 샌드위치 속에도 여느 식당에서 먹는 풍성한 점심과 저녁에도, 패스트푸드 속에도 접근하기 좋은 편리한 음식으로 또는 간식과 파티 음식으로 사용된다. 미국인의 고기 소비량은 년간 1인당 평균 120킬로그램 이상이다. 이탈리아에서는 거의 90킬로그램인 반면 영국에서는 85킬로그램 정도를 소비한다. 이 고기의 대부분은 인간과 접촉한 적이 없고 야생에 발을 들여놓은 적도 없으며 아마도 우리가 '낮에 만난 적도 없는' 동물로부터 온다. 보통 우리는 깔끔하게 잘린 연분홍색 제품이 매장에서 나오기 전까지는 그 동물들의 일부라도 볼 수 없을 것이 자명하다.

15년 전 노르웨이 남부에 사용하지 않는 가족농장을 인수했을 때 나는 1950년대 어느 시점에서 중단되었던 축산업을 되살리려고 노력했었다. 나의 목표는 농부가 되는 것이 아니라 식량생산과 우리의 식량이 어디에서 오는지에 대해 조금 더 폭넓게 이해하는 것이었다.

여름에는 닭, 오리, 양, 염소, 돼지를 함께 키웠다. 그저 일종의 취미활동 중 하나로 여기는 것이었으나 가축들을 돌보고 오리가 날아가지 않도록 긴 날개깃을 뽑아내고 울타리를 계속 수리하며 도망가는 양을 잡는 등의 여러 가지 어려움에 익숙해졌다. 그리고 털 많은 동물보다는 장미 덤불을 더 좋아하는 이웃에게 사과의 말을 전하기도 했다.

첫해에 나는 두 아기 염소인 사프티스(Saftis)와 타이기스(Tyggis)에게 먹이기에도 부족한 젖을 우리에게 내어주는 암염소를 길렀다. 젖이 충분치 않았기에 대리-엄마라 할 수 있는 내가 젖병으로 아기 염소에게 먹이를 주면서 이 두 녀석을 키웠다. 내가 이 서비스에 대한 보답으로 얻은 것은 완전한 헌신이었다. 두 마리의 어린 염소는 내가 어디를 가든 따라다녔고 집 밖 테이블에 앉으면 옆으로 와 무릎을 꿇고 앉곤 했다. 하지만 타이기스가 사춘기에 접어들면서 점점 더 제멋대로인 행동을 보이기 시작했다. 이 녀석은 오리와 닭을 뿔로 들이받고 자신의 여동생을 괴롭

히고 닭을 쫓아다니고 심지어 엄마와 짝짓기 시도까지 했다.

결국 내가 선택한 해결책은 그를 헛간 뒤로 데리고 가서 총으로 쏘는 것이었다. 어떤 순간에는 나를 따라 모험을 떠났던 타이기스는 다음 순간에는 피를 흘리며 땅바닥에서 경련을 일으켰다. 그리고나서 나는 녀석의 가죽을 차근차근 벗겼고 녀석은 결국 고기 조각으로 변했다. 녀석은 '제공자'에서 '처형자'로 바뀐 나의 극적인 변화에 완전히 준비되지 않았다고 생각한다. 그리고 약초와 감자로 장식된 저녁 테이블에 녀석이 나타났을 때 우리가 겪은 변화에 익숙해지는 데에는 시간이 좀 걸렸다.

로마인들은 자긍심을 가지고 예의를 지키며 어떤 때는 속물의 영역을 넘나들고 열등한 관습을 가진 무례한 사람들에 대해 맹렬히 비판한다. 여러분은 그들이 나이프와 포크를 들고 피자를 먹는 것을 볼 수 있을텐데 사실 이것은 터무니없고 비실용적이다. 손을 쓰는 것이 맛을 즐기는데 더 좋다는 걸 알기에 포크와 나이프를 포기한 채 커틀릿을 한입 크게 베어 무는 것. 이것이 그다지 좋은 매너가 아니라는 것쯤은 알고 있다. 하지만 이 방식만이 커틀릿이 바삭함을 유지한 채 맛있는 지방이 식기 전에 이 멋진 고기 조각을 최적의 상태로 맛보는 유일한 방법이다. 나는 약간의 죄책감을 느끼지만 그 맛을 즐긴다.

물론 우리가 이렇게 고기를 먹기 위해서는 어떤 동물이 죽어야만 한다. 하지만 아직 세상을 탐험하지 않은 어린 양을 어미의 가슴에서 직접 떼어내 여기에 고기로 내어놓았다고? 참으로 잔인한 일이 아닐 수 없다. 어린 염소가 엄마라고 여기던 존재가 그 어린 염소를 먹는 것보단 덜 잔인하지만.

    이런 즐거움과 수치심의 결합은 프랑스 미식가들이 아주 좋아하는 작은 오르톨랑(ortalan)이라는 새를 떠오르게 한다. 이 새는 잡힌 후 살이 찔 때까지 어둠 속에 있게 된다. 때가 되면 말 그대로 아르마냑(armagnac)*에 빠뜨려 익사시킨 후에 오븐에서 구워낸다. 오르톨랑을 먹기 위해서는 일종의 의식을 지켜야 한다. 이 요리를 먹는 동안은 커다란 흰 냅킨을 머리에 뒤집어쓰고 다리에서 내장까지 한입에 다 먹는다. 먹는 내내 냅킨을 쓰고 있는 것이 중요하다. 냅킨을 뒤집어쓰는 것은 이 요리의 완벽한 향을 음미하기 위해서이기도 하지만, "하느님의 눈으로부터 이 수치스럽고 퇴폐적인 행동을 숨기기 위해서"이기도 하다.

    아기 양의 고기를 씹으면서 나 또한 아마 향을 음미하는 동시에 동료 손님들로부터 나의 수치심을—마치 오르톨랑을 먹을 때처럼—숨기기 위해 큰 냅킨을 달라고 해야 하지 않을까라는 생각에 다다랐다.

    레스토랑을 훑어보지만 더러운 모습을 띠는 것은 보이지 않는다. 하늘에서 번개가 치지 않는 것으로 보아 우리 주님은 즐거움을 위해 무고한 동물을 죽이는 인간의 전통에 익숙해지신 게 틀림없지 않을까. 또한, 몇몇 다른 손님들이 작은 양고기 조각들을 맛보기 위해 포크와 나이프를 내려놓는 것—손으로 먹기 위

---

\*   프랑스 아르마냑 지역에서 생산되는 포도 증류주(브랜디).

해―을 보게 된다. 배가 부를 때 찾아오는 일종의 허기짐과 함께. 또한, 너무 좋은 요리로 인해 이전의 과식에 대해 몽땅 잊어버리고 있음을 알아차리며.

# Fuoco

# 불

# Fire

Dinner
in
Rome

로마에는 7개의 순례 교회가 있다. 산 로렌조 푸오리 레 무라*San Lorenzo fuori le Mura*성당\*은 내가 단지 관광객으로서만이 아니라 진정한 순례자로서 그리고 어떤 면에서는 신앙인의 자격으로 들어갈 수 있는 유일한 성당이다. 이 교회는 그 이름이 암시하는 것처럼 로마의 오래된 성벽 바깥에 위치해 있다: fuori le Mura\*\*. 외면을 보면 도시에서 가장 아름답다고 말하기는 어렵다. 로마식 사원과 살롱의 중간 어디쯤의 모습을 하고 있는 것으로 보인다.

 제2차 세계대전 중이던 1943년 7월 이 성당은 연합군의 폭격을 받아 정면과 입구의 일부가 파괴되었다. 그 후 수십 년에 걸쳐 재건되었다. 비록 새로 만든 성당의 정면이 원본의 정확한 복제품이기는 하지만 그 결과물은 마치 영화 세트처럼 보인다. 서부극과 검투사 영화의 세트를 섞어 놓은 듯하다. 각 영화의 촬영이 끝나고 남겨진 잔재로 보이기도 한다. 성당의 내부는 여러 다른

---

\*   로마의 동부성벽 바깥에 있는 성당으로 로마 최초의 일곱 부제 중 한명인 성 로렌조가 258년 순교 후 묻혀 있는 곳이다.
\*\*   이탈리아어로 '성벽 바깥'이라는 뜻.

시대에는 최고였거나 두 번째로 멋졌던 양식의 소박하면도 혼란스러운 혼합이다. 금박과 앨러배스터*를 따라 보이는 승리의 아치, 천사상들**, 프레스코화와 비잔틴 모자이크들이 혼재해 있다. 그리고 많은 무덤과 석관, 제단소***가 부유한 후원자, 교황, 그리고 총리 같은 고위 관리들에게 마지막 안식처(묘지, 무덤)를 제공한다. 하지만 이 건물에서 가장 중요한 사람이 누구인지는 의심의 여지가 없다.

이 성당은 258년 로마의 부제****였던 로렌조*Lorenzo*가 처형된 장소였다고 한다. 결과적으로 이 교회는 명백한 종교적인 중요성 외에도 식사의 가장 근본적인 요소이며 요리의 원초적인 힘이라 할 수 있는 '불'이라는 존재에 헌정된 성당으로도 볼 수 있다. 불이 없었더라면 빵은 빵이 아니었을 것이고 아티초크는 단지 쓴맛이 나는 엉겅퀴였을 뿐이며 카르보나라는 재료 하나 하나로는 먹을 수 없는 것들의 집합체였을 것이다. 그리고 내가 지금 즐기고 있는 양갈비에는 그 풍미와 부드러움이 전혀 없었을 것이고 외려 질기고 창백한 고깃덩어리에 불과했을 것이다.

발레리안 황제(Emperor Valerian)의 통치 기간인 253년부터

---

\* alabaster. 설백색이고 입자가 고운 치밀한 집합으로 덩어리를 이룬 석고를 말하며 설화석고라고도 한다.
\*\* cherubs. 보통 통통한 남자아기의 모습을 한 천사상을 일컫는다.
\*\*\* 주로 성당이나 교회 또는 묘지나 무덤 앞에 제단을 놓기 위해 마련된 움푹 들어간 곳.
\*\*\*\* 로마 가톨릭, 영국 성공회, 그리스 정교에서는 신부, 사제 바로 아래의 지위.

260년까지 로마 제국은 영토 상실과 계속되는 전염병, 사회적 불안을 통해 첫 번째 쇠퇴를 경험했다. 페르시아에 사로잡힌 발레리안 황제는 녹은 금을 마시며 죽음을 맞이해야만 했고 그 후에 가죽이 벗겨지고 박제가 되었다. 그러나 이러한 일이 있기 전에 그는 로마 신들에게 복종하지 않는 모든 기독교인은 처형되어야 한다고 지시했었다.

당시 로렌조 부주교가 기독교의 재정을 책임지고 있었다. 그는 교회가 가진 모든 돈을 국가에 넘겨야 한다는 말을 들었을 때 그렇게 하는 대신 가난한 사람들에게 돈을 나누어줌으로써 대응했다. 이 사건은 로마 당국을 매우 화나게 했다―정확히 맞는 단어는 아니겠지만 '짜증이 났었다'가 더 정확한 표현일 수도 있다―로마의 지배권들은 로렌조를 단순히 죽이는 것으로 그치면 안 되며, 그가 극단적인 고통 안에서 죽어가야 한다고 결정했다.

당시의 가장 흔한 처형법은 십자가형, 참수형, 석살형*등이었다. 그러나 로렌조의 범죄가 경제적인 것과 더불어 종교적이었다는 것을 고려할 때 이 처형방법 중 그 어느 것도 충분한 벌이 될 수 없다는 판단이 내려졌다. 그리하여 일반적인 처형법 대신에 거대한 격자무늬 쇠틀을 만들어 그 위에 로렌조를 묶은 뒤 그 아래에 붉은 열기가 도는 숯들을 놓아 죽이는 방법을 사용했다.

전설에 따르면 로렌조는 극단의 뜨거움을 전혀 느끼지 않는 것 같았으며 고통스러움을 전혀 내비치지 않았다. 그저 격자무

* 돌팔매질하여 사람을 죽이는 형벌.

늬의 뜨거운 쇠틀 위에 누워 있을 따름이었다. 그가 처형자들에게 마지막으로 했다고 전해지는 말은 "이제 꽤 잘 익었으니 뒤집어서 한 입 먹 베어 먹지 그래."라고 한다. 로렌조는 나중에 성인(saint)으로 공표되었고 오늘날에는 그릴 요리사와 코미디언들의 수호성인으로 여겨진다.

몇몇 가톨릭 국가에서는 그릴 레스토랑의 이름을 '성 로렌스(St. Lawrence)' 또는 '산 로렌조*San Lorenzo*'의 이름을 따서 짓는 것이 흔하다. 내가 10년 전 몇몇 친구들과 함께 오슬로에 있는 작은 그릴 레스토랑을 열었을 때도 똑같이 했다. 노르웨이어로 부르는 성 로렌스 'St. Lars'라는 이름으로 지었다. 우리 레스토랑에는 불 위의 격자무늬 쇠틀에 누워있는 'St. Lars'를 묘사하는 토르-아른 모엔(Tor-Arne Moen)\*의 거대한 그림이 있다. 그리고 대부분의 메뉴가 그릴에 구운 요리들이다.

산 로렌조의 이야기에 다소 과장된 부분이 있다는 것을 이해하긴 하지만 이 커다란 성당 주변을 걸어다니면 나는 여전히 경외심으로 가득 찬다. 성당 곳곳에는 창백하고 이름을 알 수 없는 성인들의 작은 조각상이 있다. 그중 무언가를 알려주듯 손에 격자형 틀을 들고 있는 조각상이 있는데 누구인지 한눈에 알아차릴 수 있다. 어찌 보면 그 조각상도 그저 창백하고 이름없는 모습으로 거기 서 있다. 현재 로렌조의 유해가 있는 지하실로 내려가는 계단 입구의 반대편에 서서 그의 처형을 위해 사용되었던 것

\*　노르웨이의 화가이자 작가.

으로 추정되는 격자 쇠틀이 놓여 있는 성지를 바라본다.

매년 8월 10일, 산 로렌조 축제일에는 그의 검게 그을린 두개골을 꺼내 전시한다. 성당 벽에 걸려있는 돌에는 아직도 불에 탄 시신의 흔적이 남아있다. 황갈색을 띠며 참으로 어처구이없어 보이기도 한다. 성당에 시신의 흔적이라니. 당신은 어떤가? 충격적인가 아니면 그저 즐길거리로 보이는가. 비극적인가 아니면 그저 웃음이 날 뿐인가.

사실 이 이야기에는 더 깊은 면이 있다. 어떤 장식도 치장도 없이 그저 격자무늬 틀을 든 저 남자는 우리가 공유하는 인류의 기원을 상기시켜주는 중요한 인물이다. 감사하게도 그릴 위에 있는 대신 그릴 바로 옆에 선 존재, 요리사들에게 말이다.

오늘날 그릴은 주방에 발을 들여놓기를 원하지 않거나 감히 그리 하지 못하는 남성들에게 오히려 인기있는 취미로 발전했다. 캐딜락 크기의 그릴도 존재하며, 인터넷을 뒤져보면 그릴을 다루는 절차와 기술에 관하여 자세히 논의하는 수많은 포럼이 있다. 인터넷에서 가스 그릴은 미국산 훈제기들과 경쟁하고 히코리\*로 훈연하는 것이 필수인 요리를 내어놓기 위해 전 세계에서 숯이 포스팅 된다. 최근 몇 년 동안 다른 어떤 형태의 요리도 이토록 인기가 있지는 않았으며 장비에 그렇게 집착하는 사람도 거의 없었다. 하지만 그릴은 다르다. 그릴은 패션이며 당신이 시대에 발맞추고 있다는 표지이기도 하다.

---

\*   참나무목의 북미산 나무로 식재료 훈연용으로 많이 사용된다.

Fuoco

이러한 현상은 그릴이 실제로 무엇인지 잊게 만들기도 한다: 최초이면서 가장 중요한 요리의 기술. 그렇다. 태곳적부터 불은 우리 '식사'의 일부였으며 필수요소였다. 그릴로 익힌 음식의 맛과 냄새-연기와 지방의 독특한 조합-은 음식의 원시적인 맛이다. 그리고 우리는 유전적으로 이 둘(연기와 지방)을 알아차리고 좋아하도록 프로그램되어 있을 가능성이 높다.

빨갛고 뜨거운 불씨에서 나오는 강렬한 열에 의해 구워지는 재료는 탄수화물과 아미노산 사이의 화학반응인 마이야르 반응(Maillard reaction)과 같은 캐러멜화 과정을 거치면서 노릇한 갈색을 띠게 된다. 고기를 익힐 때 '분자 수준에서' 어떤 일이 일어나는지를 연구하는 데 관심을 갖는 사람은 거의 없지만 무슨 일이 일어나고 있는지 이해하지 못하는 사람도 거의 없다. 스테이크나 맛있는 작은 갈비를 생각해 보라. 날 것일까, 열이 가해질까? 삶는 것일까, 굽는 것일까? 당신은 생각만으로도 그 맛을 알 수 있다.

나는 개인적으로 태우듯 굽는 고기를 좋아한다. 스테이크를 구울 때 그것이 소고기의 어떤 부위든지 고기에 바삭바삭한 식감이 생길 때까지 기다리지만 완전히 타버리지는 않도록 한다. 나와 내 친구들의 레스토랑인 'St. Lars'에서 양고기 섕크(shank 정강이 부분)를 구울 때 우리는 우선 단백질을 변성시키고 육즙을 잃지 않으면서 육질을 부드럽게 만들기 위해 낮은 온도에서 오랫동안 요리한 다음 극도로 높은 온도의 불에서 굽는다. 고기 풍미의 포인트를 강조하기 위해, 첫 '식사'에 대한 경의를 표하기 위해, 또한 그릴에서 나오는 불의 일부를 음식에 포함시키기 위해! 우리는 손님에게 내어놓기 직전 불타는 로즈메리 가지를— 당연히 잎을 포함한—고기에 꽂는다. 타오르는 로즈메리의 연기로 레스토랑을 가득 채우는 것은 근처 테이블에 앉아 있는 손님들을 포함하여 모든 이들에게 우리의 먼 과거 어딘가에 '불'이 있었다는 것을 상기시키기 위함이다. 더군다나 우리는 그냥 불장난을 좋아한다.

✒

먹이 사냥은 대부분의 살아 있는 생물들에게 일종의 라이트 모티브(leitmorif)\*이다. 사자 무리가 자신들이 죽인 물소나 기린 주변에 어떻게 모이는지 또는 대체 어떻게 때까치들이 나뭇가지나 가시에 독충을 꽂아놓고 독이 중화되기를 기다렸다가 잡아먹는지에 대해서는 정말 놀라운 점들이 있다. 하지만 실제로 먹이를 '요리'하는 동물은 없다. 오직 인간만이 그렇다. 또한, 우리가 모든 인간 문화와 사회에서 인정하는 것처럼 어떤 동물도 식사라는 의식적 행위를 하지는 않는다.

인류의 첫 번째 식사는 무엇이었을까? 그것은 언제 이루어졌을까? 답을 찾기 위해서는 최초의 인간으로 돌아가야 한다. 유인원에서 인간으로의 발걸음은 천천히, 점진적으로, 그리고 간헐적인 투쟁에서 이루어졌다. 유인원에서 맨 처음은 초기인류로, 우

---

\*　삶의 목적이나 동기를 이르는 말.

리의 직계 친족이자 선대의 사람들과는 달랐던 생리학적, 정신적 능력을 가졌던 현생 인류인 호모 사피엔스에 이르기까지. 그리고 우리의 마지막 친족이었던 네안데르탈인과 데니소바인은 약 4만 년 전에 멸종했다. 오늘날 살아 있는 사람들과 우리보다 앞서 살았던 사람들 모두가 복잡한 사회 구조를 형성할 수 있었던 것은 바로 독특한 우리의 뇌 덕분이다.

2년 전쯤, 아내와 나의 출장이 일치하는 흔치 않은 기회가 생겼다. 우리는 남아공의 북서쪽 킴벌리(Kimberley) 외곽의 척박하고 건조한 칼라하리 사막(Kalahari Desert) 남쪽 경계에 있는 동굴을 함께 방문했다.

본데르베르크 동굴(Wonderwerk* cave)은 알려진 바로는 인류가 불을 통제하며 사용한 흔적의 일부가 발견된 장소 중 가장 오래된(약 180만 년 전) 곳이다. 산 로렌조 푸오리 레 무라 성당은 그릴 요리사들의 수호성인에게 헌정될 수 있지만 140미터 깊이의 이 동굴은 모든 것이 시작된 곳이며 모든 인류의 대성당이라 말할 수 있다. 우리 인류가 처음으로 불 주변에 모여 우리의 첫 번째 '구운' 식사를 준비한 곳. 바로 여기에서 우리는 인간이 되었다.

동굴의 지붕은 칠흑같이 어두웠다. 군데군데 소금이 스며들어 결정화되기 시작한 곳에 분홍색을 띤 회백색 영역이 있었다. 벽에는 수백 년 또는 어쩌면 수천 년이 됐을 법한 동굴 벽화들

---

* 남아공과 나미비아에서 많이 쓰는 아프리칸스어이며, 기적을 뜻하는 단어이다.

이 있었는데 한 그림은 코끼리를 묘사한 것이고 또 다른 하나는 영양의 일종이었을지도 모르는 동물을 그린 것이다. 이 동굴은 몇 차례 정도는 비어 있었을지 모르지만 거의 200만 년 동안 사람들이 거주해온 것으로 보인다. 그리고 동물과 인간을 포함한 그 동굴의 모든 거주자는 흔적을 남겼기 때문에 그들이 있었다는 걸 보여주는 잔재들로 구성된 층이 있다. 동굴 한가운데에서 고고학자들은 나무의 나이테처럼 여러 층이 드러난 곳을 발굴했다. 발굴된 구멍의 측면 중간쯤에는 100만 년 전의 층을 나타내는 파란색 표시가 있었다. 조금 더 아래에는 150만 년 전의 캠프파이어의 재로 밝혀진 하얀 층이 있었다.

인류 역사에 대한 고전적인 설명을 할 때 유인원에서 인간으로의 진화를 언급하면서 우리의 진화는 주로 끊임없이 새로운 것들을 습득할 수 있게 해준 우리의 내재된 정교함과 교활함 때문이었다고 말한다. 레이 타나힐(Reay Tannahill)은 1973년 그녀의 책 『역사 속의 음식(Food in History)』에서 이렇게 말한다. "시간이 흐르면서 땅에 사는 유인원들은 그들의 새로운 환경에 맞게 구체적인 적응을 했다. 그들은 자신들이 사냥한 것을 죽이거나 기절시키는 법을 배웠고 이 기술은 그들이 네 발 대신 세 발 그리고 두 발로 움직이도록 장려했다. 그들의 재치는 사냥터를 공유하는 사자, 하이에나, 그리고 검치호랑이와 경쟁하면서 더 다듬어졌고 그들의 뇌는 더 커졌다. 더이상의 주된 무기가 아니게 된 그들의 치아는 모양을 바꾸었고 이것은 궁극적으로 언어의 발전으로 이어졌다. 그리고 그들의 앞발은 도구를 만들고 사용할 수 있는 손으로 바뀌었다." 이것은 특이한 설명이 아니다. 당신 또한 신의 개입을 제외한 인류의 탄생을 설명하는 대부분의 책에서 발견할 수 있는 내용이다. 그러나 이 설명은 근본적으로 틀렸다고 볼 수 있다.

이러한 설명은 우리가 불을 조절하고 도구를 사용하는 것과 같은 '똑똑한' 일들을 시작할 만큼 충분히 '똑똑했다'는 것을 처음부터 가정한 것이다. 하지만 어떻게 그렇게 정신적으로 지각 있는 행동을 하게 되었을까? 앞의 설명은 이 물음에 대해 아무것도 말해주지 않는다. 또한, 초기의 인류에서 현생 인류로의 신체적인 변화를 적절하게 묘사하지도 않는다. 당신이 검치호랑이와의 먹이 경쟁을 통해 더 작은 치아를 가지게 되었다고 여기는 것은 어렵다. 본데르베르크 동굴에 대한 연구 결과는 최근 몇 년간 더 많은 관심을 받고있는 가설에 신빙성을 부여하는데 도움이 된다. 부엌에서 인간이 무언가를 창조한 이야기를 설정하는 가설이다. 더 구체적으로는 모닥불 주변에서 말이다.

본데르베르크 동굴이 존재했던 그 거대한 시간 동안 동굴의 거주자들은 한 세대에서 그 다음 세대로, 인류는 지금의 인류로의 극적인 변화를 겪었다. 그들은 더 작은 턱, 이전과 다른 소화기 계통, 그리고 가장 중요한 것은 더 큰 뇌를 발달시켰다는 점이다. 최근까지도 '유인원→더 큰 뇌→불'이라는 설명 모델은 어느 정도 널리 받아들여지고 있었다. 그러나 앞서 언급했듯이 여기에는 몇 가지 약점이 있다. 초기 인류의 유해가 더 많이 발견된 것으로 보아 이러한 발전이 지금까지 가정했던 것처럼 꾸준하고 점진적이지만은 않았다는 것이 분명해졌다.

500만 년에서 600만 년 전에 살았던 최초의 이족보행 원숭이들과 약 200만 년 전에 살았던 최초 인류의 대표 격인 호모 하빌리스(*Homo habilis*)의 뇌 크기에는 큰 차이가 없었다. 그후 약 150만 년 전쯤에 이전 인류보다 거의 두 배나 큰 뇌를 가진 새로운 종의 인간이 나타났다. 호모 에렉투스(*Homo erectus*)는 우리와 꽤 비슷한 크기의 몸집이었으며 더 작은 치아를 가지고 있었으므로 현생 인류의 직계 조상으로 여겨진다. 대체 어떤 일이 일어났던 걸까.

'인간 같은' 존재가 이제 막 '인간'이 되려고 하는 것이었다. 1999년 영장류 동물학자인 리차드 랭햄(Richard Wrangham)은 그가 '요리 가설(the cooking hypothesis)'이라고 불렀던 현생 인류의 탄생에 관하여 논란의 여지가 있을 만한 설명을 제시했다. 랭햄은 그렇게 고도로 진화한 결과로 인간이 불을 통제하기 시작한 것은 현생 인류가 아니라고 믿었다. 대신 그가 제시한 대상은 스스로에게 예술을 가르치고 거친 형태의 말하기가 가능했던 '원숭이'인 호미닌(hominin)*이었다. 불은 우리가 이전에 먹을 수 없었던 음식을 먹을 수 있게 하였고, 차례로 우리가 더 많은 영양소를 공급받을 수 있는 접근을 허용했다. 그리고나서 우리의 뇌가 자라나고 변형되었다.

랭햄의 가설은 이미 확립된 지식들로 인해 많은 비판을 받았

---

* 인류의 조상으로 여겨지는 고인류 중 한 종으로 데니소바인을 여기에 포함시키기도 한다.

고 예상대로 더 많은 반대에 부딪혔다. 처음에 회의론자들은 간단한 모델을 가지고 있었다: 1999년까지만 해도 '유인원→불→더 큰 뇌'라는 시퀀스를 뒷받침할 만한 불의 통제에 대한 더 오래된 발견이 없었다. 2000년대 초가 되어서야 이스라엘의 게셔 베네 야코프(Gesher Bene Ya'akov)에서 75만 년 전까지 거슬러 올라가는 통제된 불의 흔적을 보여주는 발견이 있었고, 랭햄의 가설을 강화했지만 그 당시에도 널리 받아들여지지는 않았다.

본데르베르크 동굴의 경이로움은 고고학자 피터 보몬트(Peter Beaumont)에 의해 발견되었다. 우리가 킴벌리 외곽의 방갈로에서 개와 함께 살고 있는 연약하고 마른 홀아비인 그를 만났을 때 그는 80세였다. 보몬트는 1979년 본데르베르크에서 땅을 파기 시작했고 그 이후로 동굴의 주요 발굴에 대한 대부분을 담당해 왔다. 그는 오래 걸리지 않아 동굴에서의 발견들에 대한 발생연도가 매우 오래전이어서 인류 역사에 관한 우리의 이해를 바꿀 수 있는 잠재력을 가지고 있다는 것을 깨달았다.

그는 초기 불 사용의 잔해가 이전에 생각했던 것보다 훨씬 더 오래되었을 것이라고 믿었다. 하지만 보몬트가 100만 년 된 불의 징후를 처음 발견했다고 주장했을 때부터 이 주장이 현대적인 분석 방법을 사용하여 마침내 확인되기까지는 20년 이상이 걸렸다. 새로운 발견과 그 발견을 밝혀내는 방식들은 동굴에서 불을 다루었던 가장 초기 흔적이 150만 년 전으로 거슬러 올라간다는 것을 보여주고 있다.

인간으로서 우리의 슈퍼히어로적인 자질은 단지 육체적 필요에 의한 기능만이 아니다. 우리는 호기심이 많다. 우리는 우리의 본능에 도전하여 펼치고 창조하고자 하는 욕망을 가진다. 우리는 그저 먹을 만큼 먹는 것으로는 만족하지 않는다. 더 나아가 우리는 우리의 음식이 맛있기를 원한다. 만일 우리에게 기본적인 욕구를 충족시키고 우리 자신을 찾으라는 30분의 시간이 주어진다면 우리는 그림 그리기, 춤추기, 노래하기, 서로 이야기하기, 그리고 불로 장난을 시작할 것이다.

본데르베르크 동굴에서 '현대의 인간 행동'에 대한 인류 초기의 지표들도 몇 개 발견할 수 있었다. 동굴에 반쯤 들어가면 당신은 아마도 가장 오래된 것으로 알려진 침대를 찾을 수 있을 것이다. 약간의 까다로움이 생긴 인간이 더이상 동물처럼 살고 싶지 않은 자신들을 위해 수면 매트로 사용했던 풀과 다른 부드러운 식물들의 흔적을 볼 수 있다. 아마도 보디페인팅과 장식을 위한 색상 안료로 사용했을 것으로 보이는 황토의 잔해도 발견된다. 조약돌과 무언가를 새겨 넣은 돌들, 수정들은 장식적이라는 것 외에는 눈에 띄는 기능이란 찾아볼 수 없다. 물론 이 물건들을 그저 손에 들고 보기만 해도 아름답다는 것이 우리를 기쁘게 한다. 화장, 애정 그리고 예술보다 더 인간적인 것이 무엇이란 말인가?

불은 우리에게 음식 이상의 것을 주었다. 불 주변에서 우리는 열과 빛을 가질 수 있었고 그곳에서 점점 더 큰 뇌와 더 작은 치아 그리고 더 발달된 소리를 내기 쉬운 체격을 가지게 됨으로서 서로 대화를 할 수 있게 되었다. 불꽃에 의해 불이 켜졌다. 음식은 단순한 영양 공급 이상이 되었고 그것은 사회적인 모임의 중심이 되었다.

그리스 신화에서 프로메테우스(Prometheus)는 불의 신이며 또한 인간적인 동정심을 가득 품고 있는 신이다. 프로메테우스는 인간에게 불을 주었고 그렇게 함으로써 인간들의 문화가 발전할 수 있었다. 플라톤이 인류의 창조자로서 프로메테우스를 언급하는 이유는 불이 없었다면 우리는 기껏해야 동굴에 사는 이족보행이 가능한 유인원에 불과했을 것이기 때문이다. 우리에게 불이 없다는 것이 유인원으로 남는 것을 의미한다는 사실을 되돌아볼 수 없었기에 이 점에 대해 간과할 수밖에 없었을지라도.

리차드 랭햄에 따르면 가장 중요한 변화는 사냥에서 일어난 것이 아니라 불 주변에서 일어났다. 랭햄의 가설은 2009년 출간된 그의 인기 있는 책 『캣칭 파이어(Catching Fire)』를 통해 많은 사람에게 영향을 미쳤다. 제러드 다이아몬드(Jared Diamond) 같은 인기 있는 과학 분야의 작가들처럼 랭햄은 다양한 분야의 연구를 채택함으로써 자신의 가설에 힘을 실었다. 무엇보다도 그는 불이 도입되기 전에 먹었던 것과 어떤 면에서는 비슷할 수 있는 현대의 날 음식(raw food) 식단이 예전과 다른 소화기 계통과 더 큰 뇌를 가진 오늘날의 인간에게는 지속적인 영양실조를 다소 가져다줄 수 있다고 지적한다.

오늘날 날 음식을 지지하는 사람들은 세계 여러 지역에서 온 수많은 종류의 날 음식에 접근할 수 있다. 그러나 랭햄에 따르면 이러한 식습관은 여성들의 생리불순을 유발하고 그 외 여러 증상을 겪게 하는데 이것은 마치 당신의 몸이 빈 상태로 달려가고 있음을 나타낸다는 것이다. 그는 날 음식 식단이 부유한 계층의 사람들에게 꽤 합리적인 체중 감량 전략일지는 모르지만 오래전 인류에게는 더 커진 뇌로 인해 많은 에너지를 소비해야 하는 발달단계에 도움이 되는 식단은 아니었을 것이라 주장한다. 이러한 발달단계의 중심에는 불에서 요리된 음식이 있었다.

불과 요리는 우리가 이 발전의 마지막 단계를 밟는데 필요한 영양분을 제공했고 '요리하는 유인원'을 우리가 알고 있는 지금의 인류로 변화시켰다. 다시 말해 랭햄에 따르면 우리는 모두 세계 최초 요리사의 후손인 것이다. 불은 음식을 안전하게 먹을 수 있게 해주었고 금속의 제련에서 연소 엔진과 무기에 이르기까지 이후로 이어진 거의 모든 발전과 기술의 기초를 마련해주었다. 랭햄은 불을 "인류의 가장 위대한 발견"으로 묘사했다.

불은 현대 인류가 품은 많은 생각과 욕망을 현실로 만들고, 지구에 대한 우리의 지배력을 확장할 수 있는 연료와 이전의 선조들이 상상할 수 없었던 것들을 우리에게 주었다. 우리는 우리 자신의 이미지로 멋진 세계를 창조했다. 또한 보몬트(Beaumont)와 같은 고고학자들이 현재 분석 중인 탄 흔적에 대한 먼지층은 점점 더 많이 드러나고 있으며 우리가 불을 어떻게 사용했는지를 보여준다.

동시에 대기 중 이산화탄소 농도가 증가하면서 우리가 얼마나 많은 대가를 치러야 하는지를 보여주기도 한다. 기후 변화는 건조하고 더운 남아프리카의 북서부 지역을 더욱 건조하고 덥게 만들었다. 이 지역은 더이상 농업에 적합하지 않으며 어쩌면 사람이 거주하기에도 적합하지 않다는 주장이 점점 더 커지고 있다. 킴벌리 외곽에 있는 보몬트의 집을 방문했을 때 온도계의 수은주는 섭씨 44도에 이르렀다. 당국은 해마다 악화되는 더위와 가뭄 때문에 비상사태를 선포했다. 방목장이 부족해 5만 마리 이상의 가축이 긴급 도태*되었고 뉴스는 사람들이 열사병으로 사망한다고 보도했다.

우리의 대화가 끝날 무렵 나는 나이 지긋한 고고학자에게 살아 있는 내내 동굴을 파헤치며 살았던 과거 인간의 삶: 그 삶이 어땠을지에 대해 생각해 본 적이 있는지 물었다. "솔직히 말해서 그것에 대해 그렇게 생각할 시간이 많지는 않았죠."라고 그는 대답했다. "일이 끝난 후 그러니까 10시간 또는 그 이상의 발굴 작업 후에도 여전히 그날은 끝나지 않았죠. 왜냐면 요리를 해야 했거든요. 그리고 제 요리는 아주 형편없답니다. 뭘 만들든 간에 항상 음식을 태워버렸거든요." 그는 웃기 시작했다. 처음에는 조용히 조금 뒤에는 더 큰소리로 웃었고 우리는 모두 함께 웃기 시작했다.

150만 년의 인류 발전 후에 이 노학자는 자신의 음식을 태우는 것 이상으로 나아가지 않았다. 뜨거운 열기에 계속 팽창하는 골판지를 댄 철 지붕에서 '쾅!'하는 큰 소리가 났고 보몬트는 다시 한번 심각해졌다. "불은 인류를 지금 우리가 가고 있는 이 길에 서 있게 했죠. 불은 우리에게 모든 것을 주었습니다. 그리고서

---

\*  가축의 수를 제한하기 위한 조치.

우리는 불을 어떻게 했을까요? 지구 전체를 지옥으로 몰아넣었습니다! 우리는 지구를 태워버렸어요! 이것이 이 늙은이가 세상을 보는 방식이죠."

나는 뼛속까지 까맣게 된 고기를 음미하며 마지막 양갈비를 뜯는다. 이것은 분명 처음으로 어린 동물을 죽여 불 위에서 요리했던 어떤 사람이 이 고기가 놀랍도록 부드러운 것에 기뻐하며 살과 지방을 갉아먹었을 때의 맛. 바로 그 맛이다. 그리고 당시의 불 주변에도 오늘날 우리가 즐기는 것과 똑같은 여러 가지 것들이 많이 있었을 것이다.

비록 지금의 우리는 우리 자신을 파멸시키는 씨앗을 뿌리고 있다 해도—피터 보몬트 영결 직전 방문했을 당시 그가 했던 말처럼—최초의 불 주변에는 준비된 음식, 사회적 상호작용, 가십거리와 위안, 쉼터와 빛이 있었으리라.

# Limone

# 레몬

# Lemon

Dinner
in
Rome

지금. 나는. 자포자기. 로마 기준으로는 천천히 먹는 중이었으며 꽤 적당한 메뉴를 골랐다. 그런데도 너무 배가 불러서 한 입도 더 먹을 수가 없다. 배는 음식으로 가득 찼고 어떤 순간이 되자 온몸에 음식이 꽉 찬 듯 느껴진다. 발, 무릎, 손끝까지. 양갈비를 그토록 갉아먹지 말았어야 했는데… 후회가 찾아온다. 하지만 남아있는 기름과 육즙 한 방울을 음미할 수 있도록 마지막 감자를 접시에 문지르는 것을 여전히 멈출 수가 없다.

배가 고파 죽을 지경인 상태로 라 카르보나라*La Carbonara*에 도착한 지 두어 시간밖에 되지 않았다. 완전히 속이 비어 있어 정신은 오히려 맑았지만 어지러울 정도로 배가 고팠는데 지금은 음식을 먹고 싶은 기분이었는지 어땠는지조차 기억이 나질 않는다.

메뉴의 모든 요리가 내가 원하는 것이어서 선택하기를 어려워하며 메뉴를 뒤적거리는 일 따위는 이제 할 수가 없다. 하지만 동시에 나는 나의 허기가 영원히 떠나지는 않는다는 것을 안다. 충실한 개처럼 항상 다시 찾아오곤 한다. 내일 아침이면 배고픔은 다시 돌아올 것이며 어쩌면 오늘의 과도한 탐닉으로 인해 오히려 그 어느 때보다 더 전념하여 돌아올지도 모른다. 우리의 삶에서 매일 일어나는 일. 바로 이런 것이겠지. 굶주림은 신생아가 젖가슴을 찾기 시작하는 순간부터 우리 삶의 마지막에 이를 때까지 우리와 함께 한다. 배고픔이 사라지면 피할 수 없는 운명을 그저 기다리는 것 외에는 할 수 있는 일이 많지 않다.

라 카르보나라의 1층은 여전히 손님들로 가득하다. 마지막 손님들은 9시 반 직전에 도착했다. 주방으로 주문을 보내는 일은 중단되었고 그들은 이제 막 안티파스토를 끝내고 있었다. 라 카르보나라의 바깥주인인 다리오는 이미 오토바이 헬멧을 쓰고 퇴근길에 오른다. 그는 더이상 식당의 친절한 주인으로서가 아니라 식사 공간을 통과하는 어두운 그림자일 뿐이다. 만족한 손님들의 느린 행렬이 2층에서 이어진다. 광장에서 경쟁하는 바(bar)들은 볼륨을 줄여야 하는 자정 즈음까지 가능한 큰 소리로 음악을 연주한다.

디저트를 원하느냐는 질문을 받으면 내가 의도했던 것보다 조금 더 퉁명스럽게 "아니요"라고 대답할 것이다. "아니요, 그럴 리가요!" 사실 나는 단 것을 별로 좋아하지 않아서 디저트로 보통 치즈를 조금 주문한다. 또는 와인 한 잔이나. 생각해보니 내 와인 병이 거의 비어 있다. 대체 어떻게 된 걸까? 디저트 메뉴는 손을 흔들어 거절했음에도 레스토랑의 지배인 격인 안네가 돌아와서 아이스크림과 소르베(sorbet)를 원하지 않는지 물어본다. "바질 아이스크림과 레몬 소르베로 구성된 아주 특별한 디저트가 있어요." "레몬 소르베?" 디저트계의 나의 약점이다. "네, 아말피*Amalfi* 레몬으로 만든." 나의 원칙적인 입장은 여기까지이다. "그

걸로 할게요. 하지만 레몬 소르베만 한 스쿱이요. 다른 건 사양할 께요."

누구도 첫 번째 레몬의 맛이 어떠했는지 모르겠지만 꽤 확실한 것은 레몬이 가진 신맛 때문에 그리 탐나지 않았을 것이라는 점이다. 레몬의 과즙은 의심할 여지없이 신맛이 났지만 아무도 그것에 신경 쓰지 않았다. 이런 이유로 과즙은 애초에 레몬을 재배한 이유가 아니었다. 처음 몇 천 년 동안 레몬을 많이 찾았던 첫 번째 이유는 껍질을 문지르거나 곱게 갈 때 나오는 에센셜 오일이었다: 달콤하고 향기롭지만 강하고 잘 날아갔다. 레몬은 향수와 의학에 어느 정도 사용되었으나 먹을 수 있는 것으로 여겨지지는 않았을 것이다.

감귤류 과일은 아마도 중국과 인도의 동쪽 국경 근처에 아삼(Assam) 지역 주변에서 유래되었을 것이다. 그리고 혹자는 오늘날의 카슈미르(Kashmir)인 훨씬 더 서쪽에서 유래되었다고도 말한다. 어느 쪽이든 레몬을 대규모로 처음 재배하기 시작한 것은 중국인들이었고 그 당시에 가장 인기 있었던 품종은 두꺼운 껍질을 가진 감귤류인 메디카(*Citrus medica*)[*] 또는 세드라트(cedrat)[**]였다.

이 과일들의 껍질에는 주름이 있었고 껍질로 제스트(zest)를

---

[*] 우리나라에서는 남해유자를 영어로 부르는 명칭이고 한글로 번역하면 '약귤'(藥橘)이라 하는데 고대부터 약용으로 먹었기 때문이다.
[**] 유자나 감귤류의 명칭인 citron의 프랑스어인 'cedrat'에서 온 말로 거칠고 큰 레몬이라는 뜻도 있다.

만들기 위해 재배되었다. 그리고 나머지 부분인 스펀지처럼 생긴 두꺼운 하얀 층과 씨앗이 들어 있는 쓴맛 나는 과일의 중간 부분은 오늘날 우리가 레몬 껍질을 대하는 것과 거의 비슷하게 불필요한 부산물로 여겨졌다.

당시 레몬 제스트는 감귤류의 금과 같았기 때문에 중국의 농부들은 유전적으로 과일을 변형시키는 방법을 찾았다. 두텁고 주름진 껍질이 많이 있는 개체들을 끊임없이 선택해 재배함으로써 그들은 각각의 레몬에서 더 많은 오일을 얻을 수 있었다. 가장 극단적인 변형은 '부처의 손'이라고 불리는데 과일의 표면에서 돌출된 손가락 모양의 껍질을 가지고 있기도 했다.

9~10세기경이나 되어서야 아랍인들이 유럽에 레몬을 들여왔다고 가정하는 것이 일반적이었다. 그러나 폼페이 유적에서 감귤류의 나무를 묘사한 벽화가 발견되었을 때 레몬의 유입이 훨씬 더 빨랐던 것이 명백해졌다. 아마도 수입되던 향신료나 그 외 이국적인 물건들과 동시에 유입되었을 가능성이 높다. 그렇다면 그 시기를 대략 기원전 1세기경이라 볼 수 있다. 부유한 로마인들은 집 입구에 레몬나무 화분이 있는 것을 좋아했다. 이 상록수들은 일 년 내내 장식적인 역할을 했고 작고 하얗고 강렬한 향기가 나는 꽃은 거리의 냄새로부터 보호해주기도 했다. 하지만 이 레몬나무들은 오늘날 사람들이 라운지에서 키우는 작은 감귤나무처럼 그저 장식 요소에 불과했다.

우리가 주로 알고 있는 먹거나 주스로 만들어지는 레몬은 이후 거의 1,000년 후에 아랍의 무역상들과 함께 유럽으로 건너왔다. 그때쯤 중국과 아랍 농부들은 완전히 다른 의도였지만 부처의 손과 마찬가지로 이 과일들을 비슷한 형태로 변형시켰다. 이번에는 그 과일들이 가능한 한 많은 과즙을 가지도록, 시큼하지만 향기로운 그리고 쓴맛보다는 오히려 더 달콤한 주스를 만들 수 있도록 재배했다.

    레몬나무는 수요가 많았지만 재배하기가 매우 어려웠다. 재배 초기의 품종들은 상업적 품질을 갖춘 열매를 생산하기 위해서는 매우 특별한 기후와 비옥한 토양이 필요했다. 추위, 열, 가뭄, 너무 많은 비(물)나 바람, 과도한 양의 토양, 또는 양분이 너무 많은 토양: 이러한 것 중 어느 하나라도 해당되면 과즙의 맛을 망치거나 과피의 불완전성을 야기할 수 있었고 과일의 유통기한에도 영향을 미칠 수 있었다. 이렇게 생육 조건이 까다롭다 보니 보통은 이 나무들을 예쁘고 장식적인 식물 이외의 것으로 만드는 것이 불가능했다.

    이 시기 즈음에 남부 지중해의 넓은 지역 중 시칠리아*Sicilia*의 팔레르모*Palermo* 주변과 다른 몇몇의 제한된 지역 일부에서 레몬나무가 특히 잘 번성한다는 것을 발견한 아랍인들이 있었다. 이로 인해 레몬의 재배는 주로 아랍인들의 통제 아래에 놓이게 되었다. 이후 해당 지역에 큰 감귤류 숲이 조성되고 곧 레몬은 시칠리아에서 이탈리아 본토로 수출되기에 이르렀다. 아랍인들이 북부 지중해에서 패권을 잃고 난 후 시칠리아에서의 레몬 사업은 더욱 번성했고 18세기와 19세기 내내 레몬은 국제적인 수출 상품이 되었다. 또한, 레몬이나 라임을 먹은 선원들은 비타민C의 부족으로 인한 괴혈병에 걸리지 않는다는 것이 발견되었고 이후 1795년부터 레몬은 영국 선원의 식단에 필수적인 재료가 되었다. 다른 나라들도 영국의 뒤를 따랐고 거의 폭발적인 수요를 만들어냈으며 레몬을 더 먼 세계로 보내는 계기가 되었다. 일정 시기 동안 약으로 사용된 후 레몬은 결국 자신의 자리에 안착하게 된 것이다.

레몬은 처음에는 부유한 사람들의 부엌에서 시작하여 유럽과 미국에서는 점점 평범한 사람들의 식탁에 오르기에 이르렀다. 오늘날의 기준으로도 그렇고 아마도 당시의 기준으로 볼 때조차도 종종 지루하고 단조로워 보였던 요리에 절실히 필요한 맛으로 환영받은 것이 확실하다. 드레싱과 케이크 그리고 소스에 레몬이 일단 한번 등장하기 시작하면 이전으로는 돌아갈 수 없게 된다. 레몬은 당신이 이전에 존재했었는지 결코 알 수 없었던 어떤 것으로부터 당신이 이전에는 할 수 없었던 어떤 것을 이루도록 만들었고 혹은 레몬 없이는 도저히 이룰 수 없는 것들을 채울 수 있게 되었다.

이러한 효과 중에는 후추가 썩은 고기를 위해 했던 일과 대조적으로 레몬은 일부 상해가는 생선도 구할 수 있었다. 어떻게 이런 일이 가능한지에 대한 설명은 내가 분자 미식(molecular gastronomy)에 몸담고 있던 시기에 접했던 내용으로 설명할 수 있다.

생선이 신선하지 않거나 너무 따뜻한 곳에 보관하면 퀴퀴한 비린내와 함께 암모니아 같은 냄새가 발생하는 경향이 있다. 이것은 트리메틸아민 옥사이드(Trimethylamine oxide)라는 물질 때문인데 생선이 먹을 수 있는 한계를 벗어나고 있다는 신호이다. 그렇다고 해서 모든 것을 잃어버리진 않는다. 트리메틸아민 옥사이드는 레몬 과즙 속의 산과 반응하여 비슷하지만 냄새가 나지 않는 물질을 형성하게 된다. 냉장고가 있기 전, 생선이 말에 실려 바다에서 내륙으로 옮겨지던 시대에 레몬이 받았을 환영은 그야말로 놀라웠을 것이다.

1800년대 중반까지 레몬 수출은 시칠리아의 가장 중요한 수입원이었다. 그리고 1800년대에 시칠리아에서 나타난 또 다른 것은 무엇이었을까? 그렇다. 마피아였다. 이것은 무작위적인 우연이 아니었다. 영국의 작가이자 역사가인 존 디키(John Dickie)는 시칠리아 마피아에 관한 그의 책 『Cosa Nostra』에서 1872년 팔레르모 외곽에 있는 4헥타르의 감귤 숲을 물려받은 시칠리아 출신 의사인 갈라티 박사(Dr. Galati)에 대해 쓰고 있다.

레몬 재배는 당시 다른 어떤 농업 활동보다 60배나 수익성이 좋았고 프랑스의 가장 명망있는 지역에서 생산하는 와인보다도 훨씬 더 좋았다. 갈라티의 감귤 숲은 최첨단이었고 전임 엔지니어가 작동시키는 증기 동력 펌프를 사용하여 나무에 물을 주었다. 이 시설에는 관리인이 따로 있었고 의심할 여지없이 이야기에서 언급되지 않은 많은 노동자도 있었다. 어느 날 갈라티는 펌프에 연료를 공급하기 위한 석탄뿐만 아니라 그의 작물 일부를 도난당했다고 의심하기 시작했다. 도난의 배후에 관리인이 있다고 생각할 충분한 이유가 있었고, 결국 그를 해고시켰을 때부터 불미스러운 일들이 일어나기 시작했다.

갈라티는 여러 건의 협박 편지를 받았고 새로운 관리인으로 고용한 남자 중 두 명이 사망했다. 더 많은 편지가 도착했는데 내용은 이랬다. 원래의 관리인이 '명예로운 사람'이었고 벌어진 일련의 사건들은 그가 그렇게 부당하게 잃은 직업으로 복직되기를 원하기 때문이라고 설명했다. 그러나 갈라티는 편지에 대응하지 않았고 대신 경찰서장에게 서면으로 일련의 불만 사항들을 보냈다. 하지만 서장이 이 사건에 연루되어 있었거나 그저 사건을 다른 방향으로 단순하게 보았던 것 같다. 진정에도 불구하고 아무 일도 일어나지 않자 갈라티는 자신의 문제를 로마의 내무부 장관에게 가져갔다. 이 모든 진정 사항은 여러 번의 조사로 이어졌다.

갈라티가 제기한 문제점 중 해결된 것은 아무것도 없었지만 이 과정에서 레몬을 훔치는 것이 일개 도둑이나 사기꾼들이 아니라는 점이 분명해졌다. 갈라티 박사는 거대한 범죄 네트워크를 드러나게 한 것이다.

이탈리아가 통일된 1860년대 이후부터 20세기 초까지 수십 년 동안 마피아는 지역 범죄자 집단에서 대부분의 일에 관여하는 강력한 조직으로 확장하는데 성공했다. 마피아는 시칠리아 시골의 극빈자 계층에 속하며, 기회가 부족하여 젊은데도 실업에 처한 남성들이 법 밖에서의 삶을 살게 되면서부터 시작되었다고 오랫동안 여겨져 왔다.

몇 년 전 맨체스터 대학의 알레시아 이소피(Alessia Isopi)와 예테보리 대학의 올라 올슨(Ola Olsson) 교수가 1800년대 말의 시칠리아 경제 발전을 연구하기 시작했다. 그들이 한 일은 시칠리아의 여러 지역에서 마피아가 확산된 것과 다양한 유형의 농업 생산을 실행한 지역의 지도를 비교하는 것이었다. 이후 발견한 내용은 일찍이 마피아가 생겨난 모든 곳의 공통적인 특징이 있다면 레몬을 생산하고 거래하는 지역이었다는 점이다. 국가 통제가 열악한 아프리카 국가들에서 유전과 다이아몬드 광산을 중심으로 범죄집단이 출현하였고, 마피아는 빈곤한 지역이 아니라 가장 부유한 지역에서 출현한 것이었다.

마피아는 대부분의 레몬 사업을 통제하는 복잡한 시스템을 만들었다. 이 시스템은 갈라티 박사가 겪은 몇몇 사건들과 함께 시작되었다: 예를 들면, 레몬 숲에서 '사고'가 발생하지 않도록 보호해준다는 대가로 금전을 요구했다. 응하지 않으면 앞서 언급한 절도 등의 사건들이 벌어졌다. 이탈리아가 통일된 후 일정 기간 동안에 시칠리아는 무법천지가 될 위기에 처했다. 시칠리아는 섬의 중앙에 위치한 소수의 귀족 가문들에 의해 통치되었지만 그들이 권력과 영향력을 잃었을 때 기존의 봉건제를 대체할만큼 제대로 작동하는 또 다른 권력이 없는 상태로 무너졌다. 범죄가 지배했고 어찌 보면 마피아는 이 문제의 원동력이자 해결책이었다.

대부분의 사람은 원칙주의자였던 갈라티 박사보다 조금은

더 현실적이라는 점이 드러났다. 그들에게는 난립하던 소수의 깡패들이 되었건 또는 마피아에게 당하는 복수가 되었건 작물 전체를 빼앗길 위험을 감수하는 것보다 마피아에게 이익의 몫을 일부 지불하는 편이 더 나았다. 사실 이윤의 일부를 요구하는 마피아의 제안은 영화 〈대부(The Godfather)〉의 대사를 인용하자면 '거절할 수 없는 제안'이었던 것이다. 농부들에게 이 상황은 이미 익숙했던 예전의 상황과 거의 다르지 않았다. 농부들이 지불해야 하는 대상이 이전의 귀족에서 좀 더 가까운 가장자리에 있는, 더 거칠 수는 있지만 농부들이 낸 대가를 새로운 방식으로 조금 되돌려주기도 하는 지배자에게로 바뀌었다. "당연히 내가 당신 조카의 일자리 찾는 것을 도울 수 있소!"라고 말하는.

그러나 탐욕은 탐욕을 낳고 범죄는 범죄를 낳았다. 토착 지역 갱단이 다른 사업으로 확장하기까지는 그리 오랜 시간이 걸리지 않았던 것이다. 착취, 폭력 및 부패가 있었지만 정상적인 사업 운영으로 보이는 것들도 있었다. 마피아는 어디에나 존재했다. 존 디키는 개혁 정치인이었던 레오폴도 프란체티(Leopoldo Francetti)가 1876년 팔레르모를 방문했을 때 했던 말을 인용하며 다음과 같이 썼다. "이러한 이야기들이 일정한 수만큼 회자 되면 오렌지와 레몬 꽃에서 시체 냄새가 나기 시작한다." 잔혹한 상황이 이어졌지만 수익은 만만치 않았다. 조직은 성장했고 그들에게 시칠리아는 좁은 무대가 되었다.

마피아는 그들의 상품이 대서양을 가로지르기 전에 레몬 운송과 항구를 장악했다. 그곳에서 그들은 새로운 마피아 '가문'을 세웠고 원래의 가족 및 그들의 사업과의 연관성을 유지했다. 미국 마피아가 마약까지 손대는 사업으로 확장했을 때 첫 번째 마약 운송은 레몬 캔에 의한 밀수였다. 경제학자 팀 워스트올(Tim Worstall)이 〈포브스(Forbes)〉의 지면을 통해 "모두가 괴혈병을 치료할 수 있는 레몬을 얻게 되었지만 우리는 그 대가로 또 다른 전염병을 얻었다."고 말했다.

인간은 생존하기 위해 필요한 것을 갖게 되면 당장 필요하지는 않지만 조금 더 많은 즐거움과 사치를 제공하는 것들을 얻기 위해 몰두하게 된다. 당신이 이전에 먹어 보았을 수 있는 가장 사치스러운 음식 중 하나는 가장 좁은 의미에서 보면 맛과는 관련이 없을 수도 있다―아마도 온도와 관련이 있을 것이다: 무더운 바깥에서 맛보는 차가운 음식. 해변에서 뜨거운 하루를 보낸 후 먹는 아이스크림이나 화이트 와인 한 잔은 이러한 사치스러움을 불러일으킬 수 있다. 상상해보라. 엄청난 양의 식사 후에 느끼는 더부룩함 만큼이나 몸을 관통하는 압도적인 열기로 인한 불볕더위와 더러움으로 가득 찬 도시에서 차가운 음식을 받아들었을 때의 기분을. 그것도 무려 2,000년 전에! 전기 에너지가 사물을 차갑게 만드는 것이 가능하기 훨씬 전에 말이다.

사실 인간은 여름에 사용하기 위한 '겨울 저장'에 성공하기 위하여 최선을 다해왔다. 서기 60년대 네로 황제는 그의 손님들에게 으깬 과일에 눈과 꿀을 섞어 내어놓기도 했다. 이것이 기록된 최초의 소르베 중 하나로 여겨진다. 눈이나 얼음은 산에 있는 동굴에 보관하여 최대한 단열한 다음 도시로 운송했다. 애초에 얼음은 가장 부유한 극소수의 사람들을 위한 것이었지만 향신료와 마찬가지로 결국에는 여러 상류층에도 널리 퍼졌다.

아이스크림의 최초 기원쯤 되는 음식은 단순히 시럽과 얼음 부스러기를 섞은 정도였다. 이 '원시적인'-이것이 가장 적절한 단어라 여기며-모습의 소르베 또는 그라니타(granita)*는 남부 이탈리아와 시칠리아의 일부 지역에서는 여전히 전통적인 형태로 제공된다. 내가 그라니타를 처음 맛본 것은 팔레르모의 작은 포장마차-기본적으로 큰 얼음 덩어리가 있는 카트-에서였는데 얼음을 긁어 눈 모양을 만든 다음 원하는 맛을 추가함으로써 하나씩 따로 만들어진다. 이러한 형태는 트로피컬 셰이브 아이스(Tropical Shave Ice)나 트로피컬 스노(Tropical Sno)와 같은 패스트푸드점들에서도 볼 수 있는데 원형의 콘셉트를 유지하고 있는 변형이라 할 수 있다. 그 맛은 아주 인공적이라 할 수 있으며 형광빛의 블루-라즈베리 시럽에는 그 어떤 과일도 들어가지 않지만 만드는 방식은 원형에서 거의 변하지 않았다.

로마제국이 붕괴되었을 때 아이스크림을 만드는 것에 대한 모든 지식도 함께 사라졌다. 사람들은 아이스크림이 얼마나 멋진 것인지에 관계없이 더이상 불필요한 것을 살 여유가 없었다. 그러나 이 '전통'은 중국, 페르시아의 궁정, 인도의 모갈(Moghal) 황제들과 아랍 귀족들과 같은 가장 번성한 문화권에서 계속되었

---

\*  라임, 레몬, 자몽 등 시트러스류의 과일에 설탕과 와인을 넣고 얼린 이탈리아식 얼음과자라 할 수 있다.

다. 돈이 있는 한 사람들은 세상 모든 것이 뜨거울 때 차가운 것을 먹는 즐거움에 기꺼이 얼마를 지불할지에 대한 제한을 거의 두지 않았다.

가장 사치스러운 예는 1500년대 인도 아그라(Agra)의 악바르 대왕(Akbar the Great)의 궁정에서 나왔다. 당시의 과학자들은 폭발물과 탄약에 사용되는 값비싼 화학물질인 솔트페터(saltpeter)*와 물을 혼합하면 물을 냉각시킬 수 있다는 것을 발견했다. 주스나 와인을 차갑게 하고, 그 차가운 온도를 유지할 수 있는 커다란 보관통을 만드는 일은 엄청난 자원이 들어가는 방법이었다.

몇십 년 뒤 이 연구는 나폴리에서 계속되었다. 당시 나폴리에는 자신을 '비밀의 교수'라 칭했고 실제 매우 박식했다고 알려진 지암바티스타 델라 포르타(Giambattista della Porta)라는 학자가 그의 저서『자연의 마법(*Magia Naturalis*)』에서 "나는 어떻게 와인이 유리잔 안에서 얼 수 있는지 보여줄 것이다."라고 언급했다. 델라 포르타는 자신이 망원경의 최초 발명가라고 주장하면서 갈릴레오 갈릴레이에게 그 명예를 빼앗겼다고 말하기도 했다: 증류 장치나 카메라 옵스큐라(camera obscura)의 변형과 같이 그가 작업한 몇몇 다른 발명품에서도 다소 똑같은 일이 일어났다고 주장했다. 그러나 모든 걸 제쳐두고 그는 최소한 인류에게 있어서 그전의 발명품들만큼 똑같이 중요한 것, 즉 아이스크림의 기초를 발명한 사람으로 남아있다.

---

\*  질산칼륨으로 이루어진 돌. 초석이라고 부른다.

그는 "… 축제에서 가장 원하는 것은 얼음처럼 차가운 와인, 특히 여름에 마시는 와인이다."라고 언급하며 차가운 와인뿐만 아니라 와인 아이스바를 만들 정도로 꽁꽁 얼린 와인에 대한 레시피를 알리기도 했다. 그러나 이것은 사람들과 아이들이 아이스크림을 즐기는 것에 관심을 갖기 훨씬 전의 일이었다. "와인을 유리병에 넣고 물을 약간 부으면 더 빨리 얼게 만들 수 있다. 이렇게 한 다음 눈을 나무 그릇에 뿌리고 그 안에 와인이 든 유리병을 놓고 솔트페터 가루를 뿌린다. 눈 속의 유리병은 낮아지는 온도로 인해 점차 단단해질 것이다." 얼음이나 눈의 온도를 낮추는 능력을 가진 솔트페터와 결합함으로써 0도보다 훨씬 낮은 온도를 얻을 수 있었던 것이다.

솔트페터는 여전히 매우 비쌌지만 운 좋게도 보통의 소금과 눈이나 얼음을 결합하면 거의 같은 효과를 얻을 수 있다는 것이 곧 밝혀졌다. 1900년대에 현대적인 냉장고가 도입되기 전까지 사용된 것이 바로 이 원리였다. 우리의 시골집에도 이와 같은 원리로 작동하는 손으로 돌리는 아이스크림 기계가 있다. 당신이 얼리려는 재료를 소금과 얼음의 혼합물에 담갔다가 아이스크림으로 변할 때까지 돌리는 금속 방수 플라스크라 할 수 있다. 기계 내부의 온도를 측정해보았을 때 섭씨 영하 10도였다.

만일 당신이 진짜 이탈리아 레몬 소르베를 먹어 본 적이 없다면 당신에게는 아직 인생의 작은 경이로움 중 하나가 남아있다고 생각해도 될 것이다. 어떤 것도 이렇게 완전한 레몬 맛을 낼 수는 없다. 어떤 것도 이렇게 시원할 수 없다.

오늘날의 많은 레스토랑은 시종일관 벨벳 같은 부드러움을 만드는 아이스크림 기계를 사용하지만 이탈리아 소르베에서는 약간의 더 바사삭거리는 얼음을 유지하려는 의도가 확실히 느껴진다. 얼음 결정이 살아있는 그라니타 같은 식감을 유지하려고 또한, 네로가 내어놓았던 눈과 같으려고, 집에서 으깬 얼음과의 유사성을 유지하기 위해. 마치 당신이 스키를 타면서 눈 한 줌을 먹은 것처럼 혀와 입천장에서 맴돌다시피 한다.

레몬 소르베는 당신에게 한 줌의 강렬한 에너지를 안겨 준다. 당신의 몸 전체를 깨울 수 있을 만큼 충분히! 모든 차갑고 날카롭고 쓴맛 속에서 당신은 명백한 달콤함을 감지할 수 있다. 당신의 혈당은 상승하고 그 순간에 경험하고 있을지도 모를 심각한 포만감으로부터 해방된다.

오늘날 설탕이 없는 세상을 상상하기는 어렵다. 만약 당신의 할머니가 태어나지 않았다면 당신의 가족이 어땠을지 상상하는 것만큼이나 불가능하다. 설탕은 디저트뿐만 아니라 대부분의 음식 속에서, 심지어 삶 그 자체에서 우리의 DNA를 구성하는 한 부분으로, 아주 기본적인 맛으로 자리 잡았다.

우리가 '인간'이기 전, 시간의 여명부터 우리는 설탕(당)을 인식하고 그 가치를 매길 수 있는 기재들을 개발하기 시작했다. 그것이 꿀이 되었든 베리류 또는 과일이 되었든 재료에서 달콤한 맛이 난다는 것은 쓴맛의 뿌리로 가득 찬 세상에서 쉽사리 구할 수 있는 칼로리, 즉 영양가로 향하는 드문 지름길을 발견했다는 신호였다.

설탕은 처음에는 지금의 벵갈(Bengal)지역인 부처의 고향 구르(Gur)가 원산지였으며 이 지역만의 독점적 상품으로써 일종의 향신료로 여겨졌다. 투생 사마(Toussaint-Samat)\*가 2,500년 전의 고대 페르시아 문헌을 인용한 "벌의 도움 없이 꿀을 주는 갈대"라는 식물은 호기심의 대상이었다. 후추 등의 다른 향신료와 함께 설탕은 부유하고 힘 있는 사람들을 위한 또 다른 사치품으로써 유럽으로 가는 길을 찾았다.

레몬과 마찬가지로 사탕수수 또한 중세의 아랍 상인들이 유럽으로 가져왔다. 역시 레몬과 마찬가지로 사탕수수 재배는 많은 일조량과 노동집약적인 관리가 필요했기에 적합한 재배 장소를 찾기 어려웠다. 이후 꽤 성공적인 설탕농장이 크레타섬에 여럿 만들어지고 '결정화된 설탕'을 뜻하는 단어인 칸디아(Candia)라는 이름으로 알려졌다. 하지만 여전히 유럽에서 설탕을 재배할 수 있는 적합한 장소는 거의 없다시피 했다. 설탕은 결국 유럽이 지배하는 카나리아 제도(Canary Islands)와 마데이라(Madeira)에서 재배되기는 했지만 널리 보내기엔 충분한 양은 아니었다. 달콤한 맛은 그 단맛이 얼마나 강렬해야 하는지에 따라서 꿀이나 다른

---

\* 프랑스의 역사학자이자 작가. 『먹거리의 역사(Histoire Naturelle et Morale de La Nourriture)』를 썼다.

과일 주스로 대체하여 만족해야만 했다.

이런 상황은 유럽이 아메리카대륙을 정복하면서 바뀌게 되었다. 처음에는 유럽인들에게 아메리카 대륙이 약간의 실망감을 안겨주었다. 약탈할 자원이 있기는 하지만 미국은—콜럼버스가 생각했던 대로—인도가 아니었으며 칠리(chilli)와 올스파이스(allspice)는 후추가 아니었고 엘도라도(El Dorado)*는 신화에 불과했다. 또한 유럽인들이 옮겨 온 질병을 겨우 피해 살아남은 원주민들은 협력하기를 꺼려했다.

물론 유럽인들은 새로운 대륙이라고 믿는 땅을 발견하기는 했으나 이 땅으로 무엇을 해야 할지는 알 수 없었다. 그중 몇몇 지역, 특히 오늘날 브라질인 곳의 해안가와 카리브해 섬들이 사탕수수를 재배하기에 특히 적합하다는 것을 발견하기 전까지는 말이다.

신대륙에서 가져온 설탕이 시장에 나왔을 때 설탕에 대한 굶주림을 채우기는커녕 오히려 더 강렬한 목마름을 불러일으켰다. 미국이 발견되기 전인 중세 후기의 설탕 소비량에 대한 정확한 수치는 없고 아마도 1인당 연간 몇 그램 정도밖에 안 되는 당을 소비했을 것으로 추정된다. 그나마 그중 대부분은 꿀이었을 것이다. 게다가 소비의 대다수는 소수의 엘리트가 차지했을 것이다. 그러나 계속해서 증가하는 공급으로 인해 설탕 소비도 급증했다. 1700년까지 평균 설탕 소비량은 1년에 수 킬로그램에 달했

---

\*     남미에 존재한다고 믿어졌던 '황금의 땅'을 뜻하는 말.

고 계속해서 증가를 기록했다.

브라질과 카리브해의 사탕수수 농장들은 도저히 만족시킬 수 없어 보이는 유럽의 설탕 수요를 충족시키기 위해 노예들을 노동력으로 사용했다. 대서양을 가로질러 끌려온 약 1천200만 명의 노예 중에서 약 90퍼센트가 사탕수수 생산 지역으로 보내졌다. 다양한 노예 보유 국가 간의 경쟁이 그랬듯 노동력의 소비는 그야말로 엄청났다. 투생 사마는 "만약 그것이 수익성이 있는 사업이라면―하지만 극히 노동집약적이라면―그 사업은 임금을 지불할 여유가 없을 것이다."라고 언급했다. 단맛에는 비싼 가격이 붙었다. 노예제도가 마침내 종식된 후 수 세기 동안의 고통 끝에 유럽인들은 그들 자신만의 설탕을 만드는 방법을 찾아냈다. 그것은 사탕무의 도입이었다. 유럽의 온대 지역에서도 재배가 가능하며, 단맛을 가진 비트(beetroot)의 친척뻘인 사탕무의 도입은 설탕의 가격을 낮추었고 낮아진 가격은 사탕무를 재배하는 사람들을 가난에서 벗어날 수 없게 만들었다.

1900년대가 되자 설탕은 매우 저렴해져서 단맛이 필요한 거의 모든 음식과 장소에서 나타나기 시작했다. 스낵, 음료, 디저트뿐만 아니라 입맛을 돋우려는 음식에까지도 설탕이 들어갔다. 단맛에 대한 우리의 타고난 갈망은 잘 익은 과일에서 성난 벌들로부터 빼앗은 벌집에 이르기까지 우리 생존의 열쇠였다. 당연히 우리는 설탕중독에 빠지고 말았다. 미국인은 평균적으로 하루에 200그램 이상의 설탕을 섭취하고 일 년에 거의 80킬로그램을 소비한다. 레몬 소르베 한 움큼으로 내가 지금 느끼고 있는 혈당의 아주 작은 도약은 모든 국가와 종교를 초월해 사람들을 하나로 묶어놓는 높은 수준의 경험인 것이다.

우리가 먹는 것은 신체적으로 그리고 정신적으로도 우리가 누구인지를 바꾸어 놓았다. 음식은 역사의 비밀스러운 원동력이다. 우리가 불을 이용해 처음으로 음식을 구워 먹었을 때부터 이러한 원동력은 우리에게 힘과 에너지를 주었고 집단적 호기심을 자극했다. 먹는 것은 인간의 가장 보편적인 일 중 하나이며 우리를 하나로 묶어주기도 하지만 동시에 친밀하고 사적인, 다른 누구도 접근할 수 없는 세계가 되기도 한다.

삶의 어떤 순간에는 양고기 스튜 냄새가 나를 할머니의 부엌으로 데려갈 수도 있다. 그리움과 친밀감을 품에 안은 채로. 혹은 몸이 아플 때나 마음이 아플 때 마지막으로 어떤 음식을 먹었는지 깨닫기도 전에 무언가를 맛보다가 갑작스레 혐오감을 느낄 수도 있다. 왜 그런지 스스로도 완전히 이해하지도 못한 채. 소르베에 들어간 레몬의 강렬한 맛도 마찬가지다. 입맛을 돋울 뿐만 아니라 가슴도 따끔거리게 만든다.

몇 년 전 우리는 남아프리카 케이프타운에서 한 시간쯤 거리에 있는 과수원과 포도밭에 작은 농장을 꾸린 적이 있었다. 이 프로젝트의 대부분은 터무니없이 야심찬 것이었다. 이 농장에서 키우는 작물은 120가지가 넘는 다른 종류의 토마토, 샐러드 채소와 허브, 50종 이상의 복숭아와 천도복숭아로 이루어져 있었다. 이 작물들 못지않게 중요한 것으로 온갖 종류의 레몬과 귤, 오렌지로 이루어진 시트러스 숲도 있었다.

우리는 이 프로젝트를 위해 웨스턴 케이프(Western Cape) 전역의 상용 농장들로 몇 달 동안 돌아다니며 나무들을 모았다. 또한 700킬로미터 떨어진 포트 엘리자베스(Port Elisabeth)에 있는 감귤연구센터에서 실험용 품종을 구입하기도 했다. 우리가 이 품종들을 받아들이겠다는 스스로의 허가만 필요했을 뿐 그 외에 적확한 물류 작업은 전혀 필요하지 않았다.

우리가 생각하는 성공까지는 아직 먼 길이었다. 오렌지의 작황은 그저 그랬다. 기온이 너무 찼는지 혹은 너무 뜨거웠는지 아니면 적절한 시기에 충분히 덥지 않거나 시원하지 않았을 수도 있었다. 석류는 여전히 작고 시큼했다. 그리고 허브 정원에서는 빠르게 성장하는 민트 품종들과 다른 모든 허브들 사이에 끊임없는 전쟁이 있었고 민트가 이 전쟁에서 이기는 것을 막기는 어려웠다. 하지만 패배보다 승리가 더 중요했다.

나는 이때까지는 식재료에 그렇게 가까이 가본 적이 없었다. 나는 매일 바구니를 들고다니며 무작위로 선택한 토마토를 수확했다. 어떤 것들은 작고, 어떤 것들은 크고, 어떤 것들은 빨간색, 또 다른 것들은 줄무늬이거나 노란색, 갈색 그리고 흰색인 것도 있었다. 나는 이 다양한 토마토들로 매일 거의 똑같은 토마토 샐러드를 만들었다. 샐러드는 매일 맛이 달랐다. 한 입 먹을 때마다 고유한 맛의 뉘앙스가 있었고 각 토마토의 맛은 이전에 먹어 본 어떤 토마토보다 더 토마토 맛이 났다.

레몬도 마찬가지였다. 그저 놀라울 따름이었다. 어떤 것들은 작고 거의 완벽하게 동그란 모양에 과즙이 가득해 아주 부드럽고 기분 좋은 맛이 났다. 마치 누군가가 그들에게 노래를 불러주고 저항하는 쓴맛을 부드럽게 만든 것처럼. 또 다른 레몬들은 작은 멜론만큼이나 컸고 신맛이 너무 강해 얼굴을 찡그리지 않을 수 없었지만 동시에 저항할 수 없는 어떤 맛을 내었다.

자, 한 번만 더 맛을 볼까요. 어엇! 시다! 오 맛있어! 아우 시큼해! 하지만 또 어떤 것들은 칼로 자르는 듯한 느낌의 산이 주는 깔끔함과 날카로움을 가지고 있었다. 가장 이상하고 멋진 것은ㅡ최고 품질은 아닐지라도ㅡ'부처의 손(Buddha's hand)'이었다. 이 중 일부는 열매의 길이만큼이나 뻗어나가 깊은 고랑을 지닌 채 마치 주먹을 불끈 쥐고 있는 것처럼 보이기도 했다. 가장 멋진 모양으로는 뻗어 나간 손가락이 열 두어 개 정도가 되는 것이었는데 실제로 손이라기보다는 문어에 가까워 보였다. 그리고 내가 보았던 어떤 레몬보다 더 풍성하고 진한 향을 풍겼다.

나는 이 작은 숲을 거닐며 레몬꽃 향기를 맡고 부처님의 손을 꼭 잡아 향이 배어 나오게 하면서 각 나무에서 열매 따는 것을 좋아했다. 서로 다른 레몬에서 나온 과즙은 레몬네이드로, 소르베로 또는 그라니타로 만들곤 했다.

어쩌면 다양한 맛으로 가득한 '에덴동산'을 만들기 위한 시도였으리라. 그러나 여러 가지 이유로 농장은 지속할 수 없었다. 이 '동산'은 무척 손이 많이 가야하기 때문에 일단 작업을 시작하면 온종일 해야 하는 일이 되기가 십상이었다. 또한 많은 종류를 조금씩 다 가지고 있지만 전체 양이 많지 않기 때문에 소득을 창출할 가능성이 매우 미미했다. 사실 수요가 있긴 했다. 레스토랑으로 식사를 하러 나가는 김에 과일과 채소가 담긴 상자를 들고 가면 저녁 식사와 함께 주방장으로부터 정기적인 배달을 원한다는 메시지를 받을 때도 많았다. 그러나 나는 레몬과 토마토를 배달하기 위해 매일 몇 시간이나 소비할 수는 없었다. 이를 통해 수익을 거두거나 비용을 충당할 수 있는 다른 방법 역시 발견하지 못했다.

우리는 점차 채소를 포기해 나갔고 몇 년 후에는 복숭아나무와 천도복숭아나무를 뿌리째 뽑아내기까지 했다. 나는 아직도 가끔 내가 고른 레몬이 특히 예쁜 모양이거나 자연스럽게 생긴 작은 점과 가공되지 않은 모양을 가지고 있다면 우리가 키웠던 레몬 맛이 날 것이라고 기대한다. 하지만 거의 대부분은 실망으로 마무리된다. 시중에서 구할 수 있는 보통의 레몬은 레몬의 그림자 같은 맛이 난다. 노란색으로 포장된 식초 같다.

하지만 아말피에서 생산된 레몬으로 만들어진 진짜 레몬 소르베 sorbetto di limone 에서는 웨스턴 케이프 농장의 그 레몬과 비슷한 맛이 난다. 소르베를 정말 잘 만든다면 ― 가지에서 익은 레몬과 함께 껍질이나 심지어 꽃에서 나온 향을 사용하여 ― 그것은 레몬의 완전한 맛이 된다. 남아프리카에서의 내 레몬과 토마토가 이탈리아에 있는 것만큼 맛있었다는 것이 자랑스러웠다.

지금 나는 여기 이탈리아에 앉아서 내가 만들었던 레몬 소르베의 얼음처럼 차가웠던, 기분 좋은 자극을 즐기고 있다. 눈을 감고 내가 기억해 낼 수 있는 만큼, 완전히 잃어버리지 않은 무언가의 맛을 즐기면서 그때 그 정원에 서 있다고 상상해본다.

레스토랑은 폐쇄적인 세상이다. 손님인 우리는 완전히 무력하다. 물론 선택은 가능하며 때로는 여러 페이지에 걸쳐 있는 옵션들이 있다. 하지만 우리는 선택할 수는 있어도 음식이 준비되는 방식과 어떤 맛이 날지에 영향을 미칠 수는 없다. 또는 음식이 우리에게 어떤 작용을 할 것인지에 대해서도 영향을 미치지 못한다. 좋은 레스토랑에서 식사하는 것은 누군가에게 애무를 받는 것과 다르지 않다. 이것은—지금의 내가 느끼듯—당신의 몸과 영혼에 깊이 녹아들어가는 편안함을 선사한다. 나는 이곳에 앉아 마지막으로 약간 녹아있는 달콤하고 쓴 레몬 한 방울을 홀짝홀짝 음미하면서 행복을 연상시키는 무언가를 느낀다.

식사값을 지불하고 로마의 밤거리로 나섰다. 캄포 데 피오리 *Campo de' Fiori*는 분수와 조르다노 브루노(Giordano Bruno) 동상 주변에 모인 사람들로 가득 차 있다. 근처에 있는 바(bar)들은 기진맥진해 보인다. 내가 머무는 아파트는 몇 미터 거리에 있지만 숙소로 가는 대신 줄리아거리*Via Giulia*\*를 거닐며 시내를 돌아다니기로 결정했다.

이 주변에서는 도시의 냄새와 경쟁하듯 장식용 레몬 냄비들이 놓여 있는 우아한 마당들을 들여다볼 수 있다. 또한, 작년에 문을 닫은 세련된 해산물 식당인 '아쑨타 마드레*Assunta Madre*'를 지

---

\*    역사적, 건축학적 중요성을 지닌 로마거리의 이름.

난다. 경찰은 'Assunta Madre'가 도시의 많은 장소와 마찬가지로 마피아 소유였고, 주인인 쟌니 미칼루시(Gianni Micalusi)와 그의 아들들이 감옥살이를 한 이유가 과거에 자금 세탁과 마피아에 협조한 혐의일 것으로 의심했다. 그럼에도 불구하고 경찰은 로버트 드 니로, 엘튼 존, 조르지오 아르마니와 같은 유명인들과 함께 찍은 주인의 사진이 벽을 장식하고 있는 이 식당의 영업을 그대로 지켜보았었다.

1980년대 말에서 1990년대 초가 되자 당국이 마침내 마피아를 소탕하고 있다는 징후들이 보이기 시작했다. 죠반니 팔코네(Giovanni Falcone)와 파올로 보르셀리노(Paolo Borsellino) 같은 치안판사들로 구성된 수사팀은 광범위한 권한을 부여받았다. 이로 인해 몇몇 마피아 지도자가 투옥되고 유죄 판결을 받았다.

1992년 1월, 19명의 마피아 지도자를 포함한 338명의 마피아가 총 2,665년의 징역형을 선고받기도 했다. 이 판결은 '세계 최대의 재판'이라고 여겨지며, 마피아의 존재를 법체계가 인정한 최초의 사례이기도 했다. 사실 당시까지는 마피아의 존재를 아예 부인하는 것이 정상적이었다. 하지만 마피아의 보복은 조직이 건재하며 양복을 입은 마피아 사냥꾼들에 의해 절대로 저지되지 않을 것이라는 의지를 보여주었다.

재판 직후인 1992년 5월 죠반니 팔코네는 암살당했다. 그의 가장 가까운 동료인 파올로 보르셀리노는 이 사건 후 '고위 관리들과 정치인들이 팔코네와 자신이 하는 일에 반대했을 뿐 아니라 팔코네의 죽음에 직간접적으로 책임이 있는 네트워크의 일부'라는 것을 내무부에 보고하기 위해 로마로 갔다. 그가 로마에 머무는 동안 보르셀리노는 *라 카르보나라*에서 저녁 식사를 했다.

"마피아는 실제로 보르셀리노가 우리 레스토랑에서 식사하는 동안에 여기서 그를 죽일 계획이었어요."라고 *라 카르보나라*의 바깥주인인 다리오가 다른 이야기 도중에 말한 적이 있었다. "하지만 그들은 그러지 않기로 결정했죠. 로마는 지독히 복잡하죠. 특히 이곳은 더 그렇고요. 수많은 골목과 수많은 사람이 있어서 범행 후 바로 탈출하기가 너무 어렵다고 생각한 모양이에요." 이틀 후 보르셀리노는 팔레르모 외곽에 있는 그의 어머니 집 밖에서 차량 폭탄에 의해 살해되었다.

마피아와의 마지막 전투는 1994년 실비오 베를루스코니(Silvio Berlusconi)가 총리로 선출되면서 끝이 났다. 즉, 지하세계와 사회 고위층 사이에 새로운 협력 시대라 여겨지는 날이 찾아온 것이다. 나는 솔직히 잘 모르겠다. 팔코네와 보르셀리노가 그들의 '작업'을 시작했을 때보다 지금 마피아의 시대가 조금 더 나빠졌는지 아니면 조금 더 나아졌는지에 대한 논쟁은 여전히 계속되고 있다.

지금 나는 동그란 구 모양의 음식을 제공하는 현대적인 미슐랭 스타 레스토랑이 입주해 있고 과거에는 발렌티나가 운영하던 '일 드랍포*Il Drappo*'가 있던 곳인 비콜로 델 말파소*Vicolo del Malpasso*를 지난다. 비토리오 에마누엘레 2세 거리*Corso Vittorio Emanuele II*와 델 오롤로지오 광장*Piazza dell'Orologio* 건너 레스토랑과 바가 있는 좁은 옆길인 비콜로 델 아빌라*Vicolo dell'Avila*로 들어가 도시를 가로지른다. 길을 따라, 골목길을 따라, 거대한 식사로부터 벗어나 걸음을 옮긴다. 내일 아침에 일어나 짐을 꾸려 집으로, 진짜 집으로, 내가 그리워하는 모든 사람에게로 뿐만 아니라 로마가 아닌 평범한 곳에 있는 나의 모습으로 돌아갈 것이다.

지금 산책에는 목적이 없다. 나는 아무 데도 가지 않는다. 하지만 내 몸은 내가 어디로 향하고 있는지 분명히 알고 있다. 마침내 데이 코로나리*dei Coronari* 거리로 방향을 돌리자 내게 무슨 일이 일어났는지 이해했다. 그것은 바로 소르베였다. 문득 젤라테리아 델 테아트로*Gelateria del Teatro* 밖에 서 있는 나를 발견했고 이 가게가 아직 문을 닫지 않았다는 것을 알게 되어 너무 기뻤다. 직원 중 한 명이 저녁 장사를 위해 벤치를 닦고 있었고 끝물인 손님들은 선택의 부담에 압도되어 우유부단하게 계산대 앞에 서 있다.

라벤더와 리코타 치즈, 로즈메리와 꿀… 아마 다른 맛이 백 가지는 되는 듯하다. 제아무리 보수적인 입맛을 가지고 있더라도 선택은 거의 불가능하다. 초콜릿을 원한다면 초콜릿 퐁당(fondant), 초콜릿 소르베, 페루나 말라가시(Malagasy)에서 생산된 코코아가 들어간 초콜릿, 스트라치아텔라*stracciatella*\* 또는 바질이 들

---

\*   이탈리아 젤라토 중 인기 메뉴이다. 우유(탈지우유, 멸균우유, 파우더밀크 사용 불가), 생크림, 설탕, 다크초콜릿으로 만드는 아이스크림이다. 우윳빛 아이스크림에 작게 조각난 초콜릿이 섞여 있다. 이 아이스크림은 이탈리아 롬바르디아(Lombardia)주의 베르가모(Bergamo) 지역에서 1960년대에 만들어진 것으로 알려져 있다.

어간 화이트 초콜릿 중 하나를 선택해야 한다.

그렇다. 이곳은 당신이 아이스크림 예술을 가장 가까이에서 접할 수 있는 곳이다. 레드 와인과 초콜릿, 라즈베리와 세이지, 잼과 소금 그리고 마스카르포네 치즈와 같이 이상하거나 어울리지 않는 것처럼 들리는 조합도 작은 깨달음이 된다. 하지만 모든 일에는 시간이 존재한다. 하나의 시간은 새로운 것을 시도하기 위한 것, 다른 하나는 친숙한 것을 즐기기 위한 시간이다. 나는 레몬 소르베*sorbetto di limone* 한 스쿱을 더 샀다. 레몬의 쌉싸름한 맛과 그리움이 나를 따라 밤으로 들어간다.

# 참고자료의 출처와 그 뒷이야기

이 책을 쓰는 동안 활용한 자료들을 나열하는 시점에 이르렀다. 강조하고 싶은 점은 집에서, 나의 일상에서 또한 특별한 행사 때 음식을 먹으며 얻은 배움과 경험이다. 그리고 세상 여러 곳을 여행하며 경험으로 얻은 것들이야말로 당신이 지금 읽고 있는 이 책의 이면에 있는 연구의 가장 주요 부분을 차지한다는 것이다. 책을 쓰기 시작한 가장 중요한 출발점은 내가 지금까지 먹어 온 약 5만 끼 이상의 식사에 대한 경험이었다. 따라서 모든 식사, 음식을 통한 지식 전달, 함께 식사하기, 직접 만들어 보기, 다른 사람들의 요리를 보고 경험하기, 식재료 직접 키우기와 재료 생산의 다른 과정들과 관계 맺기 등은 해당 자료 목록에서는 가장 크게 누락된 부분일 것이다. 무언가를 먹는 경험 자체가 가장 중요했고 그 경험이 없었다면 이 책도 없었을 것이다.

글을 쓰기 위한 배경 작업의 또 다른 부분은 나에게 글을 쓰는 방향을 잡아주고 어떤 경우엔 방향을 틀어주며 영감을 준 읽기 자료에 관한 것이다. 책에 대한 주요 아이디어는 나의 것이다: 나는 특정 장소에 대해 그리고 온 세상에 대해서도 더 큰 이야기를 들려주고 싶었다. 그럼에도 불구하고 이와 비슷한 방식으로 식품의 역사와 세계의 역사를 결합해 이야기를 들려주는 여러 다른 사람들에게서 받은 영감을 부정할 수는 없다. 사실 이 책의 정보와 많은 사례 연구는 내가 읽은 책에서 가져온 것인데 대부분이 다음 목록의 개요에서 언급된다.

관심 있는 독자들이 개요들을 살펴본다면 책의 본문에서 피상적으로 다룬 부분에 대한 내용을 더 깊이 있게 볼 수 있다. 나는 다음 목록에서 기본적으로 음식을 주요한 주제로 다루는 책과 음식 외의 주제에 대한 책을 구분하기로 선택했다. 또한 책의 본문에 각주를 사용하지 않은 점은 학술적인 독자들에게는 좀 성가시게 여겨질 수 있지만 특정 책의 추론을 인용하거나 관련시킬 때에는 본문에서 그 출처를 언급했다.

(한국어 독자를 위한 책에는 내용 이해를 도울 수 있는 각주가 본문에 포함되어 있으나 애초의 원서에는 각주가 없었음을 밝혀둔다.)


책의 한 켠을 빌려 'La Carbonara'의 Anne Luziette, Maria Trancassini와 Dario Martelli, 'La Campana'의 Paolo Trancassini, 'Checchino dal 1887'의 Francesco Mariani에게 감사의 인사를 전한다. 또한 책의 컨설턴트로서 중요한 조언과 피드백을 주신 오슬로대학교 고고학, 보존, 역사학과의 Knut Ødegård 부교수님; 다년간 친구이자 로마 가이드로 지내오며 원고를 읽어준 Simen Erken, 접할 수 없었던 자료들을 찾도록 도와주신 'Museo dell'Ara Pacis'의 Orietta Rossini; 많은 영감과 우정을 나누어준 Henry Notaker; 로마를 새로운 시각으로 보게 해준 Vibeke Viestad; 그리고 Kagge Forlag의 Maiken Fotland와 그녀의 동료들의 지칠줄 모르는 노력 덕분에 본문이 많이 개선되었다는 점도 밝힌다. 당신이 발견한 오류가 있다면 그것은 전적으로 나의 책임이다.

## 음식의 역사와 재료에 대한 참고문헌

- ***The Oxford Companion to Food***, Alan Davidson, Oxford University Press, Oxford, 2014 (3rd ed.)

  Alan Davidson의 『The Oxford Companion to Food』는 의심할 여지없이 음식에 관한 가장 중요한 참고서적이다. 음식에 대한 주제는 종종 신화와 유사 신화로 둘러싸여 있고 책은 이에 대한 멋진 이야기들과 가십거리를 다시 들려줄 만큼 관대하다. 그러나 그는 땅돼지*에서 애호박(Zucchini)에 이르기까지 모든 식재료에 대한 철저하면서 사실에 기반한 리뷰를 이 책에서 보여준다. 또한 카르보나라(carbonara)의 기원에 대한 대안적인 이야기를 제시한 작가 중 한 명이다. 내가 무언가에 대해 궁금해하거나 서로 상충되는 정보를 다루고 있다면 살펴볼 수 있는 책으로 읽기 쉽고, 재미있으며 나름의 권위를 가지고 있다. 또한 『The Penguin Companion to Food』라는 같은 텍스트가 포함된 저렴한 가격의 버전도 있다.

- ***Empires of Food***, Evan Fraser and Andrew Rimas, Counterpoint, Berkeley, CA, 2012
- ***Beef***, Evan Fraser and Andrew Rimas, William Morrow, New York, 2008

---

\* **Aardvark**. 아프리카 남부에 살며 기다란 혀로 개미를 핥아먹는 동물.

Evan D.G. Fraser와 Andrew Rimas의 『Empires of Food』는 인간의 활동범위와 범위확장을 기반으로 하는 다양한 "food empire"에 대한 이야기를 다룬다. 이중 하나는 밀에 대한 의존이 로마제국의 발전에 얼마나 중요한 역할을 했는지에 대한 이야기의 출처였다. 반복되는 주제는 다른 제국과 마찬가지로 '음식 제국'이 어떻게 성장하고 붕괴되어 가는지에 관해서이다. 또한 인구 과잉, 집약적인 농업 기술 및 지구 온난화로 인해 위협을 받고 있다고 여겨지는 우리의 음식 제국과 이전의 음식 제국 사이의 유사점을 제시한다. Fraser와 Rimas의 첫 번째 책인 『Beef』에서 '우유, 고기, 근육이 어떻게 세상을 형성하는지에 대한 이야기' 부분은 개인적으로도 그렇고 특히 내 책의 고기(Carne · Meat) 챕터에서도 유용하게 쓰였다. 이 책은 인간과 소의 관계, 우리가 소를 어떻게 길들여왔는지, 또한 소들이 어떻게 식재료로 그리고 귀중한 일을 하는 동물로 이용되었는지, 그리고 오늘날의 산업 농업의 결과로 현대 농업이 어떻게 동물을 더 변화시켰는지에 관한 내용을 다룬다.

- *A Culinary History of Food,* Jean-Louis Flandrin and Massimo Montanari (editors), Columbia University Press, New York, 1999
- *Arranging the Meal: A History of Table Service in France,* Jean-Louis Flandrin, University of California Press, Berkeley, 2007
- "*Le Goût et la nécessité: sur l'usage des graisses dans les cuisines d'Europe occidentale,*" Jean-Louis Flandrin, Annals No. 2, Armand Collin, Paris, 1983

Jean-Louis Flandrin와 Massimo Montanari가 편집한 『A Culinary History of Food』는 유럽 요리에 대한 다양한 기여자들과 기여요인을 모아 놓은 문집으로 무엇보다도 지난 2,000년간의 이탈리아와 프랑스 요리를 다룬 점이 주요했다. 초기의 음식 역사와 로마의 고전 시대에 대한 부분은 특히 더 유용했다. 그리고 여러 글 중 특히 Florence Dupont의 "The

Grammar of Roman Cooking"을 강조하고 싶었다. 이 책의 편집자 중 한 명인 프랑스 역사가 Flandrin은 사순절(Lent) 동안의 교황과 버터의 관계가 종교 개혁(Reformation)에 기여했고 가톨릭 국가와 개신교 국가 사이의 국경이 각각 올리브 오일을 먹는 사람과 버터를 먹는 사람 사이의 국경과 같다는 가설의 배후에 있는 연구자이다. 이 가설은 2007년 출판된 그의 저서 『Arranging the Meal: A History of Table Service in France』에 언급되어 있는데 내가 판단할 수 있는 바로는 그가 1983년에 〈Annales〉 저널에 실은 〈Le Goût et la nécessité: sur'usage des graiss dans les cuis d'Europe occidentale〉라는 기고에서 처음으로 설명했던 것으로 보인다. 이 규칙에 대한 명백한 예외인 프랑스도 자세히 논의되었다는 점에 주목할 필요가 있을 것이다. 프랑스에서의 '버터 봉기(butter uprising)'는 루터(Luther)가 종교개혁을 일으키기 몇 십 년 전에 이미 일어난 적이 있었다. 이 봉기는 브르타뉴의 앤(Ann of Brittany)이 1491년 프랑스 왕(샤를 8세)과 결혼했을 때 국민들이 단식일 동안 버터를 먹도록 만들기 위해 인구의 대다수를 면죄시키는 협상으로 끝난 봉기였다.


- *In the Devil's Garden*, Stewart Lee Allen, Ballantine Books, New York, 2003
- *The Devil's Cup: A History of the World According to Coffee*, Stewart Lee Allen, Soho Press, New York, 1999

Stewart Lee Allen은 매우 유익하고 사변(思辨)적인 그의 책 『In the Devil's Garden』에서 음식을 풍자적인 시선으로 바라본다. Allen은 일곱 가지 치명적인 죄악*을 출발점으로 삼고 로마의 사치, 기근, 종교 전쟁을 탐구한다. 나에게는 빵을 둘러싼 성찬 투쟁에 대한 그의 묘사가 특히

* 기독교에서 규정하는 죄의 근원이면서 동시에 죄인 7가지 죄악. 죄종은 교만, 인색, 질투, 분노, 색욕, 탐욕, 나태이다.

흥미로웠던 부분이었다. 또한 커피에 관한 그의 책 『The Devil's Cup: A History of the World According to Coffee』에서 알렌은 커피의 등장과 함께 생겨난 18세기 런던과 파리의 커피 하우스에서 시작되었던 서양 계몽문화의 기초가 어떻게 마련되었는지를 보여주려고 노력한다.

- *An Edible History of Humanity,* Tom Standage, Walker Publishing, New York, 2008
- *A History of the World in 6 Glasses,* Tom Standage, Walker Publishing, New York, 2005

Tom Standage가 쓴 『An Edible History of Humanity』는 내가 보기엔 가장 잘 만들어진 음식의 역사에 대한 대중적인 과학책 중 하나이다. 역사를 통틀어 원동력으로써의 음식의 역할에 관한 이야기를 담고 있다. 매우 흥미롭게 잘 만들어진 책이며 Standage가 묘사한 "문명을 만든 기반으로써의 식량"에 관한 이야기를 따라가보면 농업의 도입부터 사회 구조의 확립, 무역, 산업화, 전쟁 및 인구 증가에 관한 음식의 역할까지 다양한 부분을 다루고 있다. Standage는 현재 〈The Economist〉의 편집위원회에서 활동 중이며 세상의 진보를 경제학자적 관점에서 다루고 있다; 일종의 비마르크스적인 유물론적 세계관을 가진 진보주의자라고 할 수 있다.

Standage는 읽을 만한 가치가 있는 또 다른 책인 다양한 음료들이 세계 역사에 어떤 영향을 미쳤는지에 대해 쓴 『A History of the World in Six Glass』의 저자이기도 하다. 이 책에서 그는 세계 역사를 각 시대마다 지배적이었던 음료를 기초로 하여 새로운 단계로 나누어 기술했다. 맥주는 그의 목록 중 첫 번째이다. 맥주는 아마도 곡물이 스스로 발효되었을 때 우연히 발견되었을 것이라 말한다. 다음으로 고대의 와인에 대해 언급하며 이후 대서양을 횡단하는 노예무역 시기의 중요한 음료로 증류주를, 계몽주의 시대의 커피를, 그리고 제국주의를 풍미했던 차와 우리가 지금 세계적인 미국 자본주의의 시대에 살고 있다는 증거인 코카콜라의 시대까지 다룬다.

- *It Must've Been Something I Ate*, Jeffrey Steingarten, Knopf, New York, 2002
- *The Man Who Ate Everything*, Jeffrey Steingarten, Knopf, New York, 1998

오랫동안 음식을 주제로 다루는 작가로서 나에게 영감을 준 사람 중 하나는 〈Vogue〉의 Jeffrey Steingarten인데 그는 음식을 먹지 않는 사람들에 대해 쓰는 작가라는 놀라운 일을 하고 있다. 뿐만 아니라 내가 아는 가장 박식하고 재미있는 작가 중 한 명이기도 하다. 나의 좋은 친구이기도 하면서. 소금(Sale · Salt) 챕터에서 내가 언급한 소금 시식 워크숍을 주선한 사람이 Jeffrey였고 이 시식에 관한 그의 글은 다른 나의 기고들 중 하나에서도 간략하게 언급한 그의 책 『It Must've Been Something I Ate』에 실려 있다. 또한 그가 1998년 출판한 『The Man Who Ate Everything』은 내가 음식과 그 정보에 빠져 있는 사람들이 읽도록 권장하는 고전이기도 하다. 무엇보다도 이 책은 파스타의 기원에 대한 흥미로운 논의를 포함하고 있는데 이 부분은 내 책의 파스타(Pasta) 챕터에 활용한 내용이기도 하다.

- *Food in History*, Reay Tannahill, Three Rivers Press, New York, 1988

Reay Tannahill의 『Food in History』는 1973년에 처음 출간되었는데 인류 이전의 기원에서부터 현대에 이르기까지 식품의 완전한 역사를 추적한 최초의 책이라 여겨진다. 작가는 이 책이 최초라는 점을 의식하여 백과사전적 시도를 하고 있으며 아마 출간 당시에는 독자들이 이러한 시도에 부합하여 읽었을 것이 확실하다. 나는 빵에 대한 섹션과 동물의 가축화에 관한 부분을 흥미롭게 읽었으며 특히 불에 관한 섹션이 내가 이야기했던 바로 그 최초의 인간에 대한 이야기를 강조하는데 도움을 주었다. 물론 해당 내용에 완전히 동의하는 것은 아니지만.

- ***A History of Food***, Maguelonne Toussaint-Samat, Blackwell Publishers, Oxford, 1992

    Maguelonne Toussaint-Samat의 『A History of Food』(1987년 프랑스어판 『Histoire naturel et morague de nurruture』)는 800페이지 분량의 책으로 Davidson의 책을 제외하고는 지난 20년 동안 내가 가장 좋아하는 참고 문헌이었다. 이 책은 연대순으로 읽을 수도 있고 참고용으로도 읽을 수도 있다. 문명과 역사를 통틀어 음식과 인간의 관계에 대한 위대한 이야기를 들려주고 내가 주로 그렇게 해왔듯 다른 독자들 또한 올리브 재배라든가 향신료 무역과 같은 다양한 개별 주제의 출처로 읽는다. 사실 프랑스 책에서 늘 반복되는 주제는 프랑스 예술가들에게 영감을 받아 어떻게 여러 가지 다양한 음식들이 마침내 프랑스 식탁에 올랐는지에 대한 것이다. 따라서 당신은 이 책에서 언급하고자 하는 우주의 중심이 어디인지 의심의 여지 없이 찾을 수 있을 것이다.

## 이탈리아 요리에 대한 참고문헌

- *Delizia!*, John Dickie, Scepter, London, 2008
- *Cosa Nostra*, John Dickie, Macmillan, London, 2004

John Dickie의 『Delizia!』는 때때로 크게 웃을 수 있을 만큼 재미있는 책이다. 이탈리아 음식과 이탈리아 사람들과의 관계에 대한 내용을 담고 있다. 이 책의 주요 주장 중 하나는 이탈리아인들이 자신들의 거의 모든 음식이 시골에 뿌리를 두고 있다고 말하지만 사실 그들의 음식은 도시의 창조물이었다는 점이다. Dickie는 또한 파스타의 기원, 르네상스 시대의 음식에 대한 이야기, 그리고 빛을 처음 본 피자가 왜 역겨웠는지에 대한 흥미로운 이야기를 들려준다. Dickie는 그 외에도 코사 노스트라(Cosa Nostra)*와 마피아에 대한 책으로 많이 알려져 있는데 그중 『Cosa Nostra』라는 책에서 흥미로운 이야기들을 들려준다. 이 책에서 그는 또한 마피아의 출현과 레몬 수출 무역 사이의 연관성에 대한 설명을 들려주는데 나는 레몬(Limone · Lemon)챕터에서 해당 내용에 대해 언급했다.

* 이탈리아에서 '마피아'는 단일한 조직은 아니며, 범죄단체를 부르는 일반 명사가 되었다. 여러 개의 마피아 조직이 있는데 시칠리아를 본거지로 활동한 마피아를 '코사 노스트라(Cosa Nostra)'라고 하며 '우리들의 것'이라는 의미이다. 코사 노스트라는 제2차 세계대전 후 미국으로 건너가 활동한 미국 마피아의 뿌리이다. 영화 '대부(God Father)'에 나오는 마피아가 코사 노스트라이다.

- *The Food of Italy*, Waverly Root, Atheneum, New York, 1971

  Waverly Root의 『The Food of Italy』는 이탈리아 음식에 대해 소개하는 책이며 정말 잘 만들어진 양서라 할 수 있다. Root는 언론인이자 미국 여러 신문의 오랜 유럽 특파원이었으며 음식 애호가였다. 그는 음식에 대한 '이야기'를 조사한 최초의 사람들 중 한 명이었고 한 나라를 설명하는 데 있어 '음식'을 조각, 회화, 정치 등과 나란히 할 수 있는 위치에 올려놓기도 했다. 음식 역사가로서의 그가 세상에 내어 놓은 첫 작품은 1958년 출간된 『The food of France』였다. 『The Food of Italy』에서 그는 이탈리아의 여러 지역과 그 요리를 살펴보면서 외세 침략의 물결이 이탈리아 음식에 얼마나 영향을 미쳤는지 보여주며 에트루리아인(Etruscans)[*]과 사라센인(Saracens)[**]의 영향을 살펴 볼 수 있다. 개인적인 생각으로는 Root가 음식이 역사에 영향을 끼친 방식에 대해서는 많은 언급을 하고 있진 않으나 그의 책은 충분히 재미있고 지혜롭다.

- *How Italian Food Conquered the World*, John F. Mariani, Palgrave Macmillan, New York, 2011

  John F. Mariani의 『How Italian Food Conquered the World』는 이탈리아 음식이 어떻게 만들어졌는지에 관한 흥미로운 내용을 담고 있는 책이다. 특히 초점을 맞추고 있는 부분은 이탈리아계 미국인 이민자들이 이탈리아 음식에 대한 세계적인 '이해'를 어떻게 끌어냈는지에 대한 이야기이다.

---

[*] 이탈리아 중부를 일컫는 옛 지명이 Etruria이며 그 사람들을 뜻하는 말.
[**] 중세의 유럽인들이 서아시아의 이슬람교도들을 지칭했던 말.

## 식재료와 요리 그리고 식품에 관한 참고문헌

- ***Six Thousand Years of Bread: Its Holy and Unholy History***, H.E. Jacob, Doubleday, Garden City, 1944

  H.E. Jacob의 『Six Thousand Years of Bread: Its Holy and Unholy History』는 레반트(Levant)*에서 유래한 빵의 역사를 따라가는 초기의 음식 역사 책 중 하나이다. 베를린의 유서있는 유대인 가문 출신인 Jacob은 Dachau와 Buchenwald의 강제수용소로 보내졌었다. 1939년 그는 가족들에 의해서 Buchenwald 수용소에서 구출되고 난 후 미국으로 갔다. Jacob의 이야기 중 동료 죄수들과 톱밥으로 빵을 만든 일화는 내 책에 나오는 내용과 직접적인 관련은 없지만 음식에 대한 이야기에 한층 더 불편할 수도 있는 생각을 자극하는 견해를 부여한다는 점에서 주목할 필요가 있었다.

- ***Butter: A Rich History***, Elaine Khosrova, Algonquin Books, Chapel Hill, 2016

  Elaine Khosrova의 책, 『Butter: A Rich History』는 주방에서의 버터 사용법뿐만 아니라 버터의 문화적이고 일반적인 역사에 대한 영감을 주는 책이다. 내 책에서는 버터와의 관계가 반복되는 오일(Olio · Oil)챕터에서 유용하게 활용하였다.

\*     일반적으로 시리아·요르단·레바논 등 중동 일부 지역을 가리키는 지리적 용어

- *Salt: A World History*, Mark Kurlansky, Walker Publishing, New York, 2002

  Mark Kurlansky의 『Salt: A World History』는 인류가 계속해왔던 소금에 대한 지속적인 의존에 대한 이야기이다. Kurlansky는 특이한 관점에서 세상을 바라보며 종종 특정한 음식에 집중하여 역사의 미시적 접근에 대한 대표적인 작가라 할 수 있다. 작가로서의 그의 시작점은 대구(cod)에 관한 책이었고 그는 굴과 우유 등에 관한 후속작도 내어 놓았다.


- *Where Flavor Was Born: Recipes and Culinary Travels Along the Indian Ocean Spice Route*, Andreas Viestad, Chronicle Books, San Francisco, 2007

  향신료는 오랫동안 나를 매료시켜왔고 내가 쓴 책인 『Where Flavor Was Born: Recipes and Culinary Travels Along the Indian Ocean Spice Route』에서 향신료의 역사를 살펴보면서 요리에 대한 여행을 시작하려고 시도했었다. 향신료에 대해 언급한 챕터는 부분적으로 이 작업에 기반을 두고 있다.


- *A Short History of Drunkenness*, Mark Forsyth, Three Rivers Press, London, 2017

  술에 관한 책이라면 Mark Forsyth의 『A Short History of Drunkenness』를 능가하는 책을 찾기란 정말 쉽지 않다. 이 책은 마치 세 번째 잔을 기울이는 어느 순간에 쓰여진 것처럼 '구불구불'한 문체를 가지고 있으며 때로는 역사책이라기 보다는 음주에 대한 방어기재임을 공언하기도 한다. 하지만 격식에 얽매이지 않는 문체임에도 불구하고 광범위한 출처를 사용하여 모든 역사에는 술이 존재했으며 또한 술은 우리의 안녕과 문명 모두에 매우 중요한 존재라고 주장한다.

- *Drink: A Cultural History of Alcohol by Iain Gately*, Avery, New York, 2009

    Iain Gately의 『Drink: A Cultural History of Alcohol』는 술의 역사를 보다 냉철하게 표현한 내용을 담고 있지만 Forsyth와 마찬가지로 발효된 알코올 음료가 사람들이 여가시간에 즐기는 어떤 것 이상이며 "서양 문화의 근본적인 부분"이라는 것을 보여주려고 노력한다.

- *Bottles and Battles*, Bjørn Qviller, Hermes Academic Publishing, Oslo, 2004

    내가 오슬로대학에서 공부하던 시절 역사학자 Bjørn Qviller 교수는 주로 술에 관한 일화에 관심있어 하는 학생들을 즐겁게 해주었으며 학교 근처 술집의 터줏대감 같은 분이었다. 나중에 내가 Qviller 교수를 강사로 초빙했을 때 다루는 주제는 거의 같았고 몇 년 후 그는 자신의 주요 작품인 『Bottles and Battles』을 발표했다. 이 책에서 그는 음주가 불필요한 사치로 종종 비난을 받아왔지만 고대 그리스에서는 술이 삶의 중심이었다는 것을 보여준다.

- *Inventing Wine*, Paul Lukacs, Noron, New York, 2012

    문학을 가르치는 교수인 Paul Lukacs는 『Inventing Wine』에서 8,000년이 넘는 와인의 역사와 각 시기에 일어난 와인에 대한 많은 변화들을 통찰한다. 나에게 이 책은 와인이 어떻게 유래되었는지 그리고 고대에 어떻게 이용되었는지에 대한 제시가 특히 유용했다.

- *Dangerous Tastes: The Story of Spices*, Andrew Dalby, University of California Press, Berkeley, 2000

  Andrew Dalby의 『Dangerous Tastes: The Story of Spices』는 제목 그대로 향신료에 대한 이야기다. 이 책은 해당 주제에 대한 유용한 소개서였으며 초기의 역사적 사료에 대한 재미있는 일화와 재현뿐만 아니라 많은 역사적 배경들을 보여주기도 했다.


- *The Scents of Eden: A History of the Spice Trade*, Charles Corn, Kodansha America, New York, 1998

  Charles Corn의 『The Scents of Eden: A History of the Spice Trade』는 오늘날 인도네시아의 "스파이스 제도(Spice Islands)" 또는 "몰루카스(Moluccas)"를 기반으로 한 향신료 무역을 다루고 있다. Corn은 또한 미국의 형성기 동안 중요한 역할을 했던 매사추세츠의 살렘(Salem)에 특별한 관심을 보인다. 이 책에서는 Corn이 향신료에 대한 더 일반적인 이야기를 들려주는 부분이 가장 유용했다.


- *Beef: A Global History*, Lorna Piatti-Farnell, Reaction Books, London, 2013
- *Lamb: A Global History*, Brian Yarvin, Reaction Books, London, 2015
- *Ice Cream: A Global History*, Laura Weiss, Reaction Books, London, 2011
- *Lemon: A Global History*, Tony Sommerman, Reaction Books, London, 2012

  지난 10여 년 런던에 있는 〈Reaction Books〉는 『A Global History』라는 부제와 함께 다양한 주제를 다루는 역사서들을 발간해왔고 그 중 음식과 음료에 대한 미시적 주제를 다루는 흥미로운 책 시리즈인 『Edible』을 출간했다. 각 시리즈가 다루는 주제에 따라 어떤 경우에는 - 예를 들어 향신료, 감자, 청어 및 올리브 등을 다루는 경우 - 세계적으로 커다란 의미를 지니는 주제를 다룬다고 할 수 있다. 또 다른 경우에는 - 예를 들어 칵테일, 멜론, 캐비어 또는 샌드위치 등 - 도처에서 발견하기가 조금은 어려운 주제를 다루기도 한다. 이 유쾌한 책들은 각 식재료의 역사에 대한 간략한 개요를 제공하며 처음에는 주로 현대의 미국이나 영국에 초점을 맞추는 관점을 취한다. 나는 특히 소고기, 양고기, 아이스크림 및 레몬에 관한 책을 흥미롭게 읽었다.

## 고전 문헌

- ***Cookery and Dining in Imperial Rome***, Apicius and Joseph Dommers Vehling (editor), Dover Publications, New York, 1977

  『De re coquinaria』 또는 『De re culinaria』는 서기 1세기 중 어느 시기엔가 쓰여진 세계 최초의 요리책 중 하나이다. 이 책은 보통 Marcus Gavius Apicius가 지었다고 알려져 있지만 대략적인 레시피가 나와 있는 10개 정도의 원고에 대해서는 직접 썼는지가 다소 의심된다. 구텐베르크 프로젝트(Gutenberg project)의 작품 번역문에 나와 있듯이 책에 나온 요리법이 항상 아주 유용한 것만은 아니다: "Apicius의 지침은 대부분 모호하고 성급하게 적어 놓았으며 부주의하게 편집되어 있다."라고 번역문의 소개에 나와 있다. 그럼에도 불구하고 이 책의 본문은 2,000년 전에 살았던 상류층 로마인의 요리에 대한 독특한 통찰력을 보여준다. 몇 가지 기억에 남을만한 요리의 특이점과 함께. 예를 들면 "홍학을 데치고 썻어 낸다."라는 말을 시작으로 홍학 요리를 소개하며 앵무새도 같은 방식으로 요리될 수 있다고 말하면서 끝을 맺는다. 온라인에서 무료로 제공되는 다양한 번역본을 살펴볼 수 있다:

  ○ The Project Gutenberg eBook of Apicius: Cookery and Dining in Imperial Rome, by Joseph Dommers Vehling.
  ○ LacusCurtius • Apicius — De Re Coquinaria (uchicago.edu)

- *A Voyage Home to Gaul*

  『A Voyage Home to Gaul』은 로마 제국 말기인 5세기에 살았던 갈리아(Gaul)* 출신의 정치가이자 시인, 역사가인 Rutilius Namatianus의 글을 번역한 책이다. 그의 글 중 〈De Reditu Suo〉는 소금 생산에 대한 멋진 설명을 포함하는 여행기이다. 이 책은 뢰브 고전 도서관(Loeb Classical Library)에서 일부 영어로 번역되어 출판된 적이 있고 현재 아래 링크에서 저작권 제한 없이 볼 수 있다.

  ◦ LacusCurtius • Rutilius Namatianus — de Reditu suo (uchicago.edu)

- *The Aenid*, Vergil, Yale University Press, New Haven, 2009

  Vergil의 『The Aenid』는 로마 제국의 국시(國詩)다. 역사를 담은 작품으로써의 이 책은 뛰어난 작품이라 하기에는 부족한 면이 있고 지극히 로마 중심적이다: 로마의 기원에 대한 사실적인 정보를 거의 담고 있지 않기 때문에 의심스러운 면이 다분하며 기원의 근거가 되는 신화들이 로마 그 자체에 대한 이해를 형성하는 데에만 도움을 주기 때문에 매우 로마 중심석이라 할 수 있다. 『The Aenid』는 Sarah Ruden의 현대 영어 번역을 포함한 많은 번역본으로 읽어 볼 수 있다.

- *Rubaiyat*, Omar Khayyam, Penguin Books, London, 1989

  페르시아의 시인, 과학자이자 다재다능한 수학자인 Omar Khayyam은 거의 확실히 그가 실제로 쓴 것보다 더 많은 시로 인정받고 있다. 그의 많은 시에서 공통적인 주제는 와인을 마시는 것에 대한 즐거움이며 음주를 제한하고 싶어 하는 사람들의 신경을 건드리는 내용들이다.

---

\* 고대 켈트인의 땅을 일컫는 말로 지금의 북 이탈리아, 벨기에, 프랑스를 지칭한다

# 그 외 참고문헌

- ***Guns, Germs, and Steel: The Fates of Human Societies**,* Jared Diamond, Norton, New York, 1997

생물학자 Jared Diamond는 기억하기 쉬운 그의 '거대 이론'으로 논란을 일으키는 경향이 있다. 그의 설명 중 그저 한 꼬집 정도 가져와 쓸 수 있는 것이 있다: 중요할 수 있지만 사실 인류 역사에 대해 글을 쓸 때 그의 책에서 벗어나는 것은 거의 불가능하다. 특히 이 책에서와 같이 당신이 광범위하고 긴 이야기를 한 번에 찾아 쓰려고 할 때는 더욱 그렇다. 『Guns, Germs, and Steel: The Fates of Human Societies』에서 그는 유라시아의 패권에 대해 설명한다. 세계의 어느 한 지역에서 온 사람들이 어떻게 그 거대한 영토를 지배해올 수 있었는지에 대한 이유를 이야기한다. 그는 이것이 인종적 우월성과 어느 정도 관련이 있다는 점을 부인한다. 대신 그의 요점은 자연과 환경을 가리킨다. Jared Diamond의 주장은 농업의 기원과 인간이 가축을 어떻게 길들였는가에 대한 접근하기 쉬운 개요로 가득 차 있다. 다른 저서 중 『Collapse』와 『The World Until Yesterday』에서는 또한 식량 생산에 초점을 맞추어 이 문제를 바라본다. 1999년 〈Discover Magazine〉의 한 기사에서 그는 농업의 도입이 "인간 역사상 최악의 실수"라고 주장한다.

◦ The Worst Mistake in the History of the Human Race | Discover Magazine

- *Catching Fire*, Richard Wrangham, Basic Books, New York, 2009

  Richard Wrangham의 『Catching Fire』가 2009년에 처음 나왔을 때 많은 관심을 끌었다. 하버드대의 생물인류학 교수인 Wrangham은 인간의 진화를 바라보는 완전히 새로운 방식을 제시했다: 인간이 너무 똑똑해져서 불을 통제할 수 있게 되었다는 기존의 설명을 뒤집어엎고 그는 인류 진화의 새로운 원인을 설명한다. 우리의 초기 조상들이 불을 통제하는 법을 알게 되어 음식을 가열할 수 있게 되었고 이것이 오늘날의 현생 인류와 더 큰 뇌의 발달을 위한 전제 조건이 되었다는 설명이다. 이 부분이 내가 고기(Carne · Meat) 챕터에서 인용한 이야기다. "요리하는 유인원"에 대한 Wrangham의 가설은 여전히 논란이 있지만 불의 통제시점에 대해 점점 더 과거로 거슬러 올라가는 새로운 발견들이 이어지면서 해당 이론에 대한 수용 범위가 점점 넓어지고 있다.


- *Against the Grain: A Deep History of the Earliest States*, James Scott, Yale University Press, New Haven, 2017

  James Scott의 『Against the Grain: A Deep History of the Earliest States』는 지난 1만 2,000년 인류 역사의 요약이다. 왜 우리는 농업을 선호하여 수렵채집인으로서의 삶을 포기했는가? 이것이 이전에는 진보로 여겨졌지만 예일대 교수인 스콧은 이 사건이 오히려 자유의 제한과 수많은 불이익을 가져왔다고 주장한다.


- *Sapiens*, Yuval Noah Harari, Harper, New York, 2015

  Yuval Noah Harari의 『Sapiens』는 수렵채집꾼에서 농부로 변한 인류의 전이에 대해 유려한 필체로 쓴 흥미진진한 리뷰이다. 이러한 변화 외에도 왜 우리가 '우리'처럼 사회를 만들었는지 그리고 가십거리에 대한 우리의 상상력과 식욕이 인간 사회를 발전시키는 데 어떻게 도움이 되었는지에 대한 도발적이고 놀라운 답변을 제공한다.

- *SPQR*, Mary Beard, Profile Books, London, 2015

  Mary Beard의 『SPQR』은 로마에 관한 양질의 역사책 중 하나이다. 『SPQR』은 역사적 배경에 대한 정보 면에서 내가 가장 의지했던 책이고 로마와 로마 제국의 1,000년 역사에 대한 가장 일반적인 이야기를 보여준다. 로마 역사에 대해 재미있게 설명한 잘 만들어진 책이다.

- *The Beginnings of Rome: Italy and Rome from the Bronze Age to the Punic Wars*, Tim Cornell, Routledge, London, 1995

  Tim Cornell의 『The Beginnings of Rome: Italy and Rome from the Bronze Age to the Punic Wars』는 기원전 철기 시대 작은 마을로 시작한 로마가 지중해의 주요 강대국이 되기까지, 로마의 이야기를 따라간다.

- *Rome. New Fascists, Red Terrorists and the Dream of La Dolce Vita*, Simen Ekern, Cappelen Damm, Oslo, 2011

  Simen Ekern의 『Rome. New Fascists, Red Terrorists and the Dream of La Dolce Vita』는 로마의 최근 역사와 문화에 대한 흥미로운 소개를 보여주는 책이다. 이 책이 아니었다면 찾기 어려웠을 곳으로 우리를 데려가고 또한 찾을 수 없었을 중요한 로마 현지에 대한 통찰력을 제공한다.

- *Mafia: Inside the Dark Heart*, *A.G.D.* Maran, Mainstream Publishing, London, 2008

  『Mafia: Inside the Dark Heart』는 이탈리아 마피아에 대한 흥미진진

하면서도 실망감을 안겨주는 이야기이다. 내 책에서 이 이야기들에 대해 가장 놀랍고 관련이 있었던 점은 마피아의 성장이 레몬 거래와 어떻게 연결되어 있었는지 그리고 마피아 사냥꾼이었던 Falcone와 Borsellino가 어떻게 활동했는지였다.

- ***The Rise of Rome***, Anthony Everitt, Random House, New York, 2012

  Anthony Everitt의 『The Rise of Rome』은 로마 초기의 역사를 세 부분으로 나누어 설명한다: 로마의 시조격인 로무스와 레물루스(Romus and Remulus)처럼 다소 허황된 이야기에 의존하면서 로마 역사의 가장 초기 부분을 다루는 전설에 대한 설명; 신화와 역사적 사실이 나란히 존재하여 구별이 어려운 배경에서의 형식을 갖춘 국가로서의 출범을 다루는 이야기; 로마 공화국에 관한 역사 등 우리에게 다양한 역사적 출처를 제시하여 보여준다. 나는 이 책에서 역사적 사건과 연대기에 대한 묘사를 잘 활용하였으며 내 책에서 Titus Livius의 인용을 가져온 출처이기도 하다.


- ***The Futurist Cookbook***, F.T. Marinetti, Penguin Books, London, 2014

  F.T. Marinetti의 『The Futurist Cookbook』은 내가 여러모로 활용한 책이다. 사실 음식에 대한 나의 첫 번째 기고 중 하나는 파스타를 금지하자는 Marinetti의 급진적인 제안에 대한 것이었다. 나는 이 책의 노르웨이판에 서문을 쓰기도 했고 내 책의 파스타(Pasta) 챕터에서 이 책의 몇 가지 요점을 반복해 쓰기도 했다.

- *The Anarchy: The East India Company, Corporate Violence, and the Pillage of an Empire*, William Dalrymple, Bloomsbury, London, 2019

  William Dalrymple의 『The Anarchy: The East India Company, Corporate Violence, and the Pillage of an Empire』는 영국 동인도회사의 부상에 대한 흥미로우면서도 어쩌면 무서운 측면을 보여주는 책이다. Dalrymple은 음식에 대해서는 거의 언급하지 않고 동인도 회사의 흥미로운 면에 집중한다. 따라서 이 책은 주요 격변의 시기가 무엇이었는지에 대한 풍부한 이해를 돕는데 기여한다; 한 때 몇몇 작은 유럽 국가들이 거의 전 세계를 지배하게 되었던 세계 질서에 대한 이야기를 하고 있다.

- *The Covenant of the Wild: Why Animals Chose Domestication*, Stephen Budiansky, William Morrow and Co, New York, 1992

  Stephen Budiansky는 『The Covenant of the Wild: Why Animals Chose Domestication』에서 동물들에 대한 인간의 길들이기가 인간의 이익만을 위한 것이 아니라 동물들의 이익도 복잡하게 얽혀있는 것임을 보여준다. 이 책은 부분적으로는 일부 극단적 동물 권리 운동가들에 대한 격렬한 비판이기도 하지만 무엇보다도 우리가 동물들과 맺고있는 중요한 관계를 다시 생각해보라는 촉구이기도 하다.

## 다양한 분야의 참고문헌

이 책을 작업하는 동안 나에게 통찰력 있는 배경 정보와 관련된 특정 주제에 대한 더 넓은 관점을 제공해준 또 다른 책들이 있었다. 이는 내게 큰 즐거움을 안겨주기까지 했다. 아래에서 이러한 도서들을 소개하고자 한다.

- ***Animals as Domesticates: A World View through History***, Juliet Clutton-Brock, Michigan State University Press, East Lansing, MI, 2012

  Juliet Clutton-Brock의 『Animals as Domesticates: A World View through History』는 동물 길들이기의 역사와 과정을 잘 보여주는 교과서 같은 책인데 비옥한 초승달 지대 주변 지역에서 소, 양, 염소를 길들이는 과정을 보여주면서 이러한 일이 세계의 몇몇 곳에서 어떤 방식을 통해 가능했는지를 설명한다. 그리고 그 외 또 다른 방식의 길들이기 단계가 어떻게 발생했는지도 보여준다. Clutton-Brock은 선도적인 동물 고고학자였고 그녀의 책은 대부분 고고학적 자료에 기초를 두고 있다. 나는 James A. Serpell이 쓴 이 책의 흥미로운 서문 중 일부를 고기(Carne · Meat) 챕터에서 인용했다.

- ***Tending Animals in the Global Village: A Guide to International Veterinary Medicine***, David M. Sherman, Wiley-Blackwell, Hoboken, NJ, 2002

David M. Sherman의 『Tending Animals in the Global Village: A Guide to International Veterinary Medicine』은 동물들이 어떻게 인간의 소변에 끌렸고 이점이 어떻게 여러 종류의 가축을 길들이는 것에 기여했는지에 대한 유용한 설명을 제공한다.

- *The Archeology of Salt – Approaching an Invisible Past*, Brobin Brigand and Olivier Weller (editors), Sidestone Press, Leiden, 2015

『The Archeology of Salt – Approaching an Invisible Past』에서 Brobin Brigand와 편집자인 Olivier Weller는 지난 40년간 소금고고학 분야에서 가장 중요한 발견들 중 몇 가지를 제시한다(부분적으로는 요르단의 사해에서 열린 학회를 기반으로 한다). 내가 특히 즐겁게 읽었던 글은 Olivier Weller의 〈First salt making in Europe: A global overview from Neolithic times〉와 Ulrich Stockinger의 〈The salt of Rome. Remarks on the production, trade, and consumption in the north-western provinces〉였다. 또한 로마 근교의 과거 소금 생산 지역의 발굴에 대한 일종의 보고서인 Maria Cristina Grossi의 〈A complex relationship between human and natural landscape a multidisciplinary approach to the study of the Roman saltworks in 'le Vignole-Interporto (Maccarese, Fiumicino-Roma)〉도 흥미로운 내용을 제공해 주었다. 이 책 전체는 상당히 기술적이지만 초기 소금 생산에 대한 중요하고 구체적인 정보를 제공한다.

- *Neptune's Gift: A History of Common Salt*, Robert P. Multhauf, Johns Hopkins University Press, Baltimore, 1978

Robert P. Multhauf의 『Neptune's Gift: A History of Common Salt』는 최초로 소금의 현대 역사를 다루었던 책 중 하나로 여겨진다. Multhauf는

상품으로써 소금의 역할과 소금을 추출하는 데 사용되는 적어도 몇 가지 다른 기술에 대해 설명한다. 이 책의 흥미로운 요점 중 하나는 Multhauf가 요리용 소금의 시대와 산업용 소금(오늘날 소금은 아마도 화학 산업에서 가장 중요한 원료일 것이다)의 시대를 구분해서 제시한다는 점이다. 이것은 꽤 기술적인 책이므로 주요 관심사가 화학 및 산업 역사에 대한 흥미와 결합되지 않는 한 즉, 소금에 대해 그저 평균을 약간 상회하는 정도의 관심만을 가진 사람들에게는 최우선 권장 도서라고 할 수는 없다.

- ***The Corn Supply of Ancient Rome***, Geoffrey Rickman, Clarendon Press, Oxford, 1980

  만일 당신이 고대 로마의 옥수수 공급에 지대한 관심을 가지고 있다면 Geoffrey Rickman의 『The Corn Supply of Ancient Rome』이 바로 당신을 위한 책일 수 있다! 이 책은 짧고 가끔은 매우 건조한 문제를 보여주는 책이다.

- ***Nutrire L'Impero – Storie di alimentazione da Roma e Pompei***, L'Erma di Bretschneider, Roma, 2015

  L'Erma di Bretschneider의 『Nutrire L'Impero – Storie di alimentazione da Roma e Pompei』는 2015년 로마 제국의 식량 공급에 관한 대규모 전시회와 관련하여 출판된 책이었다. 로마의 무역부터 항만 시설이 어떻게 조직되었는지 주방 도구와 빵에 이르기까지 모든 것에 대한 짧은 텍스트로 구성되어 있다.

- ***A Companion to Food in the Ancient World***, John Wilkins and Robin Nadeau (editors), Wiley, Chichester, 2015

    John Wilkins와 Robin Nadeau가 편집한 『A Companion to Food in the Ancient World』는 Robert Curtis의 놀랍도록 흥미로운 기사 〈Storage and Transport〉처럼 처음 읽을 때는 건조하고 미시적일 수 있는 주제를 포함하여 고대 식품 시스템의 다양한 측면에 대한 학술적인 글들을 모아 놓은 모음집이다.

## 참조한 기사 글과 부가 자료들

---

Giordano Bruno에 대한 간략한 소개는 『Stanford Encyclopedia of Philosophy』에서 찾을 수 있고 아래 링크를 통해서 온라인에서도 가능하다.

  ◦ Giordano Bruno (Stanford Encyclopedia of Philosophy)

Paul Erdkamp의 〈A starving mob has no respect'– Urban markets and food riots in the Roman world 100 B.C. – 400 A.D〉는 로마제국의 식량공급 시스템의 불안정성에 대한 흥미로운 설명을 제공한다. 이 글은 원래 2002년에 출간된 『The Transformation of Economic Life Under the Roman Empire (Brill, Amsterdam, 2002)』에 실려 있던 내용이다.

  ◦ (PDF) ' A starving mob has no respect'. Urban markets and food riots in the Roman world, 100 BC - AD 400 | Paul Erdkamp - Academia.edu

Robert Harris는 로마를 배경으로 한 많은 역사소설과 논픽션을 써온 작가이다. 나는 Harris가 2001년 9월 11일 테러 이후의 입법 변화와 기원전 68년 9월 11일 오스티아(Ostia) 해적 공격에 대한 로마의 반응 사이의 유사점에 대해 〈New York Times〉에 게재한 흥미로운 칼럼을 참조하여 내 책에서 언급하였다. (〈Pirates of the Mediterranean〉, Robert Harris, New York Times column, Sep. 30, 2006)

- Opinion | What A Terrorist Incident in Ancient Rome Can Teach Us - Pirates of the Mediterranean - The New York Times (nytimes.com)

Robert Trachtenberg는 〈New York Times〉에 게재한 기사 〈Just Grate〉에서 치즈와 해산물의 조합에 대한 이탈리아인들의 관계에 대해 이야기한다. 이탈리아 사람들이 규칙을 만드는데 있어서 좋아하는 방식에 관한 내용과 그러나 만든 규칙을 따르기를 꺼린다는 설명을 인용하였다.

- Robert Trachtenberg - Food - Cooking and Cookbooks - Recipes - Italian Food - Pasta - Cheese - The New York Times (nytimes.com)

'Friends of Roman Ostia'는 미국의 비영리 단체로 로마 근교의 Ostia Antica항구와 함께 일하는 기관이다. 그들의 웹사이트에는 중요한 로마 항구인 Ostia Antica항에 대한 흥미로운 정보가 풍부하게 담겨 있다. 고대와 고대 이전의 염전과 소금 생산에 관한 아래 기사는 이 책의 소금(Sale · Salt) 챕터에서 특히 유용했다.

- www.ostia-foundation.org 현재 이 웹사이트는 존재하지 않는다(2024년 한국어판 출판 당시)

〈The Laziness of the Short Distance Hunter〉 (『Journal of Anthropological Archeology(1984)』 제 3권에 게재된)라는 그의 기사에서 Peter Rowley-Conwy는 고대 덴마크의 수렵채집인들의 영양 공급원과 그들이 농업을 채택하기 전에 어떻게 그 오랜 기간을 기다렸는지를 살펴본다. 이 글은 농업이 이전의 생활방식을 개선했다는 생각에 대한 도전적인 설명을 하는데 도움이 되었기 때문에 흥미로운 기사였다.

발견되기 전까지 수십 년 동안 고립된 채 살았던 리코프 가족(Lykov

family)의 이야기는 Mike Dash의 smitsonianmagazine.com의 기사를 기반으로 한다.

- For 40 Years, This Russian Family Was Cut Off From All Human Contact, Unaware of World War II | Smithsonian (smithsonianmag.com)

만일 당신이 리코프 가족의 이야기에 대해 매료되어 더 자세한 이야기를 알고 싶다면 기자였던 Vasili Peskov가 쓴 리코프 가족의 전기를 읽어보면 된다. 『Lost in the Taiga: One Russian Family's Fifty-Year Struggle for Survival and Religious Freedom in the Siberian Wilderness』 Doubleday, New York, 1994

2006년 〈New York Times〉의 기사 〈Lactose Tolerance in East Africa Points to Recent Evolution〉에서 메릴랜드 대학 연구원들의 발견을 보여준다. 성인이 되어서도 일부의 사람들이 젖당 내성을 유지할 수 있는 세 가지 종의 새로운 돌연변이로 변했다는 발견에 대한 설명이다.

- Lactose Tolerance in East Africa Points to Recent Evolution - The New York Times (nytimes.com)

이탈리아의 소금독점에 대해 1903년 〈Spectator〉지에 한 독자가 보낸 편지를 볼 수 있다.

- THE SALT MONOPOLY IN ITALY. » 31 Jan 1903 » The Spectator Archive

내가 중국의 소금독점 금지령에 대해 몇 가지 사실을 참조한 〈Financial Times〉에 게재된 기사 글이다.

- China shakes up 2,000-year-old salt monopoly (ft.com)

마르코 폴로가 이탈리아에 파스타를 들여왔다는 이야기를 확인할 수 있었던 자료는 이탈리아의 'National Macaroni Manufacturers'의 소식지인 〈The Macaroni Journal〉의 1929년 6호에서였다.

- 1929 06 JUNE - The New Macaroni Journal.pdf (ilovepasta.org)

Adam S. Wilkins, Richard W. Rangham, W. Tecumseh Fitch의 〈The 'Domestication Syndrome' in Mammals: A Unified Explanation Based on Neural Crest Cell Behavior and Genetics〉는 유전학에 관한 흥미롭고 때로는 꽤 기술적인 기사 글로 '자기 가축화(self-domestication)'에 대한 아이디어도 다루고 있다. 또한 다윈의 이론에 대한 유용한 분석과 여우의 가축화에 관해 내 책에서 언급한 실험적 연구도 포함되어 있다. 해당 내용을 살펴볼 수 있는 책(『Genetics, July 1』 2014, vol. 197, no. 3,795_808)과 링크를 소개한다.

- "Domestication Syndrome" in Mammals: A Unified Explanation Based on Neural Crest Cell Behavior and Genetics | Genetics | Oxford Academic (oup.com)

마피아의 기원과 레몬 거래의 관계에 대한 연구는 2012년 1월 Arcangelo Dimico, Alessia Isopi, Ola Olsson이 공동으로 쓴 〈Origins of the Sicilian Mafia: The Market for Lemons〉라는 글에서 처음 발표되었고 〈The Journal of Economic History〉에도 실렸다. 이처럼 일종의 탐정소설인 듯 읽을 수 있는 경제사 기사는 찾아보기 힘들 것이다. 온라인으로 읽어 볼 수 있다.

- (PDF) Origins of the Sicilian Mafia: The Market for Lemons (researchgate.net)

'Our World in Data'는 Oxford Martin Program on Global Development와 연계된 협업 프로젝트이다. 웹사이트 https://ourworldindata.org/에서 그들은 환경, 소비, 유통에 관한 방대한 양의 정보, 통계, 수치를 수집했다. 내 책 중 육류 소비에 대해 사용하는 수치의 대부분을 여기서 가져왔다.

◦ Meat and Dairy Production - Our World in Data

이 책에서 나는 이전에 쓴 주제에 대해 여러 번 언급한다. 어떤 아이디어와 논쟁은 반복되고 확장되기도 했으며 또한 어떤 에피소드와 일화는 재사용하기도 했다. 특히 중요한 것은 2018년 〈Dagbladet Magasinet〉에 내가 기고한 겟세마네 정원(the garden of Gethsemane)에 대한 기사와 2016년에 출판된 〈Morgenbladet〉의 본데르베르크 동굴(Wonderwerk cave)에 대한 나의 글이다.

◦ Kjøkken-evolusjon – Morgenbladet

## 이 책에 나온 로마의 식당들

로마에는 수천까지는 아니더라도 수백 개의 훌륭한 식사 장소가 있다. 이 곳들 중 몇은 크거나 작은 역할로 이 책에 등장하는데 이들은 모두 로마 Centro Storico의 Campo de'Fiori 근처에 있다.

### La Carbonara

La Carbonara에서의 식사 과정은 이 책의 뼈대를 이루고 있다. La Carbonara는 북적거리는 광장인 Campo de'Fiori에 위치해 있다. 점심이나 저녁을 먹기 위해 로마에 올 때마다 늘 La Carbonara를 방문하게 되면서 로마에서 내가 가장 좋아하는 단골집이 되었기 때문인 것을 포함한 여러 가지 이유로 이 레스토랑을 선택하였다. La Carbonara는 상당히 전형적인 로마스러운 레스토랑인데 이러한 레스토랑들이 제법 있어 보이지만 실은 그렇게 흔하지는 않다. La Carbonara 또한 로마에 있는 대부분의 레스토랑들과 마찬가지로 관광객과 로마현지인이 혼합된 레스토랑이다. 관광객들은 대부분 여름에, 현지인들은 주로 겨울 방문이 잦다. La Carbonara의 메뉴도 비슷한 다른 많은 식당에서 볼 수 있는 메뉴들과 다르지 않다. 이른 봄의 아티초크부터 가을의 포르치니(porcini)에 이르기까지 안티파스토(antipasto)의 범위는 계절에 따라 많이 달라진다. 프리모(primo)로 명백히 가장 인기있는 메뉴인 카르보나라 파스타(pasta carbonara)를 선택하지 않겠다면 당신은 카르보나라 파스타의 친척뻘인 알라 그리치아 파스타(pasta alla gricia)를 먹어보는 것도 재미있는 경험이 될 것이다. 양고기는 세콘도

(secondo) 중에서 최고의 선택이며 좀 더 용감한 사람들에게는 췌장과 같은 내장요리나 뇌 요리 등을 추천해 본다.

### La Carbonara

ADD  Piazza Campo de' Fiori, 23, 00186 Rome
PHONE  +39 06 686 4783

◦ https://www.ristorantelacarbonara.it/en/

## Ristorante La Campana

로마에서 가장 오래된 것으로 추정되는 레스토랑인 Ristorante La Campana는 La Carbonara에서 북쪽으로 약 1km가 조금 넘게 떨어져 있는 작은 골목에 위치해 있다. 2019년 오픈 500주년을 기념한 이 레스토랑은 자랑스러운 전통의 수호자라 할 수 있다. 브로드 빈(broad bean)과 완두콩, 베이컨으로 만든 정말 맛있는 클래식 스튜인 비냐롤라 디 베르두레(vignarola di verdure)를 먹을 수 있는 곳 중 하나이며 차가운 안티파스토(antipastlo)와 계절 특선 요리를 여전히 진열장에 진열하는 몇 안 되는 곳 중 하나이기도 하다. 나는 이곳의 세련되지만 수수한 음식과 때론 예상치 못한 친근함으로 툭 튀어나오는 약간은 거칠면서도 격식을 차리는 서비스를 좋아한다.

### Ristorante La Campana

ADD  Vicolo della Campana, 18, 00186 Rome
PHONE  +39 06 687 5273

◦ http://www.ristorantelacampana.com/en/

# Checchino Dal 1887

Checchino Dal 1887은 로마에서도 가장 독특한 자리에 위치한다. 고대 로마의 올리브 오일 보관 용기 조각들로 형성된 언덕을 발굴한 몬테 테스타치오(Monte Testaccio)가 그 곳이다. 주로 내장 요리들인 췌장이나 뇌 같은 '무거운' 메뉴를 제공한다. 비위가 약한 손님들에게는 가끔 혀나 꼬리를 추천하기도 한다. 원한다면 파야타(pajata)를 시도해보고 2,000년 된 냄비 조각을 직접 눈으로 볼 수 있는 와인 저장고에 방문을 요청해 볼 수도 있다. 또한 봄부터 가을까지 이 레스토랑은 앞 보도에 멋진 야외 식사 공간도 오픈한다.

**Checchino Dal 1887**

ADD  Via di Monte Testaccio, 30, 00153 Rome
PHONE  +39 333 585 5055

○ www.checchino-dal-1887.com

# Dal Toscano

Dal Toscano는 바티칸 근처에 있고 마치 토스카나 대사관 같은 레스토랑이라 할 수 있다. 이곳은 고기 애호가들의 천국으로 현지인, 성직자, 관광객들 모두가 자주 방문하는 레스토랑이다. 어떤 알 수 없는 이유로 대부분 덴마크산 고기를 취급하고 그릴에 구운 고기로 구성된 거대한 양의 식사를 즐기기 위해 가는 장소이다. 메뉴의 하이라이트는 피오렌티나 - 티본 스테이크(fiorentina-T-bone steak)인데 2인용으로 1.2kg짜리 스테이크를 맛 볼 수 있다.

### Dal Toscano Restaurant

ADD  Via Germanico, 58-60, 00192 Rome
PHONE  +39 06 3972 5717

○ https://www.ristorantedaltoscano.it

## Gelateria del Teatro

로마 최고의 아이스크림을 어디서 찾을 수 있는지는 지속이면서도 열 띤 논쟁의 원천이지만 내가 가장 좋아하는 곳은 Gelateria del Teatro다. 이곳은 다양하면서도 독특한 맛의 조합을 보여준다. 라벤더와 화이트 피치, 로즈마리-허니와 레몬, 리코타 치즈, 무화과와 아몬드 등으로. 그 중 레몬 소르베(lemon sorbet)를 능가하는 것은 없지만 말이다.

### Gelateria del Teatro

ADD  Via dei Coronari, 65-66, 00186 Rome
PHONE  +39 06 4547 4880

○ https://www.gelateriadelteatro.it

만일 당신이 책의 배경이 된 지역 근처에 있다면 활기차면서 격식을 차리지 않는 와인 바인 **Cul de Sac**과 **Il Gocceto**를 추천한다. 또한 와인 (그리고 염장한 고기)의 종류가 엄청나게 많지만 테이블을 미리 예약해야 하는 **Roscioli Salumeria**도 멋진 선택일 것이다. 이 도시 최고의 해산물요리에 가장 좋은 야외좌석 그리고 가장 '뻣뻣한' 가격을 찾는다면 **Pierluigi**를 방문해 보는 것이 맞다. 좀 더 혁신적인 칵테일을 즐기고 싶다면 **Jerry Thomas Speakeasy**가 최적일 것이다. 좋은 구안치알레(guanciale)를 포함한

훌륭한 염장 고기를 맛보고 싶다면 Campo de'Fiori 한가운데에 위치한 **Norcineria Viola**에서 구입할 수 있다.

  Campo de'Fiori는 로마에서 교회나 성당이 없는 유일한 광장이라고 알려져 있다. 하지만 그렇다고 우리의 주님이 이 장소를 잊으신 것은 아니다. 만일 당신이 열심히 둘러본다면 광장의 남동쪽 구석에 있는 La Carbonara의 맞은편에서 아름다운 작은 골목인 Passetto del Biscione로 들어가는 입구를 발견하게 될 것이다. 골목에서 등나무와 성인들을 그려 놓은 새로 복원된 벽화를 만날 수 있다. 1796년, 이곳은 기적이 일어난 장소였다. 마돈나 델 라테(Madonna del Latte)*라는 그림속의 성모 마리아가 눈을 움직였다는 기적이.

---

\*    'Nursing Madonna'로 불리는 그림들의 통칭으로 주로 아기예수에게 수유하는 모습을 묘사한 그림.

로마에서의 한 끼,
그 속에 담긴 음식고고학

# 디너 인 로마
*Dinner in Rome*

---

펴낸 날 초판 1쇄 2024년 10월 1일

---

| | | | |
|---|---|---|---|
| 지은이 | 안드레아스 비에스타드 | 펴낸곳 | 팬앤펜(pan.n.pen) |
| 옮긴이 | 김승범 | 출판등록 | 제307-2017-17호 |
| 펴낸이 | 김민경 | 전화 | 031-939-0582 |
| 디자인 | 이지선(withtext) | 팩스 | 02-6442-2449 |
| 인쇄 | 도담프린팅 | 이메일 | panpenpub@gmail.com |
| 종이 | 디앤케이페이퍼 | 블로그 | blog.naver.com/pan-pen |
| 물류 | 해피데이 | 인스타그램 | @pan_n_pen |

편집저작권 ⓒ팬앤펜, 2024
ISBN  979-11-91739-14-5(03900)
값   18,000원

---

- 이 책은 저작권법에 따라 보호를 받는 저작물이므로 무단 전재와 복제를 금지합니다.
- 이 책 내용의 전부 또는 일부를 이용하려면 반드시 저작권자와 팬앤펜의 서면 동의를 받아야 합니다.
- 제본 및 인쇄가 잘못되었거나 파손된 책을 구입한 곳에서 교환해 드립니다.